现当代企业管理中的
"经济学"分析与研究

米东峰　杨未艳　著

中国原子能出版社

图书在版编目（CIP）数据

现当代企业管理中的"经济学"分析与研究 / 米东峰，杨未艳著 . –– 北京：中国原子能出版社，2022.9
ISBN 978-7-5221-2160-4

Ⅰ.①现… Ⅱ.①米… ②杨… Ⅲ.①经济学 – 应用 – 企业管理 – 研究 Ⅳ.① F272

中国版本图书馆 CIP 数据核字 (2022) 第 180209 号

内容简介

本书运用了大量"经济学"原理来帮助现当代企业开展管理工作。全书先是运用理论引读者步入经济学殿堂，在深度把握企业管理知识的基础上，进一步阐述现代经济管理，为后文的经济学应用和实践奠定了基础。将"经济学"中的供求、生产、成本、决策等原理与现当代企业管理对接是本书的重点，最后本书还提到了信息技术、云计算技术以及 EPR 系统现当代企业管理创新。本书以理论研究为基础，力求对现当代企业经济学管理进行全方位、立体化的研究，具有较强的理论和实践价值，可供从事相关工作的人员作为参考书使用。

现当代企业管理中的"经济学"分析与研究

出版发行	中国原子能出版社（北京市海淀区阜成路 43 号　100048）
责任编辑	王　蕾
装帧设计	河北优盛文化传播有限公司
责任校对	冯莲凤
责任印制	赵　明
印　　刷	北京天恒嘉业印刷有限公司
开　　本	710 mm×1000 mm　1/16
印　　张	17.25
字　　数	301 千字
版　　次	2022 年 9 月第 1 版　　2022 年 9 月第 1 次印刷
书　　号	ISBN 978-7-5221-2160-4　　定　价　98.00 元

前　言

随着经济体制改革的不断深入，社会主义市场经济体制的逐步建立。我国企业管理的现状越来越不能满足经济发展的新要求，企业管理的实践提出了许多迫切需要解决的新问题。

为了理解经济变化规律，我们需要用正式的理论来组织各种经验事实，澄清各种因果关系以及解释各种隐含的可能影响。可以说，那些没有经过明确的理论框架论证的论点是不会具有启发意义的。经济学正是一门关于经济变化规律的学科，了解经济学关于各种问题的建议，有助于企业在工作和管理中做出更加明智的选择。为适应建立社会主义市场经济体制下的现代企业管理科学的需要，我们编写了本书。

本书从经济学、企业管理以及经济管理的基本理论入手，结合我国目前企业管理的实践，对现代企业管理的理论进行全面的探讨。全书共分八章，主要介绍了步入经济学殿堂、企业管理知识概览、经济管理理论对接、现当代企业管理中的经济学，包括供求、生产、成本、决策，现当代企业管理创新路径选择等内容。本书的特点是深入浅出、理论先进、知识面广、结构严谨、系统性强。

全书对经济学原理与企业管理进行系统阐述，并对经济学与企业管理近几年的发展趋势进行了介绍。本书内容全面、资料新颖、通俗易懂，最显著的特色是把抽象的经济学理论与企业管理实例结合起来，使读者学会运用经济学理论思维分析现实经济问题。本书可供经济管理部门人员使用。

由于作者的学识、水平及经验有限，本书不妥之处在所难免，我们恳切希望广大读者不吝赐教。

目　录

第一章　步入经济学殿堂 / 001

第一节　什么是经济学 / 001

第二节　微观经济学与宏观经济学 / 011

第三节　经济学的基本分析方法 / 022

第四节　西方经济学范式的发展 / 028

第二章　企业管理知识概览 / 041

第一节　企业管理的基础认识 / 041

第二节　企业管理职能与内容 / 059

第三节　企业管理的多元化探索 / 069

第四节　企业管理常见模式类型 / 089

第三章　经济管理理论对接 / 094

第一节　经济管理的概念与内容 / 094

第二节　经济管理的原理与方法 / 099

第三节　经济管理的目标与原则 / 102

第四节　经济管理的环境与战略 / 108

第四章　现当代企业管理中的"经济学"——供需 / 116

第一节　供给理论 / 116

第二节　需求理论 / 122

第三节　均衡价格理论 / 131

第四节　企业"供""求"管理 / 139

第五章　现当代企业管理中的"经济学"——生产 / 157

第一节　生产与生产函数 / 157

第二节　短期生产理论与生产决策 / 161

第三节　长期生产理论与生产决策 / 166

第四节　企业生产管理流程优化研究 / 175

第六章　现当代企业管理中的"经济学"——成本 / 186

第一节　成本与成本管理概述 / 186

第二节　短期与长期成本分析 / 193

第三节　收益与利润的最大化 / 201

第四节　企业成本管理优化研究 / 203

第七章　现当代企业管理中的"经济学"——决策 / 222

第一节　企业决策基本概述 / 222

第二节　管理学的决策方法 / 230

第三节　经济学的决策方法 / 236

第四节　大数据与企业决策管理 / 238

第八章　现当代企业管理创新路径选择 / 242

第一节　信息技术助力现当代企业管理创新 / 242

第二节　云计算技术助力现当代企业管理创新 / 250

第三节　EPR 助力现当代企业管理创新 / 261

参考文献 / 267

第一章　步入经济学殿堂

第一节　什么是经济学

一、经济学的概念由来

"经济"一词来源于希腊语，意思为"管理一个家庭的人"。唯物主义的代表人色诺芬在他的《经济论》[①]中将"家庭"及"管理"两词的结合理解为经济。在中国古汉语中，"经济"一词是"经邦"和"济民""经国"和"济世"，以及"经世济民"等词的综合和简化，含有"治国平天下"的意思，其内容不仅包括国家如何理财、如何管理各种经济活动，而且包括国家如何处理政治、法律、教育、军事等方面的问题。经济学作为一门独立的学科，是在资本主义产生和发展的过程中形成的。在资本主义社会出现以前，人们对当时的一些经济现象和经济问题形成了某种经济思想，但并没有形成系统的理论。什么是经济学？经济学要解决什么问题？回答这个问题，首先要从资源的"稀缺性"说起。

经济生活中存在着这样一个基本事实："社会拥有的资源是有限的，因而不能生产人们希望所拥有的所有物品和劳务。"[②]稀缺性是关于经济学研究对象的基础性概念，是人类社会自产生以来就一直困扰人类的一个难题，是人类面临的永恒的问题。我们可以感到身边处处存在着稀缺性，收入有限、上班族的时间不够用、政府财政紧张、住房短缺、交通拥挤、能源危机等。

经济学上所说的稀缺性是相对的稀缺性，是从相对意义上来谈资源的多寡，它产生于人类欲望的无限性与资源的有限性这一矛盾。也就是说，稀缺

---

① [古希腊]色诺芬.经济论雅典的收入[M].北京：商务印书馆，2017：1-73.

② 张艳，王伟舟.经济学[M].北京：北京理工大学出版社，2018：3-4.

性强调的不是资源的绝对数量的多少，而是相对于欲望无限性的有限性。相对于人类社会无穷的欲望而言，经济物品或生产这些物品所需要的资源总是不足的。在经济学中，这种资源的相对有限性被称为稀缺性。人的欲望产生需要，西方经济学家认为欲望是人对生活资料和服务的不间断的需求，欲望和需要具有无限性。人需要空气、食物和水以维持生命并领悟生命的意义，需要适于所处气候的衣着和住所，需要一个属于自己的家和一块属于自己的空间，即使基本欲望满足了，其他更高级的、新的欲望还会自行出现。人们的欲望不断增加，也日趋复杂，因此，人类欲望和需要就长期和总体而言是永无止境、多种多样、不断变化的，而满足这些欲望和需要的资源始终是稀缺的。

这种稀缺性的存在又是绝对的。这就是说，它存在于人类历史的各个时期和一切社会。稀缺性是人类社会永恒的问题，只要有人类社会，就会有稀缺性。

总之，稀缺性表明了欲望无限性与资源有限性的矛盾，正是这种矛盾引起了经济活动。经济学正产生于稀缺性的存在，没有稀缺性，经济学就没有存在的理由和必要。

经济学是一门研究如何将有限资源进行合理配置的社会科学。在社会生产和消费之间，消费是目的，生产则是实现目的的手段。如果在一个社会中，人们的消费欲望及由这种欲望引起的对物品和劳务的需要是有限的，而满足需要的手段是取之不尽、用之不竭的，那就不存在需要由经济学来探索研究的问题。事实上，人的欲望和由此引起的对物品和劳务的需要是无限多样、永不饱和的，而用来满足这些无限需要的手段，也就是用来提供这些物品和劳务的生产资源却是有限的。于是产生了一个问题：怎样使用相对有限的生产资源来满足无限多样化的需要，这就是经济学所要研究并回答的经济问题。

综上所述，经济学的定义可表述为：经济学是研究各种稀缺资源在可供选择的用途中进行有效配置和利用的科学。经济学是关于选择的科学，是研究节约（Savings）的科学。

二、经济学的基本原理

在长期的社会发展中，经济学研究一直是各国大力倡导的研究工作之一。可以认为，在我们进行社会主义市场经济建设的今天，经济学理论知识对国家、企业以及个人的经济活动同样具有重要的指导意义。美国德赖登出版社出版了著名经济学家 N·格里高利·曼昆（N. Gregory Mankiw）所著的《经济学原理》①。该著作被评为最令人喜爱的经济学教科书，是当今世界上权威性很高的经济学著作，在经济学领域中占据重要的地位。其中作者所提出的十大经济学原理，以通俗易懂的语言和生动形象的案例诠释了经济学的基本原理，构成了《经济学原理》的基本框架，为经济学的研究作出了巨大的贡献。这十大经济学原理从本质上对经济学进行了论述，对于现实的经济活动具有很重要的指导意义。

（一）十大经济学原理

十大经济学原理主要有。

1. 人面临权衡取舍

由于资源具有稀缺性的特点，因此人们在选择资源时必须通过自己的分析进行最优选择，这个选择的过程就是权衡取舍的过程。比如在日常的消费的过程中，当消费者的无差异曲线和预算曲线相切时，由于消费者经济实力有限，所以就需要对多种商品进行权衡取舍。在选择过程中，消费者结合自己的喜好以及商品的价格进行选择，这是两种或者多种商品的边际替代率的主要表现。同时机会成本也是权衡取舍的一种表现形式。

2. 某种东西的成本是为了得到它所放弃的东西

人们在权衡取舍的过程中，需要对可以选择的方案的成本以及收益进行比较，最后做出选择，这就是通常所说的机会成本。在长期的人类经济活动中，机会成本是经常出现的，比如我们在学习和睡觉两者中进行选择，当选择学习而放弃睡觉时，这时候的机会成本就是选择睡觉给我们带来的效益。

3. 理性人考虑边际量

边际效用是经济学中重要的经济学理论，对于边际最简单的解释就是衡量自变量的变动所引起因变量变动的关系。例如，在沙漠中一个人非常渴，当看到绿洲并且有大量的水喝时，他喝的第一口水可能是挽救了他的生命，因此第一口水给其带来的效用最大，当继续喝水时，水给他带来的效用逐渐降低，甚至出现身体不适，带来了反作用，这就是经济学中的边际效用递减

---

① 孙永伟，顾雅君．新编西方经济学教程 [M]．上海：上海财经大学出版社，2018：21．

原理。因此一个理性的人需要考虑边际变量，当效用为零时停止活动，放弃选择。

4. 人们会对激励做出反应

一个人的行为受多种因素的影响，当成本或者收益发生改变时就会对人的行为产生影响。例如，企业对于员工采用奖金激励的手段，就会促使员工努力工作，提高员工工作的积极性，给企业带来较高的收益。当前销售工作就是采用低底薪和高提成的激励手段，激励销售人员做出更多的业绩。

5. 贸易能使每个人的状况变好

尽管在《国富论》中亚当·斯密（Adam Smith）提出了专业化和分工具有提高生产效率的好处，但是专业化和分工不能使每个人都享受到不同的产品与服务，如面包师不能使用打铁匠生产出的铁器，打铁匠也不能享受到美味的面包。贸易的产生对这一问题进行了解决，通过对各种产品制定一个价格，进而拿到市场上与其他商品进行买卖，这样就满足了人们的需求。当今世界的贸易也是如此，可见贸易可以使每个人享受到不同的服务和产品，改善了每个人的状况。

6. 市场通常是组织经济活动的一种好方法

市场经济体制的核心是利润、价格以及企业家。市场经济既具有好处也存在弊端，市场经济就像一只"无形的手"对市场的经济活动进行调控，使市场经济具有很强的生命力。但是市场经济也有不足之处，因此需要政府对市场经济进行宏观调控，弥补市场经济的不足。总之，市场经济利大于弊。

7. 政府有时可以改善市场结果

市场经济指导的经济模式具有一定的缺陷，因此在市场经济体制下要借助政府的力量对市场经济进行宏观调控。当市场经济中资源配置不均衡时，政府出面就可以调控资源，把市场经济带到正确的发展道路上，弥补市场经济的不足。

8. 一国的生活水平取决于它生产物品和劳务的能力

《国富论》中论述了一个国家人们的生活水平取决于该国生产物品和劳动的能力。一个国家只有人尽其才、物尽其用，提高生产效率，不断满足人们对于物质的需求，创造大量的物品和劳务，才能提高人们的生活水平。

9. 当政府发行了过多的货币时，物价上升

当政府发行的货币超过实际需要的货币量时，就会出现通货膨胀，导致物价上涨。货币是一种物品交换的媒介，货币量的发行应当与国家实际的经济实力相符合，这样才不会导致通货膨胀，物价上涨。

10. 社会面临通货膨胀与失业之间的短期权衡取舍

有效解决失业的主要手段是政府加大投资或者促进私人企业扩大生产，这样企业就会增加对劳动力的需求，降低失业率。但是在这期间要做好失业率和通货膨胀之间的权衡取舍，在保证不发生通货膨胀的前提下有效降低失业率。

（二）补充的经济学原理

近年来，随着经济学理论研究的进一步深入，以后的经济学家对曼昆的理论进行了补充和完善。从经济学理论对现实经济活动的影响，从成功学的角度探讨并增加了三部分内容。

1. 勇于探索，善于发现

这是当今十分珍贵的一种精神，我们需要这种精神来充实自身，于平凡中发现奇迹，用探索去营造创新的能力。

在经济学研究历程中，探索与发现始终结伴而行。探索，需要拥有良好的心态，要保持冷静客观的态度，不宜急于求成，否则最终将会一事无成。子夏曾做莒父总管，问政于孔子。子曰："无欲速，无见小利。欲速则不达，见小利则大事不成。"简单地说，就是："不要求快，不要贪求小利。求快反而达不到目的，贪求小利就做不成大事。"因此，一味追求速度，急功近利、贪图小利，就达不到目的，成不了大事。发现，需要掌握正确的方法，当一种方法不实用时要及时改变方法，这样才能更有效率地达到目的。毕竟"条条大路通罗马"嘛！而且，发现需要经受种种挫折。只有当我们能够以平和的心态面对失败时，我们才会慢慢靠近成功。

2. 注重终端

经济学认为，社会化大生产中产业资本运行需要经历货币资本、生产

资本、商品资本三种形态。这三种形态存在时间上的继起性和空间上的并存性特征。从其继起性特征而言，商品资本处在最后一环，却是货币重现的一环，马克思称之为"从商品或服务到货币的惊险一跃"。因而在早期的重商主义阶段，始终认为商品环节才是唯一的经济环节。由此即可看出销售终端的重要性。

现代市场经济更是有"销售为王"这样的说法。

商品终端是最终产品离开流通领域的唯一通道。市场主体通过销售方式进行交易，交易双方各取所需，彼此感到满意，形成一种双赢的局面。所以，终端经营的成败对企业而言是投资成果，卖出产品，进而扩大再生产；对消费者而言是满足需求，提高自身福利。但是，如果产品卖不出去，一切都是空谈。

3. 木桶定律

木桶定律是由美国管理学家彼得提出的。当每个人创业或者策划一个大的经济项目时，必须反复考虑项目的各个环节。如果其中的一个环节失败，就会导致整个项目完全的、全部的失败。就像木桶的一块木板坏掉了，整个木桶内的水都会漏掉。

虽然木桶定律是管理学的范畴，但它在经济学之中的重要性，远远大于它在管理学中的作用。它在管理学中的作用只是局部的，而经济学之中的作用，则是全局性的，关系到全局的成功或失败。

（三）对经济学原理的归纳

即使是最复杂的经济分析，也是用上述的经济学原理构建的。在这里，对前述十三个原理进行简单的归纳整理，把经济学原理划分为决策、交易、运行，成功四个部分，详见表1-1。

表1-1　13个经济学原理

决策原理	1. 人面临权衡取舍
	2. 某种东西的成本是为了得到它所放弃的东西
	3. 理性人考虑边际量
	4. 人们会对激励做出反应

交易原理	5. 贸易能使每个人的状况变好
	6. 市场通常是组织经济活动的一种好方法
	7. 政府有时可以改善市场结果
运行原理	8. 一国的生活水平取决于它生产物品和劳务的能力
	9. 当政府发行了过多的货币时，物价上升
	10. 社会面临通货膨胀与失业之间的短期权衡取舍
成功过程	11. 勇于探索，善于发现
	12. 注重终端
	13. 木桶定律

三、经济学的思维方式

约翰·梅纳德·凯恩斯（John Maynard Keynes）指出，经济学理论并没有提供一套立即可用的结论[①]。它不是一种教条，只是一种方法、一种心灵的器官、一种思维的技巧，帮助拥有它的人得出正确的结论。应该通过加深理论观点的理解与方法的把握，来培养客观、正确的思维方式，形成对现实问题良好的、一致的理解能力。

（一）经济人与理性选择

1. 经济人的假设

具有自利性和理性的"经济人"是经济学的理论基础。对经济人假设的理解可以归纳为三个命题。

（1）自利

即追求自身利益是驱策人的经济行为的根本动机。这种动机和由此而产生的行为有其内在于人本身的生物学和心理学的根据。

---

① 　何新易，王义龙，吕素昌，荣明杰. 微观经济学 [M]. 长沙：湖南师范大学出版社，2017：5.

（2）理性行为

经济人是理性的，他能根据市场情况、自身处境和自身利益之所在作出判断，并使自己的经济行为适应于从经验中学到的东西，从而使所追求的利益尽可能最大化。

（3）自利即利他

这也就是"看不见的手"的基本内涵，即只要有良好的法律和制度的保证，经济人追求个人利益最大化的自由行动会无意识地、卓有成效地增进社会的公共利益。

尽管经济人假设受到专业经济学家和非专业学者的大量质疑，但无论是何种形式的批判在一定程度上只是对这一假设的补充与完善。经济人假设仍然是经济学理论研究的根本出发点。

2. 理性选择

理性选择指的是帮助经济主体在面对不同选择时做决定的经济学思维方式。当一个经济主体面对各种各样的选择时，往往需要两步才能作出最好的选择：第一，明确作选择的所有事项，如目标函数、约束条件、可选对象；第二，在考虑所有约束条件的基础上，分析哪个选择对象能最大化实现目标函数，这个对象就是最好的选择。由此可见，我们可以借助分析经济主体的选择目标函数和约束条件来判断和理解经济主体的行为。选择目标函数指的是经济主体的最终目的，选择约束条件指的是经济主体在做决定时面对的自身内在以及外在环境的约束。无数人在面对相同选择时，往往会作出五花八门的决定，产生这种状况的根本原因是每个人的最终目的以及约束条件截然不同。

以在校大学生做兼职为例，部分在校大学生兼职的目的有两个：第一，赚取一部分的生活费或者学费。这意味着这些大学生的家庭条件不太优渥，这属于外在约束条件；第二，掌握一定的工作经验和社会经验。这意味着这些大学生认为积累社会工作经验对将来有大用，为达成这个目的进行兼职。而有些在校大学生并没有选择兼职，原因也有两个：第一，他们认为兼职没用，这代表他们认为积累社会工作经验不符合自己的人生规划，即与最终目的不符，或者说兼职打工并不是积累社会经验的最佳方式，即不是最优解；第二，大学生自身害怕与社会接触，这属于自身内在约束。

在人际交往过程中，相互理解是对他人最大的尊重。我们可以通过分析他人的最终目的以及约束条件，理解他人的行为，与其更好地交流和相处。

（二）选择的基础：比较成本与收益

人们在面临选择时，如何去做？以你考上大学上与不上为例，如果你选择上大学，但家庭条件不允许，为支付学费、住宿费、书本费等，你需要办理助学贷款，同时在校期间可能需要兼职打工；如果你选择不上大学，你可以选择去工厂打工挣钱，月薪 2 000 元。现舍弃其他人对你上大学的影响和帮助，只有上述两种选择，你如何选择？你此时做决定的依据就是上大学花费的成本和带来的收益是否相等，假如后者高于前者，就选择上大学；假如前者高于后者，就选择打工。

1. 机会成本

在经济学中，最基础的分析思路就是比较事物的成本和收益[①]。经济学的成本包含两者：一种是经济成本（economic cost），另一种是机会成本（opportunity cost）。当你为了达成某个目的花费大量资源，这其中的成本同样包含两部分，第一种就是你为达成此目的花费的全部资金，这属于会计成本（accounting cost），也叫外显成本（explicit cost）；第二种就是如果将这部分资源用作其他用途，最终可获得的最高价值，这就属于机会成本，也叫内隐成本（implicit cost）。机会成本指的是为达成某个目的选择放弃其余目的所具备的最大价值。仍以上大学或不上大学为例，上大学的机会成本就是你在四年时间中在工厂上班挣到的所有工资；但你上大学的收益不仅仅包含你毕业后的收入与不上大学收入的差值，由于大学毕业比高中毕业的社会地位略高，综合福利也要高一些，这一部分差值的量化价值也属于收益，因此当你上大学获得总收益比外显成本和机会成本的总和高，上大学就是最佳选择。

在选择过程中，比较事物的成本和收益十分重要，而机会成本的重要性不容忽视，它是选择分析的基础。根据机会成本的定义，人在做任何一件事的过程中都会产生机会成本。比如，你收到别人赠送的电影票，免费看电影，机会成本就是你在看电影过程中做其他事情的收益；你并没有将钱存在银行，而是把钱存放在箱子中，机会成本就是钱存在银行的利息；你有一套住房，但你并未将其出租，而是闲置，机会成本就是租房收益。

---

① 谢巍，涂悠悠，玛丽，等．简明经济学 [J]．小猕猴智力画刊，2020（12）：2-11.

2. 边际选择

在某种时刻，人们面对的选择并不是"是否去做"，而是"是否继续去做"。假设明天考试，你今天已经学习 6 个小时，是否继续学习？此时你需要比较继续学习的边际成本（marginal cost）和边际收益（marginal benefit）。边际成本指的是继续学习单位时间内增加的成本，即你继续学习产生的痛苦感或在这段时间进行娱乐活动产生的满足感；边际收益指的是继续学习单位时间内增加的收益，即明天考试成绩提高的分数超过预期后产生的满足感。当边际成本低于边际收益，继续学习；当边际成本高于边际收益，放弃学习。

边际选择属于成本和收益更深层次比较的方法。在分析人的理性选择过程中，得出最优化分析的基础就是边际分析。

3. 激励与制度

人们在做决定之前往往会比较成本和收益，如果成本或收益由于某种原因发生改变，人们的决定也会改变。因此，可以认为人们对于激励刺激会产生相应的反应。比如，苹果的售价提高了，人们可能就会选择相对便宜的梨，因为苹果的购买成本提升了；但果农会决定多种苹果树，少种梨树，因为苹果的收购价提升了，果农的收益会增加。

依据上述思路，当某种激励发生后，我们不但可以预测人们会做出什么样的行为，也能知晓人们为什么这么做。因此，我们可以创建某种制度，对于可导致人行为发生改变的错误原因及时修正，保证人的行为符合我们的预期。例如，政府制定了酒后驾车的处罚制度，人们在酒后开车可能会违法，酒后开车的成本提高了，驾驶者就可能选择不喝酒，酒驾和醉驾的行为自然会大大减少。所以，合理的、科学的制度能改变人的行为，使其符合预期。

（三）经济学家为何总是存在分歧

随着对现实经济问题的关心，我们往往越来越会发现，经济学家之间总是存在着种种分歧。这也使得很多经济学的初学者感到困惑甚至对经济学产生反感。那么如何看待经济学家之间存在的各种分歧呢[①]？

首先，经济学的理论观点不是对现实经济问题的全面描述，其往往都

---

① 罗教讲. 经济学家观点的一致与分歧 [J]. 经济学动态，2001（2）：68-73.

是建构在"其他条件不变"假定基础上的抽象简化。当经济学家在讨论问题时分别做了不同的假定，侧重于不同的分析角度，也就会形成不同的理论观点。因此，在学习经济学的过程中，必须明确任何理论观点的前提假定，把握理论观点的分析角度。经济学的理论观点不能被验证是合理的，除非满足"其他条件不变"假定。从这个意义上来看，理论观点的多样性实际上为我们提供了分析经济问题的不同角度，也使得我们能够更全面地把握现实经济问题。

其次，经济学是一门社会科学，其研究往往会涉及人的主观价值判断问题。主观价值判断往往会受其家庭背景、学习和工作经历以及利益倾向等因素的影响；当不同的经济学家有着差异化的价值判断时，理论观点的分歧也就在所难免。

第三，经济分析的长期性和短期性也使得经济学家之间存在分歧[①]。有的经济学家更侧重于经济的长期分析，他们往往认为短期内出现的经济问题只是暂时性的问题，因此不必过于担心；而有些经济学家则更关注经济的短期分析，正如凯恩斯所说，"在长期内，我们都死了"，解决当下的经济问题才是经济分析的关键。正是存在分析的长期与短期差异，也使得观点各异的经济学流派共存。

第四，人们往往会忽视经济学的共识，而过于夸大了经济学的分歧。见解的独特性往往更容易引起人的关注，这也使得经济学家在面对公众时更喜欢强调其"与众不同"。

第二节　微观经济学与宏观经济学

西方经济学根据其研究的不同领域、对象及角度，把研究经济学问题的全部内容分为两个部分，即微观经济学和宏观经济学。本节对这两部分内容进行概括性的介绍，进一步理解经济学研究的对象，并为以后的内容提供一些预备性知识。

---

① 吴易风.当前经济理论界的意见分歧 [M].北京：中国经济出版社，2000：6.

一、微观经济学

（一）什么是微观经济学

"微观"的英文为"Micro"，它源于希腊文，原意是"小"。微观经济学以单个经济单位为研究对象，通过研究单个经济单位的经济行为和相应的经济变量单项数值，来说明如何解决社会资源的配置问题。微观经济学把市场经济体制下个体单位的经济运行作为考察对象，重心在于了解厂商、产业、家庭的行为，及其交互作用的方式。它的着眼点是"个体"的，而不是"总体"的。因此微观经济也被称为"个量经济学"。

在理解微观经济学的定义时，要注意以下几点：

1. 研究的对象是单个经济单位的经济行为

单个经济单位指组成经济的最基本的单位，如居民户与厂商。居民户又称家庭，是经济中的消费者。厂商又称企业，是经济中的生产者。在微观经济学的研究中，假设居民户与厂商经济行为的目标是实现最大化，即消费者（居民户）要实现满足程度（效用）最大化，生产者（厂商）要实现利润最大化，微观经济学研究居民户与厂商的经济行为就是研究居民户如何把有限的收入分配于各种物品的消费，以实现满足程度最大化，以及厂商如何把有限的资源用于各种物品的生产，以实现利润最大化。

2. 解决的问题是资源配置

资源配置涉及三个基本的问题。

（1）生产什么

由于资源有限，用于生产某种产品的资源多一些，用于生产另一种产品的资源就会少一些。人们必须做出选择：用多少资源生产某一种产品，用多少资源生产其他的产品。

（2）怎样生产

不同的生产方法和资源组合是可以相互替代的。同样的产品可以有不同的资源组合（劳动密集型方法或资本、技术密集型方法）。人们必须决定：各种资源如何进行有效组合，才能提高经济效率。同样的产品生产在不同的外部环境下，会有不同的劳动生产率，所以人们还必须决定，资源配置到哪里最有效。

（3）为谁生产

产品如何在人们之间进行分配，根据什么原则，采用什么机制进行分配，分配的数量界限如何把握，等等。

3. 中心理论是价格理论

在市场经济中，居民户和厂商的行为要受价格的支配，生产什么、如何生产和为谁生产都是由价格决定的。微观经济学的中心理论实际上是解释英国古典经济学家亚当·斯密的"看不见的手"这一原理的。斯密认为，每个人都在追求自己的个人利益，但这样做时，由于一只看不见的手的指引，结果增加了社会利益。"看不见的手"就是价格机制。价格机制调节着整个社会的经济活动，通过价格的调节，社会资源的配置实现了最优化。

第四，研究方法是个量分析。个量就是指商品的供给量、需求量、价格、成本、利润等。微观经济学用边际分析法和均衡分析法作为基本的分析方法，用以分析各种个量之间的关系，研究个量之间的相互决定的模型。

（二）微观经济学的基本内容

微观经济学包括的内容相当广泛，其中主要有：

1. 均衡价格理论

均衡价格理论，也称价格理论。均衡价格理论研究某种商品价格如何确定，以及价格如何调节整个经济的运行。如前文所述，这一部分是微观经济学的中心。其他内容都是围绕这一中心而展开的。

2. 消费者行为理论

消费者行为理论研究消费者如何把有限的收入分配到各种物品的消费上，以实现效用的最大化。这一部分是对决定价格的因素之一——需求的进一步解释。

3. 生产者行为理论

生产者行为理论研究生产者如何把有限的资源用于各种物品的生产上而实现利润最大化。这一部分包括研究企业内部组织与效率的企业理论，研究生产要素投入与产量之间关系的生产理论，以及研究成本与收益的成本与收益理论。这一部分是对决定价格的另一因素——供给的进一步解释。

4.厂商均衡理论

厂商均衡理论，也称市场均衡理论。厂商均衡理论研究企业在不同结构市场上的行为与市场均衡。如果说均衡价格理论是研究完全竞争市场上的价格决定问题，这一部分就是研究不同市场上的价格决定问题。

5.分配理论

分配理论研究产品按什么原则分配给社会各集团与个人，即工资、利息、地租和利润如何决定。这一部分是运用价格理论来说明为谁生产的问题。

6.一般均衡理论与福利经济学

一般均衡理论与福利经济学研究社会资源配置最优化的实现，以及经济福利的实现等问题。

7.市场失灵与微观经济政策

传统微观经济学理论以完全竞争、完全理性与完全信息为前提。但在现实中，由于公共物品、外部性、垄断与信息不对称，价格调节并不总是能实现资源最优化配置，这就称为市场失灵。解决市场失灵就需要政府的微观经济政策。现代微观经济学还包括更为广泛的内容，如产权经济学、成本一收益分析时间经济学、家庭经济学、人力资本理论等，这些都是在微观经济学基本理论的基础上发展起来的。因此，微观经济学还是现代管理科学的基础。

（三）微观经济学的假设条件

微观经济学的构建是以一系列的假设条件为前提的。在微观经济分析中，经济学家根据所研究问题和所建立模型的不同需要，采用不同的假设条件。在诸多假设条件中，有三个最基本的假设条件，即理性经济人、完全信息和市场出清。

1."经济人"假设

"经济人"被视为经济生活中一般的人的抽象，其本性被假设为是利己的。"经济人"在一切经济活动中的行为都是合乎所谓的理性的，即都是以利己为动机的，力图以最小的经济代价去追逐和获得自身的最大的经济利益。

斯密在关于"看不见的手"的原理的著名论断中，对"经济人"的经济作用做了充分的表述。斯密写道："在这场合，像在其他许多场合一样，他受着一只看不见的手的指导，去尽力达到一个并非他本意想要达到的目的。也并不因为并非出于本意，就对社会有害。他追求自己的利益，往往使他能比在真正出于本意的情况下更有效地促进社会的利益。"斯密"看不见的手"的原理试图说明，经济自由是追求私利的"经济人"可以实现其自利目标的必要条件，同时，其追求私利的活动是与增进全社会利益的社会目标相一致的，在这里，私人利益与社会利益实现了统一。

2．"完全信息"假设

这一假设的主要含义是指市场上每一个从事经济活动的个体（即买者和卖者）都对有关的经济情况（或经济变量）具有完全的信息。例如，每一个消费者都能充分地了解每一种商品的性能和特点，准确地判断一定商品量给自己带来的消费满足程度，掌握商品价格在不同时期的变化等，从而能够确定最优的商品购买量。又如，每一个生产者都能准确地掌握产量和生产要素投入量之间的技术数量的关系，了解商品价格和生产要素价格的变化，以及在每一个商品价格水平上消费者对产品的需求量等，从而能够做出最优的生产决策。

3．"市场出清"假设

市场出清即假设市场价格自由而迅速地上下移动，足以对供求变化作出及时反应，从而导致供求总是相等的状态。具体来讲，即商品价格自由而及时地波动使该商品供求平衡，利率（资本价格）自由而及时地上下波动使资本供求平衡。在这种均衡状态下，不存在资源的闲置与浪费，资源的充分利用问题已得到解决。

只要上述三个假设条件成立，市场经济就会成为最美妙的经济制度。但是，只要稍微有些生活常识，我们就会认识到这三个假设是不可靠的。人不可能时刻保持完全的理性，偶尔也会做出非理性的决定；信息是不完全的，尤其是关于未来经济的变化，经济学家也是一知半解；市场出清是相对的，而商品的过剩或不足却是绝对的。这些问题向传统的经济学提出了挑战。

二、宏观经济学

（一）什么是宏观经济学

宏观经济学是西方经济学中研究一国经济总量、总需求与总供给、国民收入总量及构成、货币与财政、人口与就业、要素与禀赋、经济周期与经济增长、经济预期与经济政策、国际贸易与国际经济等宏观经济现象的学科。

宏观经济学自凯恩斯的《就业、利息和货币通论》发表以来快速发展起来。宏观经济学，是以国民经济总过程的活动为研究对象，主要考察就业总水平、国民总收入等经济总量，因此，宏观经济学也被称作就业理论或收入理论。

宏观经济学的研究对象是经济资源的利用问题，包括国民收入决定理论、就业理论、通货膨胀理论、经济周期理论、经济增长理论、财政与货币政策。

宏观经济学属于西方经济学范式，由于把宏观经济领域与微观经济领域割裂开来研究，与科学的一般经济学的关系既不是整体和部分的关系，也不是一般和特殊的关系，所以无法研究经济发展的一般规律与宏观经济领域的特殊规律，只能对宏观层面的经济现象进行现象学意义上的描述。从科学学的角度而言，由于不能研究一般经济规律与宏观经济领域的特殊经济规律，宏观经济学不能成为一门真正意义上的学科。

宏观经济学，是以国民经济总过程的活动为研究对象，主要考察就业总水平、国民总收入等经济总量，因此，宏观经济学也被称作就业理论或收入理论。宏观经济学研究的是经济资源的利用问题，包括国民收入决定理论、就业理论、通货膨胀理论、经济周期理论、经济增长理论、财政与货币政策。

（二）宏观经济学的基本内容

宏观经济学包括宏观经济理论、宏观经济政策和宏观经济计量模型。

1. 宏观经济理论

国民收入决定理论、消费函数理论、投资理论、货币理论、失业与通货膨胀理论、经济周期理论、经济增长理论、开放经济理论。

2. 宏观经济政策

经济政策目标、经济政策工具、经济政策机制（即经济政策工具如何达到既定的目标）、经济政策效应与运用。

3. 宏观经济计量模型

宏观经济计量模型主要是根据各派理论所建立的不同模型。这些模型可用于理论验证、经济预测、政策制定，以及政策效应检验。

以上三个部分共同构成了现代宏观经济学。现代宏观经济学是为国家干预经济的政策服务的。战后凯恩斯主义宏观经济政策在西方各国得到广泛的运用，相当大程度上促进了经济的发展，但是，国家对经济的干预也引起了各种问题。其具体内容主要包括经济增长、经济周期波动、失业、通货膨胀、国家财政、国际贸易等方面。涉及国民收入及全社会消费、储蓄、投资及国民收入的比率，货币流通量和流通速度，物价水平，利息率，人口数量及增长率，就业人数和失业率，国家预算和赤字，出入口贸易和国际收入差额等。

宏观经济学来源于法国弗朗斯瓦·魁奈（Francois Quesnay）的《经济表》[①] 和英国托马斯·罗伯特·马尔萨斯（Thomas Robert Malthus）的"马尔萨斯人口论"。1933 年，挪威经济学家雷格纳·安东·基特·弗瑞希（Ragnar Anton Kittil Frisch）提出《宏观经济学》的概念。宏观经济学在凯恩斯的《就业、利息和货币通论》1936 年出版后迅速发展起来。凯恩斯把国民收入和就业人数联系作为中心进行了综合分析。

宏观经济学的产生与发展，迄今为止大体上经历了四个阶段。

第一阶段：17 世纪中期到 19 世纪中期，是早期宏观经济学阶段，或称古典宏观经济学阶段。

第二阶段：19 世纪后期到 20 世纪 30 年代，是现代宏观经济学的奠基阶段。

第三阶段：20 世纪 30 年代到 60 年代，是现代宏观经济学的建立阶段。

第四阶段：20 世纪 60 年代以后，是宏观经济学进一步发展和演变的阶段。

---

① ［法］弗朗索瓦·魁奈（Francois Quesnay）. 魁奈《经济表》及著作选 [M]. 北京：华夏出版社，2017：213.

"宏观经济学"一词，最早是挪威经济学家弗瑞希在 1933 年提出来的。经济学中对宏观经济现象的研究与考察，可以上溯到古典学派。法国重农学派创始人魁奈的《经济表》，就是经济学文献对生产总过程的初次分析。

然而，在古典经济学家和后来的许多经济学家的著作中，对宏观经济现象和微观经济现象的分析都并存在一起，并未分清。特别是自边际革命以来，经济学家大多不承认经济危机的可能性，不承认国民经济总过程中的矛盾与冲突，只注重于微观经济分析，以致宏观经济问题的分析在一般经济学著作中几乎被淹没了。

但随着传统经济学在 20 世纪 30 年代经济危机的袭击下破产和凯恩斯的《就业、利息和货币通论》一书出版，宏观经济分析才在凯恩斯的收入和就业理论的基础上，逐渐发展成为经济学中的一个独立的理论体系。

（三）宏观经济学的假设条件

任何一门科学，总是以一些基本的、简单明了的、不证自明的事实和概念或公理为前提或起点，由此才能推导出其他的理论和结果。几何学堪称这一方法的典范。同样的道理，经济学及宏观经济学亦有一些自身的前提和假定。不过，在传统的社会主义经济学中，这些前提或假定往往被隐去了，只有进行逆向推导才能发现它们的踪迹。例如，任何一本政治经济学教科书都这样说：按劳分配可以调动劳动者的积极性。但是，为什么会发生这种现象呢？我们可以由此逆向推出因为劳动者是追求物质利益或经济利益的，否则选择何种分配方式都是无关紧要的事情。再如，经济学教科书强调要按比例分配社会总劳动时间，这里也暗含着一个前提，即社会总劳动时间是有限的，否则没有必要对劳动时间进行分配。本书在进行宏观经济分析时，也隐含着下列诸项假设：

1. 资源稀缺假设

经济学中的资源，是指可用于社会经济活动过程的一切要素、环境和条件，它包括自然资源（土地、矿藏、气候、水源等等）和人工资源（资本，技术、信息、政策等等）。从理论上说，宇宙的时间和空间都是无限的，因而资源的供给也是无限的。但是，在一定的时代和一定的生产力水平上，人类所拥有、支配和使用的资源又是有限的，而且为获得和利用这些资源也是需要花费劳动和支付代价的。与人们的欲望相比，资源供给远远不足，这就是资源的稀缺性。

稀缺不是短缺。短缺是指供给小于有效需求，即有货币购买力的需求，稀缺则是指供给小于人们的欲望，即人们生理和心理的最大需求。稀缺是所有经济体制的共同特征，而短缺则是某些经济体制的特有现象。短缺可以通过体制改革和政策而得到改变，稀缺则是人们面临的一个永恒的问题。而且随着经济的发展、资源的稀缺性还有提高的趋势。

为了解决资源的稀缺性与人们欲望的无限性之间的矛盾，就需要对资源进行合理的配置和有效的使用，使有限的资源能最大限度地满足人类的欲望。因此，从某种意义来说，经济学就是要解决稀缺资源的配置和使用问题。宏观经济学就是要解决社会经济资源在各地区、各部门、各企业、各种产品以及不同时际之间的配置问题。因此可以说，没有资源的稀缺性和资源的配置要求，就没有经济学和宏观经济学。

2. 经济人假设

社会经济活动离不开人。人既是生产力的能动要素，又是生产关系的承担者。不仅如此、人实际上是一切社会科学的活动主体。当然在不同的学科中，他扮演的角色是不同的。在政治学中，他是政治人；在社会学中，他是社会人；在历史学中，他是历史人（物）；在伦理学中，他是道德人；同样，在经济学中，他是经济人。有人认为，西方经济学的特点是只见物不见人，只研究物的关系不研究人的关系，这实在是对西方经济学的极大误解。西方微观经济学中的消费者理论、厂商理论，市场上的买者与卖者不是人又是什么？宏观经济学中的家庭、企业和政府等经济活动主体不是人又是什么？所不同的是，西方经济学明确表示以"经济人"为理论分析的前提，而传统的政治经济学则强调人的社会性，并认为人的社会性集中体现为阶级性。政治经济学的分析对象正是这种作为阶级代表的个人，也可以说是以"阶级人"为理论分析的前提的。

经济人思想在斯密和穆勒那里已经形成，但是第一个将经济人概念引进经济学的是意大利经济学家帕累托。按照西方经济学的一般解释，经济人具有下列三大特征：

（1）追求最大经济利益是人们从事经济活动的基本动因；

（2）只有个人自己才能对自己的快乐和痛苦进行排序和计量，外人不可强加于人；

（3）具有完全的理性行为，可以准确地比较和权衡各种经济活动的得失，从而作出合理的选择。

长期以来，由于受到误解和囿于教条，社会经济学对"经济人"持否定、批判态度，因而在教科书中难见其踪迹。但是正如我们在前面讲到的，从"按劳分配可以提高劳动者的积极性"这一命题中，我们还是可以看到经济人的影子。诚然，经济人假说不能解释所有的经济现象，但如果放弃这一假说，则任何经济现象都是不能解释的。

3. 多元经济主体假说

在市场经济中，经济主体（即经济人）是多元化的，这是与计划经济的重要区别之一。市场经济中的经济主体至少可以分为三大类：居民、企业和政府，它们各自具有独立的经济利益并遵循利益最大化原则行事。每一类经济主体又可以分为若干个经济个体。如居民是由亿万劳动者构成的，企业是由千万个工厂、农场、商店、银行等构成的，政府也可以分为中央政府和地方政府，地方政府又可以分为省、市、县、乡（镇）等四级。

经济利益主体的多元化使宏观经济的运行和调控复杂化，也是经济"一放就乱"的经济根源。我们常常批判的"上有政策，下有对策"的不良现象，其实正是经济主体的理性行为，这时社会与政府之间形成博弈关系，其极端的形式是社会达到理性预期，以至宏观经济政策完全无效。为了防止社会对策对政府政策的抵消作用，决策者在制定政策时就要考虑到对策因素，将实现政策目标的动因建立在经济人追求物质利益的基础之上。

4. 完备市场假说

宏观经济学是以完善的微观条件为基础的，其中完备的市场体系是不可缺少的前提。完备的市场体系具有下列特征。

（1）完备的市场结构

从交易的客体来看，有消费品市场、服务市场、生产资料市场、货币市场、资本市场、外汇市场、技术市场、信息市场、房地产市场、劳动力市场等等；从交易的方式看，有零售市场、批发市场、现货市场、期货市场等等。所有的这些市场构成一个完备的市场体系。

（2）完备的市场规则

市场规则可以分为两大类：一类是约定俗成，按惯例办事、受道德约束的软规则；另一类则是由政府规定、受法律约束的硬规则。完备的市场规则意味着这两方面都很完善。

（3）充分竞争的市场

市场上不存在任何经济的、自然的和行政的垄断，企业和居民可以展开平等自由竞争，总供给与总需求就是充分竞争的结果。

（4）完全伸缩性的价格

价格不再受行政控制，而是市场竞争的结果。它既反映商品的价值又反映供求关系，并且随着二者的变化而不断地调整。

上述市场条件在中国经济转轨时期显然是不完全具备的，但宏观经济学不能以转轨体制而只能以目标体制为分析的前提。

5. 均衡经济假说

宏观经济运行的正常状态是什么？这一问题历来存在争议。一种观点认为"过剩"是经济常态，只有过剩才能造成对生产者的压力，迫使他们改进技术，改善管理，从而推动生产力前进；另一种观点认为"短缺"是经济常态，因为短缺情况下不存在失业问题，可以使各种资源得到充分利用；还有一种观点认为"均衡"是经济常态，只有总供给与总需求保持一致，才能保证经济健康地运行和增长，本书支持第三种观点，假设宏观经济是应该而可以实现均衡或趋近均衡状态的。

上述五大假说，并非宏观经济学的全部前提，也并非与事实完全相符，但是它们至少是接近事实的。只有在这些假设前提下，宏观经济学才能展开分析。

三、微观经济学与宏观经济学的关系

微观经济学与宏观经济学是经济学的两大组成部分，二者既有区别，又有联系。区别表现在研究对象、解决的问题、中心理论和分析方法都不相同。其联系表现在：

（一）微观经济学与宏观经济学是相互补充的

经济学的研究目的是合理配置与利用资源，实现社会福利最大化，为了达到这一目的，既要实现资源的最优配置，又要实现资源的充分利用。微观经济学在假定资源实现充分利用的前提下分析如何达到最优配置的问题。宏观经济学在假定已实现资源最优配置的前提下如何达到充分利用的问题。它们从不同角度分析社会经济现象与问题。从这一意义上说，微观经济学和宏观经济学是相互补充的，它们都是经济学的有机组成部分。

（二）微观经济学与宏观经济学均采取实证研究方法

微观经济学与宏观经济学都是把社会经济制度看作是既定的，不分析社会制度对经济的影响。这就是说，它们都把市场经济制度作为一种既定的存在，分析这一制度下的资源配置与利用问题。这种不涉及制度问题，只分析具体问题的方法就是实证分析。从这种意义上说，微观经济学与宏观经济学都属于实证经济学的范畴。

（三）微观经济学是宏观经济学的基础

对总体经济行为的分析离不开对单个经济行为的分析，从个体的经济规律也可以大致看出或推演出总体的经济规律。但是，宏观经济行为一般并不是微观经济行为的简单加总，在微观里正确的结论，在宏观里则不一定正确。所以，研究经济问题时，应使微观分析与宏观分析有机结合，只有综合分析才能得出正确的结论。

第三节　经济学的基本分析方法

研究和分析经济学的方法说法很多，从各个不同角度说主要有以下几类。

一、实证分析与规范分析

经济学研究经济现象。经济现象是一种社会现象，因此研究时首先有一个立场，观点和态度问题。这种态度有两种，一种是只研究经济现象是什么，即经济现状如何，为何会如此，可能怎样发展变化，至于这种经济现象好不好，该不该如此，则不做评价。这种研究称为实证分析。另一种则是要对经济现象及变化作出好不好或该不该如此的判断和评价，这种研究称为规范分析。例如，中国改革开放以来，人们收入差距扩大，对此有两种不同的研究方法：一是分析收入差距如何，差距扩大原因何在，变化趋势如何等，这就是实证分析；二是研究收入差距扩大好不好，该不该，是否公平等，这就是规范分析。

事实上，由于人总是有立场、观点的，因此，研究经济问题时多少总会带有规范分析的味道，但一定要注意，切不可把自己的感情、情绪和态度来代替对客观经济事实的观察和思考[1]。例如，目前我国许多城市房价高企，自己买不起就认为一定是太高，一定会向下调整。如果你认为是太高，一定会下调，就得说出其理由，不能感情用事，而要实事求是。

二、矛盾统一与均衡方法

任何经济现象内部都包含矛盾，是对立统一体。例如，市场中买者总希望价格低点，卖者总希望价格高点，这就是一对矛盾，但讨价还价的结果还是达成一致，形成均衡价格，达到对立统一。市场经济活动中都有这种交易双方由矛盾对立走向统一均衡的现象，在经济学中分析这种现象的方法称为均衡分析方法。通常说来，如果经济活动的参与者在经济活动中认为达到某种状态或局面时就取得了最好的效果，那么这种局面或状态就达到了均衡。例如，某消费者用一定货币量选购商品达一定数量时感到已获取了最大满足，他就会决定购买这一定数量的商品，这就是所谓消费者均衡。又如，某企业用一定成本生产商品达到一定数量时感到已取得最大效益（利润），它就会决定生产这一定数量的产品，这就是所谓生产者均衡或者厂商均衡。均衡分析就是要研究什么样的条件才能达到经济均衡。均衡分析其实在我们日常生活中处处存在，例如日常讲的按劳分配、按质论价等就都是均衡分析，如果不这样，我们这个世界也就不会存在了。

在西方经济学中还有所谓稳定均衡与不稳定均衡的说法。经济学中所讲的均衡，乃指一种不再变动的状态，但这里的"不再变动"，并非指不会变动，而是指没有变动必要，因为这种状态是最好的情况，再变动只会使情况恶化。例如消费者均衡，就是指消费者用其货币投入购买各种商品一定数量后得到了最大满足的状态，如改变购买，只会降低满足程度。同样，厂商均衡是指厂商花费一定成本生产商品一定数量后能得到最大利润的状态。当然，条件变了，例如消费者收入增加了，原均衡就会被打破。这时，如果有其他力量使它恢复到均衡，就称为稳定的均衡[2]。如果任何力量都无法使它恢复到均衡位置，则称不稳定均衡。

均衡还可以分为局部均衡与一般均衡。

局部均衡是假定在其他条件不变的情况下，来分析某一时间、某一市场

---

[1]　贺允.经济学实证分析方法与规范分析方法比较研究 [J].商业文化：学术版,2011(4): 2.

[2]　李含琳.论矛盾经济现象与矛盾经济学的价值——矛盾经济学研究之一 [J].社科纵横,2021（5）：48-53.

的某种商品（或生产要素）的供给与需求达到均衡时的价格决定。这里讲的其他条件不变，是指这一市场的某一商品的供求和价格等对这一市场其他商品的供求和价格等不发生作用，而这一市场其他商品的供求和价格以及其他所有市场的商品供求及价格等对这一市场的该商品的供求和价格等也不发生作用。它把研究范围只局限于某一市场或某一经济单位的某种商品或某种经济活动，并假定这一商品市场或经济单位与其他市场或经济单位互不影响，所以称为局部均衡分析。比如马歇尔的均衡价格论，就是假定某一商品或生产要素的价格只取决于该商品或生产要素本身的供求状况，而不受其他商品价格和供求等因素的影响。这就是典型的局部均衡分析。

一般均衡用于分析某种商品价格决定时，是在各种商品和生产要素的供给、需求，价格相互影响的条件下来分析所有商品和生产要素的供给和需求同时达到均衡时所有商品和要素的价格如何被决定。所以，一般均衡分析把整个经济体系视为一个整体，从市场上所有商品的价格、供给和需求是互相影响、互相依存的前提出发，考察各种商品的价格、供给和需求同时达到均衡状态下的价格决定。也就是说，一种商品的价格不仅取决于它本身的供给和需求状况，也受到其他商品的价格和供求状况的影响，因而一种商品的价格和供求的均衡，只有在所有商品的价格和供求都达到均衡时才能决定。一般均衡分析方法①，是法国经济学家瓦尔拉斯（Leon Walras）首创的。它重视不同市场中的商品的产量和价格的关系，强调经济体系中各部门、各市场的相互作用，认为影响某种商品的价格或供求数量的因素的任何变化，都会影响其他商品的均衡价格和均衡数量。因此，一般均衡分析是关于整个经济体系的价格和产量结构的一种研究方法，是一种比较周到和全面的分析方法。但由于一般均衡分析涉及市场或经济活动的方方面面，而这些又是错综复杂和瞬息万变的，因而这种分析实际上非常复杂。所以在经济学中，传统上大多采用局部均衡分析。局部均衡分析对所需结果给出一个初始值，所研究的市场与经济的其余部分联系越弱，这种近似就越好，从而局部均衡分析就越有用。

三、静态分析、比较静态和动态分析

与均衡分析密切相关的是静态分析、比较静态分析和动态分析方法。宏

---

① 鱼建光.论瓦尔拉斯（Walras）的"一般均衡"与当代"非均衡"理论 [J]. 经济纵横，1988（3）：56-61.

观经济学和微观经济学所采用的分析方法，从一个角度看是均衡分析，从另一个角度看就是静态、比较静态和动态分析。所以实际上它们是密不可分的整体。

静态分析就是分析经济现象的均衡状态以及有关的经济变量达到均衡状态所需要具备的条件，它完全抽掉了时间因素和具体变动的过程，是一种静止、孤立地考察某些经济现象的方法。例如考察市场价格时，它研究的是价格随供求关系上下波动的趋势或者是供求决定的均衡价格。也就是说，这种分析只考察任一时点上的均衡状态，注重的是经济变量对经济体系产生影响的最后结果。

比较静态分析就是分析在已知条件发生变化以后经济现象均衡状态的相应变化，以及有关的经济变量在达到新的均衡状态时的相应变化，即对经济现象有关经济变量一次变动（而不是连续变动）的前后进行比较。也就是比较一个经济变动过程的起点和终点，而不涉及转变期间和具体变动过程本身的情况，实际上只是对两种既定的自变量和它们各自相应的因变量的均衡值加以比较①。例如，已知某种商品的供求状况，可以考察其供求达到均衡时的价格和产量。这就是静态分析。现在如果由于消费者的收入增加而导致对该商品的需求增加，从而产生新的均衡，则价格和产量都较前提高。这里，只把新的均衡所达到的价格和产量与原均衡的价格和产量进行比较。这便是比较静态分析。

动态分析则对经济变动的实际过程进行分析，其中包括分析有关变量在一定时间过程中的变动，这些经济变量在变动过程中的相互影响和彼此制约的关系，以及它们在每一时点上变动的速率等等。这种分析考察时间因素的影响，并把经济现象的变化当作一个连续的过程来看待。

在微观经济学中，无论是个别市场的供求均衡分析，还是个别厂商的价格、产量均衡分析，都采用静态和比较静态分析方法。动态分析方法在本书中举例不多，该方法在蛛网理论及其用于"生猪—玉米循环"（hog-corn cycle）的研究中，在局部均衡的基础上被采用。在宏观经济学中，则主要采用的是比较静态和动态分析方法。凯恩斯在《就业、利息和货币通论》一书中采用的主要是比较静态分析方法。例如在讨论社会对消费品的需求将随着国民收入的增加而增加时，他主要对两种经济现象进行比较，即比较由国民收入变动而产生的前后两个不同的总量消费需求，而不分析社会对消费品

---

① 吴汉洪，安劲萍.经济学中的比较静态分析 [J]. 湖北经济学院学报，2005，3（2）：5-9.

需求的变化过程，不说明前一时期的收入、本期收入对本期消费是如何制约的，也不研究收入和消费在每一点上变动的速率。凯恩斯的后继者们在发展凯恩斯经济理论方面的贡献，主要是长期化和动态化方面的研究，如经济增长理论和经济周期理论。瑞典学派的宏观经济分析中的"事前""事后"分析所涉及的过程分析或期间分析也都是动态经济分析。

四、个体分析与总体分析

宏观经济学和微观经济学在对象上以资源利用和资源配置相区别，在方法上则以总体分析（aggregate analysis）与个体分析（individual analysis）相区别。总体分析称为宏观经济分析方法，个体分析称为微观经济分析方法。

西方经济学在运用总体分析与个体分析方法对经济问题进行考察时，首先假定制度是已知，既定的，在这个前提下来对经济中的总体和个体进行分析。这并不是西方经济学家认为制度对经济不起作用因而不重要，而是认为，不管制度对经济活动会产生什么样的影响，制度本身或制度变动的原因和后果不是微观经济分析和宏观经济分析能够解决的，所以在分析研究时，可把它作为既定的条件而不予讨论。

微观经济学采用个体分析方法，宏观经济学采用总体分析方法，都是由它们的研究对象的特点决定的。如前所述，微观经济学以个体的经济活动为对象，它就必须要分析单个厂商如何在生产经营中获得最大利润，单个居民户如何在消费中得到最大的满足。与此相应，在数量分析上，它还必须研究单个商品的效用、供求量、价格等如何决定；单个企业的各种生产要素的投入量、产出量、成本、收益和利润等如何决定；以及这些个量之间的相互关系。宏观经济学以总体经济活动为对象，它必须描绘社会经济活动的总图景，分析影响就业与经济增长的总量因素及其相互关系。在数量分析上，它必须研究社会总供求、均衡的国民收入、总就业量、物价水平、经济增长率等如何决定；总消费、总储蓄、总投资、货币供求量、利息率、汇率等如何决定，以及它们的相互依存关系。

个体分析和总体分析，作为一种数量分析的具体形式，都广泛地采用边际增量分析方法。所谓边际增量分析（marginal adding analysis），是指分析自变量每增加或减少的最后一单位的量值会如何影响和决定因变量。比如微观经济学中的边际收益、边际成本等等，宏观经济学中的边际消费倾向、资本边际效率等等，都属于边际增量分析之列。现代西方经济学的产生和发展，是与边际分析方法的广泛应用分不开的。正是边际增量分析方法的深入应用，使得完整的微观经济学体系在 20 世纪 30 年代建立起来。

宏观经济学和微观经济学在进行数量分析时，还把经济变量区分为内生变量（内在变量）和外生变量（外在变量）。内生变量（endogenous variables）是指由经济模型内部结构决定的变量；外生变量（exogenous variables）是指不是由经济模型中的变量决定，而是由外部因素（如政治，自然）决定的变量。例如，假定人们消费支出水平和他们可支配收入正相关，那么，人们收入增加，消费支出也增加，则收入在此就是内生变量。假定人们收入未变，但国际局势或国内局势忽然紧张，引起人们的战争预期，人们于是打算节省些钱以备万一，这就会使消费支出水平下降。这种引起消费下降的因素，就是外生变量。

宏观经济学在进行总量分析时，还把相关的经济变量区分为流量和存量。存量（stock）是在一定时点上变量的大小；流量（flow）是在一定时期内变量的变动量。存量与流量之间有着密切的关系。流量来自存量，流量又归于存量之中。比如人口总数是个存量，它表示某一时点的人口数，而人口出生数则是个流量，它表示某一个时期内新出生的人口数；国民财富是个存量，它表示某一个时点的国民财富总值，而国民收入则是个流量，它表示某一个时期内所创造的国民收入。一定的人口出生数来自一定的人口数，而新出生的人口数又计入人口总数中；一定的国民收入来自一定的国民财富，而新创造的国民收入又计入国民财富之中。流量分析是指对一定时间内有关经济总量的产出、投入（或收入、支出）的变动及其对其他经济总量的影响进行分析。存量分析是指对一定时点上已有的经济总量的数值对其他有关经济变量的影响进行分析。

五、数学方法与边际分析

经济现象变化中存在不少经济变量的相互依存关系，研究这种关系很多情况下可以运用数学方法，这使数学在经济学中有了用武之地。例如，利率提高一些，企业投资成本就高一些，在其他情况不变时，投资需求量就下降一些。于是利率和投资需求间就会发生一定依存关系或者说函数关系。再如，经济学研究如何"最优"，这就使微积分中求极值的方法有了用处，经济学家经常用数学模型探讨经济问题的道理即在于此。经济分析运用数学方法在 19 世纪 70 年代欧洲产生所谓边际主义革命以后，更形成一种潮流，产生了一种经济学数学化趋势，使不少人认为越是运用高深的数学工具的经济学就越是高级的经济学。这是一种片面的、不正确的认识。这是因为经济学研究的经济现象本身是复杂的，其变化是受多种因素制约的，并且人的经济行为也是多变的，未来总具有不确定性，因此，很难建立一个确定无误的经济数学模型。再说，假定的约束条件是否符合现实，是否会变化，如果不是，就难以推导出正确的答案。总之，经济学研究需要运用数学，不重视数学是不对的，但数学只是工具，它本身不是经济学。

经济学的数学分析中经常运用到一个边际分析方法，使微积分在经济学研究中大有用处。其实，经济学中所谓"边际"，是说人们做经济决策只是在边际上做选择。比方说，人们在如何花费伙食费时，只会考虑用多少钱于主食，多少钱于副食，而不会全用于主食或副食即极端地非此即彼，也即这样或者那样"多一点"还是"少一点"的问题，这就是边际分析。例如，所谓厂商行为最优时的边际成本等于边际收益，只是说行动到哪一步能达到扣除成本后的净收益（即利润）最大，而不是说不花成本或乱花成本来采取行动。

第四节　西方经济学范式的发展

一、经济学范式的建立：亚当·斯密的古典政治经济学

西方经济学是从重商主义开始的，正如马克思所言："对现代生产方式的最早的理论探讨是重商主义"。重商主义产生于西欧进入封建社会解体的阶段，当时地理大发现、资本原始积累、商业资本突出的作用以及西欧各国王权同商业资本的联盟构成了重商主义流行的社会历史背景，重商主义此时并没有形成经济学的范式系统，开始只是以国家政策形式出现，以后才逐渐形成理论，主要是以商人的世俗观点研究社会经济活动，以商业资本为考察对象，研究流通领域中的货币 → 商品 → 货币的运动。重商主义认为货币是财富的唯一形态，获得金银的途径是开采金银矿和对外贸易，如果把货币是财富作为重商主义的观念范式的话，其逻辑演绎出来政策取向并没有给当时经济带来美好的景象，反而出现了生产力的危机，如当时的法国出口的制成品越多，换回的金银越多，结果越穷。而在非重商主义流行的国家，比如英国，反而民富国强。也就是说，重商主义理论体系出现了不一致的现象，这样作为重商主义的整体也就不能不垮台。在经济学范式的前科学时期，各种

理论互相竞争、批评、淘汰，但是没有大家共同接受的理论，是前科学时期的典型特点。

与重商主义相随的还有重农学派，代表学者是英国的威廉·配第（William Petty）和法国的皮埃尔·勒珀桑·布阿吉尔贝尔（P Pierre Le Pesant, sieur de Boisguillebert），他们认为经济体系中只有农业生产才会创造和产生财富，而其他部门都不会创造或形成价值，因此重农学派主张土地是财富的真正源泉[①]。很显然，与重商主义将研究对象放在流通过程相比，重农学派虽然将研究对象也放在生产过程，但其价值形成的观念范式所提供的逻辑空间毕竟太小，仅限于农业，不足以解决理论与现实的矛盾。在亚当·斯密经济学产生之前，虽然有许多杰出的经济学思想，如洛克以自然权利为基础的地租和利息理论，休谟的货币数量论等，但受其观点范式层逻辑空间的限制，在理论竞争的过程中没有形成逻辑体系。直到亚当·斯密才第一次创立了比较完备的古典政治经济学的理论体系，马克思指出："在亚当·斯密那里，政治经济学已发展为某种整体，它所包括的范围在一定程度上已经形成。"

（一）经纪人假设

所谓经济人假设，指"每个人在力图应用他的资本，来使其产品能得到最大的价值。一般地说：他并不企图增进公共之福利，也不知道他所增进的公共福利为多少，他所追求的仅仅是个人的安乐，仅仅是他个人的利益。"[②]"经济人"这一概念，一直受到很多经济学家的非议，有从人性的角度进行批判的，也有从伦理学角度进行指责的。笔者认为斯密"经济人"的概念主要指经济领域人的特性。从以上的原著引用可以看出"经济人"是指"每个人都在力图运用他的资本，来使其产品得到最大价值"时所表现的特性。也就是说经济人的假设更加符合在经济活动中人的实际，亚当·斯密也是在反复比较经济人和道德人之后确认的，并认为这一假设更有利于建立经济学科。

---

① 金季 . 皮埃尔·布阿吉尔贝尔——第一个提出按比例均衡发展思想 [J]. 中国财政，2009（2）：1.

② 高鸿业 . 西方经济学微观部分第 7 版 [M]. 中国人民大学出版社有限公司，2018：9.

（二）看不见的手假设

"看不见的手"正式出现于亚当·斯密 1759 年出版的《道德情操论》[①]。在论及生活必需品的消费和分配时，斯密认为，人们被一只"看不见的手"所引导，导致社会福利增进和人类繁荣，在《国富论》中被去掉了道德主义神秘色彩，赋予它确切的经济含义：自由竞争下的市场机制作用。

（三）社会分工假设

斯密从人的本性出发，系统考察了分工，认为交换是人类的天性，这种天性促进了社会分工，而社会分工的发展促进了国家财富的增长。

以上三个假设，构成了古典政治经济学的观念范式，在此基础上，亚当·斯密演绎出了规则范式和操作范式。

斯密认为人的本性是利己的，从事经济活动的动机和目的就是为追求自己的最大经济利益。但每个人都不能独立生存，通过分工使交换成为可能，并接受"看不见的手"的约束，实际这种对人类经济活动的抽象描述就是经济学范式研究的对象逻辑，因此，在此观念范式层提供的逻辑空间上，亚当·斯密提出了货币、使用价值、交换价值、工资、利润等经济范畴，构成了古典政治经济学的规则范式。斯密从上述范式层出发反对重商主义政策，主张放任自由政策，取消限制经济自由的种种障碍，建立起合乎规律的"自然秩序"，使每个人追求的个人利益和社会利益协调起来，最终促进社会财富的增长。这些促使财富增长的主张，构成了古典政治经济学的操作范式。当然以观念范式为基础，还可演绎出更多的定理，从而使其理论更加完善。

从亚当·斯密的经济学被广泛接受的程度（"就《国富论》所代表的划时代的理论收获而论，看来几乎所有各派的经济学家都会持一致意见"）[②] 和理论逻辑的演绎程度上看，其理论已形成了一个完整经济学范式系统，必然会对经济学的常规发展起到巨大作用。

二、经济学范式的继承：马歇尔的新古典经济学

在亚当·斯密的古典政治经济学范式系统确定以后，经济学发展进入了

---

① [英] 亚当·斯密.道德情操论 [M].罗卫东，张正萍译.杭州：浙江大学出版社，2018：145.

② [英] 哈奇森.经济学的革命与发展 [M].李小弥，等译.北京：北京大学出版社，1992：5.

常规科学发展初期，李嘉图出版了《政治经济学及赋税原理》[①]一书，成为英国古典政治经济学的完成者，萨伊出版了《政治经济学概论》[②]，首次将亚当·斯密理论条理化和系统化，使经济学第一次被改造成为一个严整的容易观察的整体。19 世纪 40 年代，以正统自居的约翰·穆勒继承亚当·斯密以及李嘉图学派的主要思想，并吸收了萨伊等人的观点，形成了一个以生产费用和供求决定论相综合的理论体系，因此被称为新古典经济学的先驱。与范式相对应的，还有一些与主流经济学观念范式层不同或规则范式和操作范式不同的经济学流派，如德国历史学派的先驱李斯特的经济理论就与古典政治经济学相对立，他们认为"对自身利益的追逐只是人类许许多多动机中最为重要的动机，其他的如人性、公正、慈爱和公共精神等品质也是相当重要。因此，如果把追求私利以外的动机都排除在外，事实上，我们将无法理解人的理性，理性的人类对别人的事情不管不顾是没有道理的。"，所以，以其经济理论中强调经济学中民族的和历史的特征，注重一个国家民族的、心理的、道德的和法律的诸多因素对经济的影响，强调国家在经济中的作用，主张国家干预，所以具有典型的"反古典"的特征。而奥地利学派、美国学派、数理学派则是规则范式和操作范式的异化所形成的经济学流派。非主流经济虽然不被大多数经济学家所拥护，但是却时刻促使着主流经济学范式的完善。这时期的主流经济学总的来说处在一个相对稳定的状态，而随常规科学发展的时间推移，经济学家们的"疑点"也由观念范式层转向规则范式层和操作范式层，观念范式开始退居学科发展的后台。新古典经济学的形成就是以 19 世纪六七十年代，以门格尔为代表的奥地利学派，以杰文斯和瓦尔拉斯代表的数理学派以及以克拉克为代表的美国学派所进行的"边际学派革命"而展开的，以马歇尔的《经济学原理》[③]的出版而使新古典经济学成为西方经济学的正统。

　　新古典经济学对原有的古典政治经济学范式进行一定程度上的修改。首先，研究的范围变小了，新古典经济学脱去了"政治"两个字，将研究领域集中在经济领域，经济学者们认为这就是范式所可以也要求解决的"问题集"；其次，分析方法的改进，导致"经济人"概念的变化。在古典经济学时期，范式系统所蕴含的方法是抽象的归纳法和演绎法，而在新古典经济学

---

①　[英]大卫·李嘉图.政治经济学及赋税原理 [M].劳英富译.北京：金城出版社，2020：33.

②　萨伊.政治经济学概论 [M].陈福生，陈振骅译.北京：商务印书馆，2020：61.

③　[英]马歇尔.经济学原理（下）[M].廉运杰，等译.北京：商务印书馆，2017：491.

时期，边际分析方法为数学方法在经济学中的应用开辟了道路。应用数学方法，在经济人被新古典经济学形式化、具体化的前提下，新古典经济学从科学上证明了斯密提出的"看不见的手"原理，理论的科学化也使经济人具有了更为明确、成熟和系统的形式，即在新古典经济学，经济人涵盖所有的经济行为主体。包括生产要素的供给者、生产者和消费者，他们各自利益表现形式不同，但本质一致，都力图实现自身利益最大化，通过边际分析方法可以得出经济人实现利益最大化的条件。如生产者利润最大化条件是边际收益等于边际成本，消费者在收入价格约束下最大效用实现的条件是最后所购的每一种商品的边际效用相等。因此，在新古典经济学中，经济人的概念被赋予了"理性"的色彩，即"理性人"可以通过成本收益分析，经过精密计算和仔细的权衡，对可供利用的实现目标和手段进行最优选择。

由以上分析可知，经济学所经历的边际革命，实际上是方法论的革命，非范式的革命，而且在范式坚持上，新古典经济学也是部分继承了斯密的古典政治经济学，因此新古典经济学时期的经济学范式是。

（一）理性人假设

理性人假设是对斯密经济人假设的继承和发展，除保留斯密所提出的根据以外，新古典经济又加进了新的内涵，即理性人假设是指个人通过自己的理性进行选择，在给定偏好和约束条件的情况下，个人总是能够使效用达到最大化。

（二）市场均衡假设

在亚当·斯密的经济学中，"看不见的手"的假设是新古典经济学中市场均衡假设的前身。这是因为在理性人假设的前提下，结合数学方法，使"看不见的手"理论形态表现为市场总是能达到均衡（瓦尔拉斯均衡），而且此时的资源配置最优，最终可以促进整个社会的福利。

作为经济学范式研究逻辑之一的思想逻辑，是一个系统回答问题的逻辑过程，是一个接受现实经济活动检验的过程，与现实所产生的逻辑的不一致性将会引起范式的修改或更迭。在新古典经济学确定后的时间里，经济生活中日益增加的垄断与其理论假设前提相矛盾，加之20世纪30年代的大危机爆发，使得以理性人和市场均衡为基础的新古典学派所论证的自由竞争实现资源最优配置的结论不再令人信服，这标志着新古典经济学的危机。针对于此，一部分经济工作者对经济理论进行了两次重大的修正，第一次是1933

年由张伯伦和罗宾逊夫人所作出的，修正的重点是把作为新古典理论之外的"反常现象"垄断竞争纳入理论分析之中，进行范式内部的消化吸收，以维护经济学范式的稳定性；第二次修改是由约翰·梅纳德·凯恩斯（John Maynard Keynes）作出的，他于1936年在《就业、利息和货币通论》[①]中论证了资本主义市场经济机制可以处于低于充分就业的均衡，但是凯恩斯的论述不是以"理性人"和"市场均衡"为观念范式层进行论述的，而以三大心理规律的作用而导致有效需求的不足为基础进行阐述的，所以，凯恩斯对新古典经济学的修改是"范式的更替"，也被称为"凯恩斯革命"。

三、经济学范式的革命：凯恩斯革命

凯恩斯所著《就业、利息和货币通论》的出版，标志着凯恩斯主义的确立。实际上，该书是当时世界经济大萧条而引起的西方传统经济理论危机的产物。笔者在古典政治经济学和新古典经济学的范式的阐述中提到，其观念范式层所演绎出来的操作范式要求政府只充当市场的"守夜人"，"自由竞争""自动调节""自由放任"是资本主义市场经济的本质要求。市场总会自动达到充分就业均衡的状况，是不可能发生普遍性生产过剩或生产不足的经济危机和经济萧条。但是，事与愿违，新古典经济学派的保持充分就业均衡的自然趋势的理论，却未能经受住20世纪30年代资本主义世界经济大萧条的考验。观察与理论、主观和客观的矛盾是推动范式演变的内在动力。凯恩斯面对现实的困惑，脱离了原有经济学范式（剑桥学派）的影响，寻求新的理论突破口，在这一时期，有众多的理论纷争为凯恩斯宏观经济学范式的确立进行了积累，此时的经济学又处在新范式建立的前科学时期，主要进行论战的经济学理论有维克塞尔的累积过程理论、瑞典学派的动态均衡理论、熊彼特的经济发展和周期理论、美国和英国经济学家的货币数量理论、美国经济学家的国民收入理论以及伦敦学派的经济学说等等。

凯恩斯在谈到自己的《通论》时认为"新理论的产生来源于自己观点的转变"[②]，在其20世纪20年代后期写《货币论》时，他仍然是剑桥学派的货币理论家，其观点是对货币数量论的"发展"而不是背离。但20世纪30年代的大萧条使《货币论》成为一纸空文，这使得作为学者的他极为敏感，开

---

① ［英］约翰·梅纳德·凯恩斯作．就业利息和货币通论 [M]．郭武军译，上海：上海文化出版社，2021：17.

② 高鸿业，刘文忻．西方经济学下宏观部分 [M]．北京：中国经济出版社，1996：795.

始了观念的转变和理论的创新。如果仔细分析凯恩斯经济学的立论点和结构体系。我们会发现凯恩斯经济学体系是建立在三个心理假定上的,这三个假定也构成凯恩斯经济学的范式:

(一)边际消费倾向递减

边际消费倾向大于 0 而小于 1,收入增加,但在增加消费的部分所占比例可能越来越小,用于增加储蓄部分所占比例可能越来越大,即消费者的边际消费倾向递减。

(二)流动性偏好

流动性偏好是指人们持有货币的偏好。人们之所以愿意持有货币,是由于其流动性或者说灵活性,即可以随时应付不测之需或作投机用。

(三)资本的边际效率递减

资本的边际效率递减是指每投入一单位的资本量所带来的额外收益随着资本投入量的增加而递减。

以上三个心理因素相互作用构成了凯恩斯经济学的观念范式层,这与古典政治经济学和新古典经济学的观念范式是完全不同的,但不是从传统范式的对立中寻求新范式的建立,而是另辟蹊径来探索新范式以寻求现实问题的解决。当然,我们说凯恩斯主义是经济学的革命,并不是仅仅就经济学观念范式的改变而言,而是作为一个整体而言,即山观念范式、操作范式和规则范式构成的整体。

在理论上,西方传统经济学深信价格会被调整,以至于消除过度需求或过度供给,因而可期待市场出清,这就是"萨伊定律",即"供给会自己创造自己的需求。"凯恩斯否认这一理论,认为存在有效需求的不足,这是经济学不可回避的问题,这主要是出于边际消费倾向递减、资本边际效率递减以及流动性偏好三个心理因素相互作用所造成的。同时,还可导致工资刚性,表现为价格的变动是很迟钝的,不能适应需求不足的变化,而在新古典经济学的范式下,工资和价格的变动都是迅速及时的。有效需求不足和工资刚性则构成凯恩斯经济学的规则范式。凯恩斯对其理论进行了进一步的演绎,他认为有效需求不足和工资刚性的存在,市场就无法自动达到供需平衡,即无法自动出清,这就是为什么会出现大萧条。所以在操作范式层上,凯恩斯主张国家干预市场,而这恰恰是"反新古典经济学范式"的。

出于凯恩斯经济学有效地解释了大萧条，将"反常现象"有效地纳入其范式体系中，从而确立了新范式对旧范式的取代。凯恩斯的《通论》的发表是其经济学范式确立的标志，引来了一大批追随者，他们不仅大力宣传，而且积极补充和发展凯恩斯的经济思想，使凯恩斯经济学范式步入了常规科学时期，形成了凯恩斯主义和一整套理论与政策主张，如希克斯1937年IS-LM模型的提出、汉森加速原理的提出和哈罗德－多马模型的建立等等都在规则范式和操作范式层上为解释和预测经济现象提供了"模型"和"范例"，即从分析问题上拓展了对凯恩斯经济学的研究。

与凯恩斯主流经济学相伴随的争论自其诞生以来就没有停止过，但20世纪70年代西方发达国家经济出现"滞胀"局面却对凯恩斯经济学提出了严重挑战①，正如托宾所指出的"20世纪70年代滞胀之于凯恩斯经济学如同20世纪30年代萧条之于古典正统观念一样"。因此，前期经济学发展表现为范式补充、修补、重释，后期则表现为范式的重构，紧随其后的就是新古典综合派。

四、新旧范式的联姻：新古典综合派

与原有的新古典经济学研究个量，研究完全竞争条件下实现资源的合理配置相比，凯恩斯经济学则研究总量，研究市场不完全性的条件下是否能实现充分就业。虽然，凯恩斯经济学因为在一定时期更为有效地解释了原有的经济现象，但还有理论的盲区，如"滞胀"现象，新古典经济学也存在着类似的情形。因此不管怎样，正统的经济学范式需要修正。在这一时期，有许多经济学流派都做了大量这方面的工作，可以分为现代凯恩斯学派和现代古典学派，分别属于政府干预派和自山放任派，而其中最有影响的是现代凯恩斯学派中的一个支派，新古典综合派。该学派的建立以保罗·萨缪尔森（Paul A.Samuelson）为代表的凯恩斯主义者把传统的新古典理论作为微观经济学，而把凯恩斯的理论作为宏观经济学，统一的基础是经过很好训练的政府官员能够利用"微调"经济政策把私营部门的不稳定性减低到最小限度，微观经济以充分就业为前提，宏观经济学研究不同就业水平的决定，微观经济与宏观经济分析的侧重面不同，但相互统一，互为补充。

新古典综合派的范式是凯恩斯理论和新古典经济学理论两种不同范式的结合。在凯恩斯的观念范式层的逻辑要求通过国家干预经济达到充分就业。

---

① 　赵宁夫."疲胀现象"值得重视[J].金融理论与实践，1994（10）：3.

这样如果充分就业实现了，也就是均衡得以实现。那就恰恰满足了新古典经济学的观念范式的要求。凯恩斯理论和新古典经济学的结合使西方主流经济学更能有效地解释经济现象，但这样并没能消除两者理论逻辑的矛盾，只是掩盖了矛盾。因此，作为西方宏观经济学的正统，新古典综合派在二战后只兴盛了20余年，20世纪60年代开始衰落，主要原因是其无法解释经济生活中的众多反常，首先是对滞胀问题解释在范式系统内部出现了逻辑的不一致。按照新古典综合派所信奉的菲利普斯曲线理论，失业和通货膨胀不能同时并存，这显然违背了现实经济生活中的滞胀事实。而且对于此，新古典综合派经济学束手无策；其次是劳动生产率问题。因为随着常规科学的发展，范式系统所涵盖的范围应更大，所解释和解决的问题应更多，而二战后，英美等国普遍存在劳动生产率增长缓慢地问题，对这一经济现象，需要在理论上加以说明，并提出对策，然而，在新古典综合派的理论中，影响劳动生产率的因素经常被看作外生变量予以假定，所以，无法予以解释和提出对策。可见，新古典综合派存在着"范式危机"，孕育着一场经济学的科学革命。直到现在，新古典综合派一直居于西方经济学的主流位置，主要是还没有出现可以完全替代它的新范式系统，但是具有创见性的新理论却层出不穷，试图取代旧范式。

其中首先以米尔顿·弗里德曼（Milton Friedmann）为首的货币主义者率先对新古典综合派发起攻击，他们恢复了新古典经济学货币数量论，提倡经济自出，另外还有理性预期学派的罗伯特·卢卡斯（Robert E. Lucas, Jr.），他借助理性预期假设运用现代数学，推翻了凯恩斯的宏观经济学范式中的有效需求不足、工资刚性、市场无法自动出清，从而恢复了新古典经济学范式——市场自动实现均衡，还有如西奥多·舒尔茨（Theodore W. Schultz）、加里·S·贝克尔（Gary S Becker）的公共选择论等等。他们代表着试图恢复新古典经济学范式的经济学者所作的努力。

其次，还有许多具有创见的经济学家，抛弃传统范式，创造性提出了新的范式，如纳什、泽尔腾、海萨尼领导的博弈论在经济学中的应用，他们是以市场不充分竞争和市场参与者之间存在的信息不对称为观念范式来进行经济学理论的逻辑演绎的。

总的来讲，新古典综合派之后的经济学发展是一次浩浩荡荡的运动，其中必然包含解释面更广和预测力更强的新的经济学范式的萌芽。

五、经济学新范式的可能：制度经济学

本研究从历史的角度阐述了各个时期经济学范式建立和解体的自然历史过程，却并没有从理论的、哲学的和逻辑的角度说明经济学范式发展更迭的必然性。如果我们能清楚解析和掌握其必然性，那么就可以根据其对未来的经济学范式发展作出定性的预测。

经济学的第一块奠基石始于亚当·斯密那里，经济学试图被建成具有自然秩序的有机整体。研究方法上借用了伽利略·伽利雷（Galileo di Vincenzo Bonaulti de Galilei）所倡导、勒内·笛卡尔（René Descartes）给予充分发挥的逻辑抽象及演绎的理性方法，即把客体系统进行理论的抽象，把自在的客体变为自然内在秩序的客体，把众多的客体群变为具有始基意义的单一原子的基本单位，然后把研究的对象作为自然计划的设计，在五光十色变化多端的外部世界背后去寻求无形的驱动力和内在因果性，必然性及其规律，最后再设计一个逻辑原点或假设一个前提并通过它演绎出对象世界的完整构架。所以，"现实人"被斯密抽象为"经济人"，如同物理世界中的一个"质点"，"经济人"受无形的推动力"看不见的手"的制约，经济人之间通过自由竞争形成了可以趋于平衡的因果关系链。这样，一幅和谐的经济图景就被建立了。亚当·斯密的经济理性的抽象分析使经济学的建立成为可能，但是却抛弃了作为社会人的许多重要的因素，因此在某种意义上缩小了经济学的研究范围和演绎空间，使经济学的发展具有片面性，或者说使经济学成了一个脱离范式系统环境的、孤立的逻辑演绎体系，必然结果就是理论与现实经济的脱节，不可避免地遇到范式系统所容纳不了的反常现象。

经济学发展到新古典经济学时期，"经济人"变为内涵更窄的"理性人"，研究方法在抽象分析、逻辑演绎和实证经验方法的基础上，以需求分析为出发点，创建了经济学中的边际分析方法，完全抛弃了古典政治经济学中的历史描述法，使经济学走向科学化、定量化、严格化的道路。经济学成为一个具有严密演绎结构的、无懈可击的内在逻辑演绎体系。因此，有的经济学家认为经济学理论在新古典经济学时期是一个具有复杂的内在结构，坚硬的外壳而却没有入口的大厦，而且"根据那些假说所得出的理论同我们所处的现实状况已经不再有什么联系了"[①]。

---

① 　[美]西蒙.现代决策理论的基石有限理性说[M].杨砾，徐立译.北京：北京经济学院出版社，1989：2.

那么，范式发生革命变化的凯恩斯主义经济学是不是完全摆脱了经济学危机的困惑呢？凯恩斯经济学危机不仅来自假设前提的不确定性，而且来自内部逻辑某种程度上的不统一，如在凯恩斯主义经济学中，同一经济人在不同函数和方程中具有不同的行为，这就失去了一致性。凯恩斯理论里反复讲到预期，但这是适应性预期，并且是随机的，即只是汇集被预期变量的过去值，忽略了与所测变量高度相关的同时期的信息，这样就存在信息浪费，直接会导致预测结果失真，那么理论就不可避免地同现实产生了矛盾。

萨缪尔森将凯恩斯主义经济学作为新古典经济学的前提，形成新古典综合派，却依然掩盖不了原有范式的不足和宏观经济学范式和微观经济学范式之间的矛盾。综合经济学的发展过程，要想促进新范式的产生，必须解决以下两个问题。

其一，保证经济学范式的演绎出发点，即观念范式层的正确性和全面性。"理性人"假设是西方主流经济学重要假设之一，并被认为是不证自明，但是"'理性人假设'本身是虚弱的，它的合理性来自一些增加的补充性假设，如市场均衡、充分信息或同质性假设，还应该加上个人有足够强大的信息处理和计算的能力"也就是说，在非常理想的条件下，"理性人假设"是有道理的。如果这些条件不存在的话，理性假设就会显得牵强了，甚至自相矛盾。而这些补充性假设却是难以得到现实的有力支持的。因此，以社会经济活动中的人为其研究出发点和归宿的经济学，应充分尊重人的主体性，充分理解人的动机、能力、人类行为以及人与人之间关系的复杂性，也就是说，应该用"现实的人"来代替"抽象的人"。

其二，即使逻辑演绎的前提是完全可靠的，再加上正确的推理形式，从而使演绎的正确性有了保证，但如果仅仅停留在演绎的范围之内，而面对新的情况不做具体的分析研究，则由演绎所得出的结论的意义是极为有限的。同时，把握现实的市场信号以及经济行为者的活动规则和特征，单靠理性逻辑的认识工具是远远不够的，需借助非理性的工具，如对市场习俗、本能、欲望就是理性逻辑不可言状、难以描述的对象，而事实上，它们也是市场赖以存在、发展不可缺少的重要内驱力，况且，就理性逻辑认识过程本身而言，也离不开非理性的作用，非理性有着连贯逻辑推理步骤，建立科学命题的功能，有时还起创造性思维的诱发、启示、闪现和贯通等认识作用。所以说新范式应该建立在更为广阔的观念范式层上，并实现规则范式层的方法论的突破。

自新古典综合派之后，经济学演绎出了许多流派，其中有一个学派却异常引人注目，这就是制度经济学派。该学派形成于 19 世纪末至 20 世纪 30 年代，开拓者是托尔斯坦·凡勃伦（Thorstein Veblen）[1]。初期，制度经济学家们着重从制度发展的角度来论述制度变革和社会经济之间的关系，强调制度因素对经济活动的重要作用，反对均衡论、和谐论。随后转入沉寂期，直至二战后初期才开始复苏，代表人物有加德纳·米恩斯（Gardiner Means）、阿道夫·伯利（Adolf Berle）和克拉伦斯·埃德温·艾尔斯（Clarence Edwin Ayres）。这一时期的制度经济学由于缺乏实证分析框架，因此被已数学化的凯恩斯主义严重冲击，以至于被有的经济学家认为是已经消亡。随着传统经济学不可避免的范式危机，制度经济学又开始活跃，这时的制度经济学着重于从价值判断标准、伦理学的角度进行宏观制度分析，特别是加尔布雷斯，在方法上进行突破，提出了包括制度权力及其他非经济因素在内的整体方法和注重历史因素的演进方法以及规范分析方法，从宏观上来研究各阶层的行为及关系，分析制度结构的形成与演进是否有利于公共目标的实现和经济社会的稳定，这一时期被称为近代制度经济学；从 20 世纪 80 年代至今，是新制度经济学时期，代表人物有罗纳德·哈里·科斯（Ronald H.Coase）、道格拉斯·诺斯（Douglass C.North）和詹姆斯·布坎南（James M.Buchanan, Jr.），这时的制度经济学开始向新古典主义回归。新制度经济学利用正统的理论分析制度的构成和运行，并研究这些制度在经济体系中的地位和作用，使经济学的视野和应用得到了极大的发展，掀起了一场制度的革命。

本研究之所以认为制度经济学是新范式的发展趋势，主要认为它扩大逻辑演绎前提的内涵和在理论构架上和方法论上的突破。下面，本书将首先从制度经济学的观念范式层论述制度经济学的优越性，再从方法论予以佐证。

制度经济学范式可以概括为以下几个假定。

（一）不完全理性

否定理性行为假定是制度主义者的传统，并用有限理性代替完全理性，他们认为，人类理性受到信息传播效率和接受信息能力等多种因素制约，"只能处于欲望的合理和有限制的条件之间，落在非合理行为和超合理的计算行为的中间地带"，这是因为人的经济行为是人类适应环境的结果，是由特定时间、地点和文化类型和社会过程（制度）所决定的。

---

[1] 张林. 谁是制度经济学的正统——论制度经济学中凡勃伦－艾尔斯传统 [J]. 政治经济学评论，2002，1（1）：161-173.

（二）正的信息费用

新制度经济学者乔治·斯蒂格勒（George Joseph Stigler）认为，信息是稀缺而昂贵的商品，获取信息要支取费用，这笔费用叫"信息费用"，是交易费用的一部分。在新古典经济学中，经济人所进行的是无摩擦的交易行为，不存在交易费用，这一假定很显然是脱离现实的。

（三）一定条件下的"满意化"

在新古典经济学下，市场能自动出清达到一般均衡，这是没有交易费用、信息费用和制度框架的影响下市场完全运行时才能实现的。所以，只有局部均衡，没有"一般均衡"，只能用一定条件下的"满意化"来衡量市场运行和理性人的行为。

制度经济学在以上观念范式层的基础上，在规则范式层上运用了不同于传统经济学的方法，构建了制度经济学的大厦。

1. 制度经济学试图建立结构模型理论，该模型在解释人类行为时总是仔细地把它纳入制度和文化背景中，并通过假设的制度结构与观察相比较，从而从经验上加以检验，并不断努力调整变为现实；而传统经济学是预言性模型，在解释人类行为时总是陈述假设与预言，接受现实经验检验，却降低了现实的重要性。

2. 制度主义者在建立模型的过程中，把制度作为分析单位，制度主义者力图保持分析单位的现实状态，其模型十分详尽，而传统经济学把厂商或个体作为分析单位，其模型是从现实中抽象出来的。

3. 制度主义者在研究方法上采用行为主义的心理学观点，将人类行为的根基建立在制度结构（标准、工作规则、用法和习惯）上，而不是建立在个人偏好上，其规则范式是方法论上的集体主义。观念范式层的现实性，规则范式的突破，使越来越多的经济学家们感到经济学范式的发展方向，特别是对不同社会制度、文化、民族的经济行为则具有更强的指导意义，在某种意义上讲，比现代的主流西方经济学范式更具亲和力和张力。

第二章　企业管理知识概览

第一节　企业管理的基础认识

一、企业

（一）企业的概念和特性

1. 企业的概念

企业指的是根据法定程序成立且拥有法人资格的，通过从事服务、流通、生产等经济活动满足社会需求并获得一定收益的，享有单独权力并承担相应义务的经济组织。它属于历史概念，与生产、商品关联甚密，它的发展过程历经多个时期，有家庭生产时期、手工业生产时期、工厂生产时期和现代企业时期等。1771 年，英国人在英国创建了世界上第一个工厂性质的企业。

从另一个角度分析，企业其实就是在土地、劳动力、资本和技术等生产要素的基础上，为社会提供服务和产品的，既创造收益又担负风险的单位。它的最终目的就是获得收益，所以它属于营利性单位。企业只有提高效率才能获得足够的利润，它的效率包含两部分，经营效率和制度效率。

经营效率一般是由管理方式决定的，如计划、组织、指挥、控制等；制度效率一般是由生产活动中加入生产要素的方式和时机决定的。企业可以通过制定合理的制度以及恰当的经营方式，减少外部环境对自身的影响，实现长久发展的目标。

生产要素可分为两大类，一类为传统生产要素，包括土地、劳动力、资本，另一类是现代企业必备的生成要素，技术。具体内容如下。

（1）土地

充当生产要素的土地不仅包括土地本身，还包括土地中蕴含的一切自然资源，如森林资源、矿产资源等。自然资源的企业进行生产的物质基础和客观条件。但一个国家蕴含的自然资源并不是无限的，所以，企业能够生产的产品是有限的，企业要做的就是提高资源利用率。

（2）劳动力

劳动力指的是为社会提供服务和产品的人，包括企业家、专业技术人员、管理人员、普通员工和其余参与者。

（3）资本

充当生产要素的资本不单单指货币，用于生产和服务的设备、厂房和其他大型机器等。

（4）技术

充当生产要素的技术指的是知识在生产过程中运用的知识和技能。

2. 企业的特性

（1）企业首先是一个经济组织

企业属于社会组织中的经济组织，它和事业单位、行政组织、政治组织等社会组织有本质的不同，它是以盈利为目的从事经济活动的组织。企业本身既可以是商品的生产者也可以是商品的经营者，它为社会提供产品以及相关的服务，但它并不是为了享有商品的使用价值，而是实现商品的价值，创造收益，这是企业最鲜明的特征。

（2）企业必须是自主经营和自负盈亏的经济组织

企业想盈利只能依靠自己的商品，如果商品足够优秀，符合大众的消费观和审美观，满足社会和人们的需求，企业定能创造收益。但时代在变，企业的观念也要变，企业的产品和服务更要变。因此，企业不仅要加强内部管理，还要时刻注意当前社会环境和市场的变化，便于及时应对，这就是企业的经营自主权；但权利和义务是对等的，企业拥有经营自主权就必须进行独立核算，自行承担经营行为产生的全部后果，换言之，就是自负盈亏。如果企业只负盈不负亏，自然不能正确地行使自主权，也不会作出负责任的经营行为。

企业是从事商品生产和经营的经济组织，但并非所有从事商品生产和经营的经济组织都是企业，想要称为企业，必须具备对应的权利和义务，即有自主经营权、独立核算、自负盈亏等。有些经济组织只负责商品的生成和营销，并不进行独立核算，也不需要自负盈亏，由总公司、总厂等上级部门或组织负责核算并承担盈亏，这些总公司和总厂属于企业，从事生成和营销的经济组织只能算企业麾下的生产组织，不属于企业。我国在经济体制改革过程中，出现一大批企业集团，这个集团同样不属于企业，它只是多个企业组成的联合体，在企业集团中，每个成员都是企业，拥有单独的经营自主权，自负盈亏。

（3）企业必须是一个法人

法人，并不是生物学意义上的人而是一个组织，是一个依照法定程序成立的拥有一定独立财产，以自己的名义进行民事活动，享有民事权利，承担民事义务的组织。根据法人的概念，经济组织只有具备一定条件才能成为真正的法人，条件如下。

①依法成立

依法成立指的是经济组织必须向国家工商行政管理部门提出申请，待相关部门核准登记后准许成立，拥有独立的办公场所、名称、组织机构、章程等。

②拥有独立支配的财产

法人最本质的特性就是具备独立可支配的财产，它是经济组织成为法人最直接、最关键的条件。企业拥有独立可支配的财产，相当于具备了开展生成经营活动最重要的物质基础，可以自负盈亏，也能承担相应的民事责任和经济责任，可以稳定并保障市场经济秩序。

③以自己的名义进行生产经营活动并承担法律责任

所谓以自己的名义进行生产经营活动并承担法律责任指的是经济组织可以用自己的名义和财产进行自主经营，在银行开设账户，对外签订经济合同，同时能承担经济活动的一切后果，如果出现经济纠纷，可独立参与诉讼，独立地享有民事权利和承担民事义务。

（二）企业的产生与发展

企业并非自古有之，真正意义上的企业的出现也就是近二三百年的事。企业是社会生产力发展到一定水平的结果，是商品生产与商品交换的产物。在经历了原始社会的氏族部落、奴隶社会的奴隶庄园、封建社会的家庭和手工作坊等形式的演化后，在资本主义社会诞生了企业。

企业的发展经历了以下几个时期。

1. 工场手工业制作时期——雏形

16—17 世纪，一些西方国家由封建制度向资本主义制度转变，资本原始积累加快，家庭手工业急剧瓦解，开始向资本主义工场制转变。在这个转变过程中逐步形成了企业的雏形——工场手工业。

2. 工厂生产时期——真正诞生

18—19 世纪，西方各国工业革命的开展，为工厂制的建立奠定了基础。1771 年，英国人阿克莱特在克隆福特创立了第一家棉纺工厂。工厂制度的建立，标志着企业的真正诞生。工厂制的主要特点：大规模集中劳动，采用大机器提高效率，实行雇佣工人制度，实行劳动分工，生产走向社会化。

3. 现代企业时期

19 世纪末 20 世纪初，随着自由资本主义向垄断资本主义过渡，工厂自身发生了复杂而深刻的变化，此时期的主要特征有：不断采用新技术，使生产迅速发展、生产规模不断扩大、竞争加剧，产生了大量的垄断企业；所有权和管理权分离，职业管理层形成，普遍建立科学管理的制度，形成了一系列科学管理理论。

（三）企业的类型和目标

1. 企业的类型

按照财产的组织形式和所承担的法律责任的不同，企业通常分为三类。

（1）独资企业（又叫单个业主制企业）

它是由业主个人投资，自己经营，收入归己，风险也由自己承担的企业。企业如果经营不善，出现资不抵债的情况，就要用业主自己全部的家庭财源来抵债。

这类企业的优点是：所有权和经营权归于一体，经营灵活，决策迅速，开业与关闭手续简单，产权可以自由转让。缺点主要有两个方面：一是企业没有独立的生命力，如果业主死亡或在转让情况下放弃经营，企业的生命就终止；二是企业规模小，一般财力都不大，由于受偿债能力的限制，贷款的能力也较低，难以投资规模较大的生产和经营活动，一般适合零售商业、手工业等。

（2）合伙企业（又叫合伙制企业）

它是由两个以上的个人或业主对企业出资，通过签订合伙协议联合经营的组织。经营所得归全体合伙人分享，经营亏损也由全体合伙人共同承担。如果经营失败，合伙企业倒闭破产，资不抵债时，每个合伙人都要以自己的家庭财产首先按照入股比例清偿，若有的合伙人家庭财产不够清偿，其他合伙人要代为清偿，负无限连带责任。

这类企业的优点是：企业资金量较大，能从事一些资产规模较大的生产和经营活动，合伙人对企业的生产经营活动十分关心，企业的信誉也较高。缺点是：合伙企业的生产规模一般达不到社会化大生产的要求，生产经营活动有一定的局限性；企业经营决策需经全体合伙人一致同意，因而决策较慢，协调困难；企业稳定程度有局限性，当合伙人中有一人死亡或者撤出，原来的合伙协议就要进行修改，甚至会影响到合伙企业能否继续存在；合伙企业实行无限连带责任，增加了投资风险。一般适用于生产规模较小，管理不太复杂，不需要设立管理机构的生产经营行业。

（3）公司制企业

公司制企业的财产组织形式不同于前述两种企业类型。公司是法人企业，它以"合资"为特征，特别在负有限责任方面与前两种自然人企业有显著的不同。

广义的公司有无限公司、有限公司、两合公司、股份有限公司等形式。《中华人民共和国公司法》（以下简称《公司法》）将公司分为有限责任公司和股份有限公司，两者的共同特点是负有限责任，但是又有不同的特点，在《公司法》中有不同的规定。

1）有限责任公司的特点及组建要求如下。

①有限责任公司由 50 个以下股东出资设立。我国《公司法》规定，有限责任公司由 2 个以上 50 个以下的股东共同出资建立，也可成立只有一个自然人股东或者一个法人股东的有限责任公司；其次，根据我国的具体情况，《公司法》还规定，国家授权投资的机构和国家授权的部门可以单独投资设立国有投资有限责任公司，这种情况下投资主体是国家。

②注册资本金数量不多，较容易注册，资本金最低限额为人民币 10万元。

③有限责任公司是一种"封闭公司"，不能发行股票，权益证明不上市流通，可以在股东内部转让。如向股东以外的人转让出资，必须经半数以上股东同意。有限责任公司的设立和运作相对较为简单。

④公司只在内部向股东汇报工作，接受股东监督，无须向社会公开内部运作情况，应当依照公司章程规定的期限将财物会计报告送交各股东。

2）股份有限公司的特点及组建要求如下。

一般以发行股票方式筹集组成公司，股东人数多。《公司法》规定，设立股份有限公司，应当有 2 人以上 200 人以下为发起人，其中需有半数以上的发起人在中国境内有住所。

①股份有限公司的设立，可以采取发起设立或者募集设立的方式。发起设立，是指由发起人认购公司应发行的全部股份而设立公司。募集设立，是指由发起人认购公司应发行股份的一部分，其余股份向社会公开募集或者向特定对象募集而设立公司。

②注册资本金数额较高。按规定，股份有限公司注册资本金的最低限额为人民币 500 万元。法律、行政法规对股份有限公司注册资本金的最低限额有较高规定的，从其规定。

③公开向社会发行股票。

④股份有限公司的财务会计报告应当在召开股东大会年会的 20 日前置备于本公司，供股东查阅。公开发行股票的股份有限公司必须公开其财务会计报告，按《公司法》规定，上市公司必须依照法律、行政法规的规定，公开其财务状况、经营情况及重大诉讼，在每会计年度内半年公布一次财务会计报告。

需要注意的是，企业财务构成的三种形式（即独资企业、合伙企业、公司制企业）不是互相取代，而是共存的。时至今日，即使在发达的市场经济国家，独资企业和合伙制企业仍然占企业总数的大多数；公司制企业主要是大中型企业，数目只占企业总数的 20% ～ 30%，而其销售额则占到销售总额的 70% ～ 80%。

从上面分析可见，不同类型的企业，它们最根本的区别是财产组织形式不同。按财产组织形式来划分企业类型是符合市场经济发展要求的。

2. 企业的目标

（1）社会贡献目标

社会贡献目标是现代企业的首要目标。企业能否生存，取决于它是否能取得较好的经济效益，对社会有所贡献。企业能否发展，取决于企业生产的产品满足社会需要的程度。企业对社会的贡献是通过它为社会创造的实物量和价值量来表现的。因为企业之所以能够存在和发展，是由于它能够为社会做出某种贡献，否则，它就失去了存在价值。所以，每个企业在制定目标时，必须根据自己在社会经济中的地位，确定其对社会的贡献目标。企业对社会的贡献，是通过为社会创造的使用价值和价值表现的，因此，贡献目标可以表现为产品品种、质量、产量和缴纳税金等。

（2）市场目标

市场是企业的生存空间。企业的生产经营活动与市场紧密联系，确定市场目标是企业经营活动的重要方面。广阔的市场和较高的市场占有率，是企业进行生产经营活动和稳定发展的必要条件。因此，企业要千方百计地扩大市场销售领域，提高市场占有率。

市场目标可用销售收入总额来表示。为了保证销售总额的实现，企业还可以以制定某些产品在地区的市场占有率作为辅助目标。企业经营能力的大小，要看其占有市场的广度和深度以及市场范围和市场占有率的大小。市场目标既包括新市场的开发和传统市场的纵向渗透，也包括市场占有份额的增加。对具备条件的企业，应把走向国际市场、提高产品在国外市场的竞争能力列为一项重要目标。

（3）利益与发展目标

利益目标是企业生产经营活动的内在动力。利益目标直接表现为利润总额、利润率和由此所决定的公益金的多少。利润是销售收入扣除成本和税金后的差额。无论是企业的传统产品还是新产品，其竞争能力都受到价格的影响。企业为了自身的发展和提高职工的物质利益，必须预测出未来各个时期的目标利润。企业要实现既定的目标利润，应通过两个基本途径：一是发展新产品，充分采用先进技术，创名牌产品，取得高于社会平均水平的利润；二是改善经营管理，薄利多销，把成本降到社会平均水平之下。对于企业来说，前者需要较高的技术，难度较大，而后者能够保持较高的市场占有率和长期稳定的利润率，并给消费者带来直接利益。所以目标利润是带有综合性的指标，它是企业综合效益的表现。

（4）成本目标

成本目标，是指在一定时期内，为达到目标利润，在产品成本上达到的水平。它是用数字表示的一种产品成本的发展趋势，是根据所生产产品的品种数量、质量、价格的预测和目标利润等资料来确定的，是成本管理的奋斗目标。确定目标成本时，要对市场的需要、产品的售价、原材料、能源、包装物等价格的变动情况和新材料、新工艺、新设备的发展情况进行分析，结合企业今后一定时期内在品种、产量、利润等方面的目标，以及生产技术、经营管理上的重要技术组织措施，从中找出过去和当前与成本有关的因素，取得必要的数据，根据这些数据和企业本身将要采取的降低成本的措施，制定出近期和远期的目标成本。

（5）人员培训目标

提高企业素质的一个重要方面是提高员工的业务、技术、文化素养。要使员工具有专业技术的开发能力，就要在员工培训上下功夫。企业的经营方针和目标明确以后，需要有相应素质的人来实施完成。所以，企业一定时期的员工培养目标是保证各项新技术和其他各个经营目标实现的根本条件。

企业目标具体项目和标准的确定，要考虑企业自身的状况和企业的外部环境，处理好企业内外部的各种关系。企业制定目标时，必须让员工知道他们的目标是什么，什么样的活动有助于目标的实现，以及什么时候完成这些目标，而且目标应该是可考核的[①]。

二、管理

（一）管理的概念

无论是在国家还是在企业或是在其他组织中，管理活动都是必不可少的，但管理并没有十分精准的定义，人们只是在自己认识、理解的基础上赋予管理相应的内涵，目前世界上存在的、有代表性的、认可度高的管理定义见表 2-1。

表 2-1　关于管理概念的代表性人物和观点

代表人物	观点和看法
弗雷德里克·温斯洛·泰勒 （F.W.Taylor）	管理就是确切地了解你希望工人干些什么，然后设法使他们用最节约的方法完成它。
亨利·法约尔 （Henri Fayol）	管理就是确切地了解你希望工人干些什么，然后设法使他们用最节约的方法完成它。
霍德盖茨 （R.M.Hodgetts）	管理就是通过其他人来完成工作。

---

① 王术娜，苏露阳，杨双 . 论企业管理模式与企业管理现代化 [J]. 河北企业，2019（5）：19-20.

代表人物	观点和看法
彼得·德鲁克 （Peter F. Drucker）	管理是一种以绩效、责任为基础的专业职能。
赫伯特·西蒙 （Harbert A.Simen）	管理即决策。

本书将上述观点进行一定的整合后得出如下定义：管理指的是组织通过计划、组织、协调、控制等各项职能手段，合理协调资源，达到个人无法实现的目标的过程。

由上述定义可知管理包括下列内容。

1. 管理的主体是组织

组织可以是国家行政机关、企事业单位，也可以是社会团体，甚至可以是宗教组织。

2. 管理的客体是资源

资源包含信息资源、物质资源、资金资源、人力资源等。其中最重要的资源是人力资源，无论哪个组织想要发展必然需要大量人才，而且人和物之间的关系都能用人与人之间的关系来表示，分配、协调资源都要以人为中心。由此可知，管理必须围绕人开展。

3. 管理是由计划、组织、指挥、协调和控制等一系列活动构成

管理工作并不只是管理财物、管理人员、设立相关的规章制度，还包含了其他更高层次、更多形式的内容，如高效的危机管理、合理的激励机制、完善的组织结构、远大的发展战略等。

4. 管理的目的是实现既定的目标

人们或组织在开展任意活动时都是为了实现一定的目标，得到某种结果。因此，目标既是管理活动的终点，也是管理活动的起点，管理是为达成目标进行的行为，没有目标，管理只是一句空话。美国管理学家德鲁克认为目标管理就是目标、管理以及人员形成完美融合有机整体的管理。

（二）西方管理思想的逻辑体系

西方管理思想主要分为四个阶段：第一阶段为古典管理理论阶段，代表观点有泰勒的科学管理理论；第二阶段为行为科学管理理论阶段，代表观点为充当先导的由乔治·埃尔顿·梅奥（Ge Elton Mayo）提出的人际关系学说；第三阶段为现代管理理论阶段，代表观点为哈罗德·孔茨（Harold Koontz）提出的管理理论丛林观点；第四个阶段为文化知识管理理论阶段，主要代表人物有彼得·圣吉（Peter M.Senge）、威廉·大内（William Ouchi）。

1. 古典管理理论（19 世纪末—20 世纪 30 年代）

古典管理理论对于经济管理问题进行系统的研究，这种理论的代表人物有泰勒（美国）、韦伯（德国）、法约尔（法国）以及相对靠后的厄威克（英国）、古力克（美国）等。这个理论学派的人性假设观点是"经济人"假设。

泰勒第一次提出科学管理的理念，这是西方管理理论研究的开端，管理正式从一种手段转变成一门科学，他于 1911 年出版《科学管理原理》一书，被后人尊称为"科学管理之父"。泰勒创建了一套相对科学的、标准的管理方式，直接取代了传统工人依靠个人经验开展工作和管理的方式，解决了工人操作问题，管理者监控生产现场的问题，使管理实践获得质的飞跃。如今，泰勒的科学管理理论仍然对很多经济相对落后、管理水平不高的国家有现实的理论意义和实践意义。

亨利·法约尔对组织管理进行相对完整的研究，提出管理活动包括五种职能，为计划、组织、指挥、协调和控制。他在 1925 年发表《工业管理与一般管理》① 一书，书中详细规定了管理的 14 条原则，为劳动分工、权力与责任、纪律、统一指挥、统一领导、个人利益服从集体利益、合理人员报酬、集中、等级制度、秩序、公平、人员稳定、首创精神、人员的团结。

马克斯·韦伯（Max Weber）十分重视组织理论的探究，提出了理想的行政组织体系理论，《社会组织和经济组织的理论》② 是他最重要的著作。它认为理想组织体系具备下列特点：明确的分工、清晰的等级系统、人员的任用、管理人员专职化、遵守规则和制度、组织中人员的关系等。

---

① 李曦辉，阿不都·艾尼，马胜春，等 . 工商管理导论 [M]. 北京：企业管理出版社，2015：3.

② 禹编 . 管理学名著全知道 [M]. 上海：立信会计出版社，2012：20.

8

正确

2. 行为科学管理理论（20 世纪 30 年代—20 世纪 60 年代）

随着资本主义社会的发展，工人的文化水平和技术能力在逐步提升，思想觉悟也发生变化，不只看重经济利益，还要求获得相应的民主权利，在客观上促使专家对于管理的研究从硬件向"人"转变。20 世纪 20 年代末到 30 年代初，世界经济面临巨大挑战，但企业效率普遍下降，管理者摸不着头绪，美国专家梅奥进行了"霍桑实验"，提出人际关系理论，代表行为科学管理理论开始登上历史舞台。行为科学前期一直被称为"人际关系学"，直到 1949 年，才提出"行为科学"概念，1953 年，正式定为"行为科学"。此理论学派的代表人物就是梅奥，人性假设观点为"社会人"假设，通过让员工参与管理，满足员工的心理需求和社会需求，提升企业效率。

行为科学管理理论前期的主要理论就是人际关系理论，这个理论是梅奥经过科学试验得出的。后期对行为科学的研究可分成 3 部分：员工个体行为和群体行为、组织行为。其中研究员工个体行为和群体行为得出的理论有：麦格雷戈的"XY 理论"、弗鲁姆的期望概率模式理论、赫兹伯格的双因素理论、马斯洛的需求层次理论；对研究组织行为得出的理论有：发展理论、组织变革、领导行为理论。

3. 现代管理理论（20 世纪 60 年代—20 世纪 80 年代）

现代管理理论专指第二次世界大战后出现的各种理论以及对应的学派，此阶段和前两个阶段有很大区别，最显著的特性就是此阶段的管理理论、管理方式、管理想法层出不穷，多个学派并存。哈罗德·孔茨（美国管理学家）将其比作管理理论丛林，并指出当时共存在 11 个学派，分别是经营管理学派、经理角色学派、经验主义学派、系统管理理论学派、决策理论学派、权变理论学派、管理科学学派、社会系统学派、组织行为学派、人际关系学派、经验主义管理学派。"二战"之后，管理科学关注的重点是通过数量分析法提升管理效率和决策的精准性，所以，此时的管理科学与运筹学和系统工程区别不大。在这个阶段，人性假设观点为"系统人"假设，通过运用系统方法研究管理活动，实现效率与效益的高度统一。

4. 文化知识管理理论（20 世纪 80 年代至今）

此阶段的代表人物有威廉·大内和彼得·圣吉，在这个阶段，人性假设观点为"文化人"假设，通过倡导知识管理和文化管理，实现综合效益和企业的可持续发展。

威廉·大内通过对美国和日本两个国家的管理经验进行深层研究，提出Z理论。Z理论指出美国企业在管理过程中可以以自身特点为基础融入学习日本的管理方式，形成新型的管理方式，此理论提出后受到美国许多企业的认可和支持，并将其视为新的企业文化，命名为Z文化。

彼得·圣吉在1990年发表著作《第五项修炼——学习型组织的艺术与实务》[①]，并在书中提出学习型组织理论，他指出学习型组织是有机的、高度柔性的、扁平化的、符合人性的、能持续发展的、具有持续学习能力的组织，是一种理想化的组织，它能充分发挥员工的积极性。如何转变成学习型组织，有五种方式，系统思考、团体学习、建立共同愿景、改善心智模式、自我超越，这五种方式的核心是系统思考。

（三）管理的科学性与艺术性

科学性与艺术性是管理具备的重要特性，也是当今管理学家关注和讨论的一个热点问题，我们认为，管理是科学性与艺术性的统一。

1. 管理的科学性

管理的科学性是指管理必须有科学的理论和方法来指导，要遵循管理的基本原理和原则，管理必须科学化。如果不承认管理的科学性，不按科学规律办事，违反管理的原理与原则，随心所欲地进行管理，必将受到规律的惩罚，最终导致管理活动的失败。

2. 管理的艺术性

所谓艺术性是指创造性的方式和方法。管理的艺术性是指一切管理活动都应当具有创造性。管理的艺术性由3方面决定。

管理总是在一定的环境中进行的，而管理的环境是不断变化的。因此成功的管理必须依据不断变化的环境进行调整，灵活多变地、因地制宜地运用管理技巧和方法解决实际问题。

管理的主要对象——人，具有主观能动性和感情。由于人是一个极其特殊的社会群体，不同的人有不同的性格，在不同情境下会呈现出不同的情绪特征。作为管理者而言，要准确把握不同管理对象的性格和情绪特征，有针

---

① 李津. 世界管理学名著精华 [M]. 北京：企业管理出版社，2004：314.

对性地运用不同的管理方法和技巧，因人、因时灵活处理，方能达到管理的效果。

管理者性格的多样化。管理者可能呈现出多种性格特征，可能是典型胆汁质，可能是典型多血质，可能是典型黏液质，还有可能是混合型个性。每一种个性特征的管理者都会因为自身性格原因或多或少影响其管理方法和技巧，如胆汁质的管理者其管理可能大气、豪放，不拘泥于细枝末节；多血质的管理者的管理手段灵活多变，因时而动；黏液质的管理者在管理中遇事冷静，处变不惊，重视细节的处理。因此不同管理者的个性特征和生活阅历成就了各自不同的管理风格，形成了诸多实用的管理技巧和方法。

3. 管理是科学性与艺术性的统一

管理的艺术性反映的是千变万化的管理现象，管理的科学性反映的是千变万化的管理现象背后的规律。管理的艺术性可以上升为管理的科学性，管理的艺术性又需要管理的科学性的指导，管理的科学性与艺术性相互影响，相互制约，管理是科学性与艺术性的有机统一。

三、企业管理

（一）企业管理的概念和特性

在社会生产发展的一定阶段，一切规模较大的共同劳动，都或多或少地需要进行指挥以协调个人的活动；需要对整个劳动过程进行监督和调节，使单个劳动服从生产总体的要求，从而保证整个劳动过程按照人们预定的目标正常进行。企业管理正是社会化大生产发展的客观要求和必然产物，是由人们在从事交换过程中的共同劳动所引起的、伴随着企业的产生而产生的一种特殊的人类管理活动。

企业管理是指管理者根据企业的内外部条件、企业特征及其运行规律，运用一定的管理职能和手段对企业的生产、技术、经营等活动进行计划、组织、指挥、协调和控制，以实现企业盈利和满足社会需要的预定目标的一系列活动的总称。

一般而言，企业管理具有以下几种特性。

1. 目的性

企业是一个以不断创造社会所需要的产品和服务作为生存价值的经济

组织。因此，企业管理的目的就是不断提高劳动生产率，争取最佳的经济效益，保证企业的稳定和发展。企业管理的目的一般表现为企业组织的共同目的，而不是表现为某个成员或管理者单方面的目的，否则，就难以形成组织协作的意愿，也就很难进行有效的管理。在实践中，企业管理的目的往往体现为管理目标。管理目标是企业管理的出发点和归宿点，也是指导和评价企业管理活动的基本依据。为此，企业管理活动都必须把制订企业管理目标作为首要任务。

2. 有效性

企业管理的有效性通常用企业绩效来反映。企业绩效是一种衡量管理者利用资源实现企业目标的效率和效果的尺度。高效率的企业都是既有效率又有效果的。所谓效率，是指用最少的资源来达到企业目标的能力，即"正确地做事"，它是一个投入与产出的概念，如设备利用率、劳动生产率、资金周转率等。效果是指决定适当目标的能力，即"做正确的事"，其具体指标如销售收入、销售利润率、资金利润率、成本利润率等。效率涉及的是活动的方式，而效果涉及的是活动的结果，效率与效果是相互联系的，企业管理既要注重效率还要注重效果。

3. 人本性

在任何管理活动中，人是决定性的因素。为此，企业管理必须要以人为中心，把提高人的素质，处理好人际关系，满足人的需求，调动人的积极性、主动性、创造性的工作放在首位，这就是企业管理的人本性。人本性不但要求管理者在管理中贯彻以人为本的原则，而且要求在对企业管理的研究中，也要坚持以人为中心，把对人的研究作为管理理论研究的重要内容。

4. 创新性

管理的创新性在于管理本身是一种不断变革、不断创新的社会活动。管理的变革不但能推动社会和经济的发展，在一定的条件下，还可以创造新的生产力。正如斯图尔特·克雷纳（Stuart Crainer）所说："50岁的律师完全可以坐下来，沉迷于他们所拥有的基础知识，因为他们知道，知识更新只是偶尔发生的事件。但管理者就不能享受这样的奢侈。50岁的管理者也可以回顾过去，沉湎于过去的知识。但如果这样做的话，他们很快就会发现，他们将失去工作。管理需要持续的变革和持续的改进。没有什么地方可以逃避这样的变革。知识更新是永远不变的要求。"在当今经济全球化与竞争越来越激烈的条件下，面临着动态变化的环境，企业更是要在管理中不断寻求创新，以适应快速变化的环境，在激烈的竞争中获得生存。

（二）企业管理的范畴与原则

1. 企业管理范畴

从管理对象来分，可以将管理分成业务管理和行为管理。业务管理更侧重于对组织的各种资源的管理，比如财务、材料、产品等相关的管理。而行为管理则更侧重于对组织成员行为的管理，以此而产生了组织的设计、机制的变革、激励、工作计划、个人与团队的协作、文化等等的管理。

企业的业务管理和行为管理应该是相辅相成的，就像人的两只手一样，要配合起来才能更好地发挥管理的作用。如果其中任何一只手出了问题，都会对管理的整体带来损失，甚至让企业管理停滞不前，受到严重的阻力。

2. 企业管理原则

（1）讲求经济效益原则

讲求经济效益的原则就是指企业要以尽量少的劳动消耗和占用，生产出更多的、适销对路的、物美价廉的产品，为国家提供更多的税利，这是衡量一个企业生产经营管理水平高低，决定企业是否有生命力的一个重要问题，在企业现代管理中，贯彻讲求经济效益的原则，就应从以往片面追求产量、产值的指导思想，转到以全面提高经济效益为中心的轨道上来，同时要正确处理本企业经济效益同社会经济效益的关系，使企业经济效益服从社会经济效益。

（2）优化原则

优化原则就是指在进行企业管理、处理和解决企业生产经营活动中的各项问题时，应当从充分利用人力、物力．财力，挖掘企业内部潜力出发，尽可能提出各种方案和办法，并从中选中最佳方案加以实施，以争取最佳的经济效益，贯彻企业管理的优化原则，首先应根据企业的任务，通过对企业内外部条件和环境的调查和分析，确定最优的经营目标。然后，围绕实现经营目标，开展最优决策、最优计划、最优设计、最优控制等等。最后要在搞好定性分析的同时，加强定量分析，更多地把现代管理技术运用于企业管理之中去。

（3）权威性原则

权威性原则就是指在企业管理中，要讲集中、讲服从，讲纪律。这是现代化大生产的要求。贯彻企业管理的权威性原则，一是要正确认识和处理民主同集中之间的关系，二是要有一个坚强的领导班子，建立健全以厂长为首的全厂统一的有权威性的生产经营指挥系统和各项严格的规章制度，把权威性建立在严密的组织和严明的纪律之上。三是保证管理工作本身具有科学性。

（4）民主管理原则

民主管理原则就是指在企业管理工作中，切实保障职工参加企业民主管理的权利，依靠他们当家作主，共同管理好企业，这是由社会主义企业的性质所决定的，是社会主义企业管理的本质特征。

（5）物质利益原则

物质利益原则的基本要求是：在个人服从集体利益、企业局部利益服从国家、社会利益的前提下，兼顾国家、企业和职工个人三方面的物质利益，使劳动者和企业从物质利益上关心自己的和企业的劳动成果，关心整个社会经济建设事业的发展。贯彻企业管理的物质利益原则，一是要正确处理国家、企业、职工个人三者的物质利益关系。二是应建立一套将职工利益同国家利益、企业利益密切结合起来的工资奖励和职工福利制度。使企业职工的工资和奖金同企业的经济利益的提高更好地挂起钩来。三是在个人消费资料的分配上，必须坚决贯彻"各尽所能，按劳分配"的原则。

（三）影响企业管理的因素

1. 企业环境

企业要生存和发展，就必须不断地适应环境的变化、满足环境对组织提出的各种要求。因此，环境是决定管理者采取何种类型组织架构的一个关键因素。

外部环境指企业所处的行业特征、市场特点、经济形势、政府关系及自然环境等。环境因素可以从两个方面影响组织架构的设计，即环境的复杂性和环境稳定性。外部环境对组织的职能结构、层次结构、部门结构以及职权结构都会产生影响。

2. 企业规模

企业规模是影响企业组织设计的重要因素。企业的规模不同，其内部结构也存在明显的差异。随着企业规模的不断扩大，企业活动的内容日趋复杂，人数逐渐增多，专业分工不断细化，部门和职务的数量逐渐增加。这些都会直接导致组织架构复杂性的增加。

企业规模越大，需要协调与决策的事物将会不断增加，管理幅度就会越大。但是，管理者的时间和精力是有限的。这一矛盾将促使企业增加管理层级并进行更多的分权。因此，企业规模的扩大将会使组织的层级结构、部门结构与职能结构都会发生相应的变化。

3. 业务特点

如果企业业务种类众多，就要求组织有相应的资源和管理手段与之对应，来满足业务的需要，因此部门或岗位设置上就会更多，所需要的人员就更多，组织相对就复杂一些。一般情况下，业务种类越多组织内部部门或岗位设置就要越多。

企业的各个业务联系越紧密，组织机构设计越需要考虑部门及部门内部的业务之间的相互作用，越不能采用分散的组织机构，这种情况下采用直线职能制或矩阵式组织机构更合适。一般而言，业务相关程度越大，越要进行综合管理。

4. 技术水平

组织的活动需要利用一定的技术和反映一定技术水平的特殊手段来进行。技术以及技术设备的水平，不仅影响组织活动的效果和效率，还会作用于组织活动的内容划分、职务设置等方面。

有些企业技术力量较强，他们以技术创新和发展作为企业发展的根本，这时候组织机构关键是考虑技术发展问题，组织设计也以技术及其发展创新为主。当技术能够带来高额利润时，技术管理和利用就显得相当重要，技术管理成为企业组织机构设置的核心问题，成为组织机构设置的主线。生产技术越复杂，组织架构垂直分工越复杂，这将导致组织的部门结构增加，从而也增加了企业横向协调的工作量。

在传统企业中，各个企业的技术都差不多，企业的主要利润点不在技术上，那么技术就不会过多地影响企业组织机构的设置，组织机构的设置更多地考虑诸如渠道管理、成本降低等，并以这些因素作为组织机构设计的主线。因此，这类惯性高的工作可考虑采标准化协调与控制结构，组织架构具有较高的正式性和集权性。

5. 人力资源

人力资源是组织架构顺利实施的基础。在组织架构设计中，对人员素质的影响考虑不够会产生较严重的问题。员工素质包括价值观、智力、理解能力、自控能力和工作能力。当员工素质提高时，其本身的工作能力和需求就会发生变化。对于高素质的员工，管理制度应有较大的灵活性。例如弹性的工作时间、灵活的工作场所（例如家庭办公）、较多的决策参与权以及有吸引力的薪资福利计划等。

人力资源状况会对企业的部门结构产生影响，如实行事业部制，就需要有比较全面领导能力的人选担任事业部经理；若实行矩阵结构，项目经理人选要求较高的威信和良好的人际关系，以适应其责多权少的特点。

人力资源状况还会对企业的职权结构产生影响，企业管理人员管理水平高，管理知识全面，经验丰富，有良好的职业道德，管理权力可较多地下放。

6. 信息化建设

网络技术的普及和发展使企业组织机构的存在基础发生巨大的变化，电子商务技术的发展使信息处理效率大幅提高，企业网络内每一终端都可以同时获得全面的数据与信息，各种计算机辅助手段的应用使中层管理人员的作用日渐式微，网络技术使企业高层管理人员通过网络系统低成本的同时，过滤各个基层机构形成的原始信息。因此当企业建成高水平的信息系统后，应及时调整其组织架构，采用扁平化的组织架构来适应新兴电子商务经营方式，以减少中层管理人员，提高效率，降低企业内部管理成本。

信息技术使企业的业务流程发生根本性的变化，改革了企业经营所需的资源结构和人们之间劳动组合的关系，信息资源的重要性大大提升。组织架构的设计应该从原来庞大、复杂、刚性的状态中解脱出来，这样的组织更有利于信息的流动并趋于简化。

第二节　企业管理职能与内容

一、企业管理的职能

（一）计划职能

计划是管理职能中首要的也是基本的职能，如同"引航灯"，为企业活动指明方向。在企业管理中，计划职能决定其他管理职能，企业的一切管理工作必须遵照计划的部署有步骤地进行。

1.计划的含义和作用

计划是指为了实现既定的组织目标，对组织在未来一段时间的行动做出的规划和安排。计划含义的要点包括：计划是管理工作的一项首要职能；计划是在调查、分析、预测的基础上形成的；计划是对未来一定时期内的工作安排，是现实与未来目标间的一座桥梁；计划也是一种管理协调的手段。一个完整的计划要清楚地回答下列 6 个问题——做什么（What）、为什么做（Why）、何时做（When）、何地做（Where）、由谁做（Who）、如何做（How）。

计划工作的作用表现为以下几方面。

（1）计划是管理者协调工作的依据

计划本身是一个协调的过程，当组织成员都目标明确时，就能协调工作、互相配合。

（2）计划是降低风险、掌握主动的手段

计划可以促使企业管理者展望未来、预见变化，考虑变化的冲击，并制定适当的应对对策，从而减小不确定性。

（3）计划是减少浪费、提高效益的方法

计划是对经过科学论证了的可供选择的最佳方案进行的周密安排，是对企业有限资源的一种优化配置和综合平衡。因此，在计划制订的过程中可以发现资源的浪费、冗余情况，通过资源协调尽量减少或避免浪费，从而提高企业效益。

（4）计划是控制的标准

在编制计划的过程中，需要设立工作预期达到的目标以及考核工作成效的参考指标。而在控制中，往往会将实际的工作绩效与计划确定的目标和考核指标进行比较，从而发现可能的偏差并采取措施进行补救。

2. 计划的类型

依照不同的标准，可以将企业计划分为不同的类型。

（1）按计划的期限，可分为短期计划、中期计划和长期计划。期限在 1 年以内的称为短期计划，期限在 5 年以上的为长期计划，介于两者之间的为中期计划。

（2）按计划范围的广度，可分为战略计划和作业计划。应用于企业整体层面，为企业设立总体目标以寻求企业在环境中的地位的计划，称为战略计划。战略计划的周期一般较长，通常是长期计划。规定总体目标如何实现的细节计划称为作业计划，这种计划的周期一般较短。

（3）按计划的明确性程度，可分为具体计划和指导性计划。具体计划具有明确的可衡量的目标，并提供一套可操作的行动方案。指导性计划只规定一些重大方针，不局限于明确的特定的目标或特定的活动方案，可为组织指明方向，统一认识，但不提供明确的操作指南。

（4）按制订计划的组织层次，可分为高层管理计划、中层管理计划和基层管理计划。高层管理计划一般以整个企业为单位，着眼于企业整体的、长远的安排。中层管理计划一般侧重于组织内部的各个组成部分的定位及相互关系的确定。基层管理计划关注每个岗位、每个员工、每个时间单位的工作安排和协调，基本上都是作业性的内容。

3. 计划工作程序

考虑到计划的一般性，本书把计划工作程序分为 8 个步骤。

（1）估量机会

计划工作的一个重要的工作环节是对组织的当前状况作出评估——估量机会，这是制订和实施计划工作方案的前提。从大的方面看，当前状况的估量要对组织自身的优势和劣势，外部环境的机会和威胁进行综合分析，即SWOT 分析。当然，对于那些局部的作业性质的计划工作，往往并不需要特别复杂和综合的内外部环境分析。但即使如此，也要对内部的资源与外部关系作出基本的判断。

（2）确定目标

分析了组织的现状之后，要回答"往何处去"这一问题，即要确定目标。目标是组织期望达到的最终结果。一个组织在同一时期可能有多个目标，但任何一个目标都应包括以下内容：

①明确的主题，是扩大利润，提高顾客的满意度，还是改进产品质量；

②期望达到的数量或水平，如销售数量、管理培训的内容等；

③可用于测量计划实施情况的指标，如销售额、接受管理培训的人数等；

④明确的时间期限，即要求在什么样的时间范围内完成目标。

（3）确定前提条件

在计划的实施过程中，组织内外部环境都可能发生变化。如果能够及时预测内外部环境的可能变化，对制订和实施计划来说将十分有利。组织环境可分为两大类。一类为一般环境，包括自然环境和社会文化环境、社会经济和技术的发展水平、社会制度、人口等。它们对所有的社会组织都发生作用，但又不是全部因素都对某一组织发生直接作用。另一类为特殊环境或具体环境，它具体地与某一组织发生作用、直接影响组织的结构特点和活动方式。不同组织的具体环境各不相同，通常包括供应商、顾客、竞争者、政府和社会团体等。在现代社会，组织环境的基本特征是变化速度加快，综合性的作用日益显著。所以，计划工作人员应设法预见计划在未来实施时所处的环境，对影响既定计划实施的诸环境要素进行预测。在此基础上，设计可行的计划方案，即确定计划是以什么环境为前提。

（4）拟订可供选择的方案

在上述各阶段任务完成之后，接下来应制订具体的计划方案。计划方案类似于行动路线图，是指挥和协调组织活动工作文件，要清楚地告诉人们做什么（What），何时做（When），为什么做（Why），由谁做（Who），何处做（Where）以及如何做（How）等问题。通常，最显眼的方案不一定就是最好的方案。在过去的计划方案上稍加修改和略加推演也不一定会得到最好的方案，方案要发挥创造性。此外，方案也不是越多越好。虽然我们可以采用数学方法和借助电子计算机的手段，但还是要对候选方案的数量加以限制，以便把主要精力集中在少数最有希望的方案的分析方面。

（5）评价各种备选方案

计划工作的第5步是按照前提和目标来权衡各种因素，比较各个方案的利弊，对各个方案进行评价。评价实质上是价值判断。它一方面取决于评价者所采用的标准;另一方面取决于评价者各个标准所赋予的权数。显然,确定目标和确定计划前提条件的工作质量直接影响到方案的评价。在评价方法方面,可以采用运筹学中较为成熟的阵评价法、层次分析法以及在条件许可的情况下采用多目标评价方法。

(6)选择方案

计划工作的第6步是选定方案。这是在前五步工作基础上作出的关键一步,也是决策的实质性阶段——抉择阶段。可能遇到情况是,有时会发现同时有两个可取的方案。在这种情况下,必须确定出先采取哪个方案,而将另一个方案也进行细化和完善,并作为后备方案。

(7)拟订派生计划

派生计划就是总计划下的分计划。总计划要靠派生计划来保证,派生计划是总计划的基础。制订派生计划主要是为了使之更具针对性和可操作性。例如,某公司决定在天津成立营销中心开拓天津及其周边市场,这一计划需要制订很多派生计划来支持,包括人员计划、资金计划、广告计划等。

(8)用预算使计划数字化

计划工作的最后一步是把计划转化为预算,使之数字化。预算实质上是资源的分配计划。预算工作做好了,可以成为汇总和综合平衡各类计划的一种工具,也可以成为衡量计划完成进度的重要标准。

(二)组织职能

企业的组织职能实际上是为了实现企业目标而对企业的人、财、物、信息等各个要素以及各个环节,从时间和空间上进行相互链接,按照一定的原则和方式进行分工和协作,并组合成一个有机整体的过程。企业的各种要素和各个环节在没有组织成为一个整体之前是无法进行各种生产经营活动的。组织职能的主要内容包括组织设计、组织变革与创新、人力资源管理和组织运用。

1.组织设计

组织设计是建立组织框架并确立组织各要素之间关系的过程,也是执行组织职能的基础工作。组织设计的主要内容包括以下几个方面。

(1)提供组织结构图

组织结构图应该能够清晰地显示出组织各机构在整个组织中所处的地位及彼此间的控制关系。

（2）编制职务说明书

组织活动要正常有序、有效地进行，需要明确组织所应具备的职能、人员岗位的设置、各岗位人员之间的管理与被管理的关系。

（3）设计决策支持系统

组织在开展日常业务过程中需要进行大量的决策活动，而如何制定和有效执行决策，则需要组织设计出完善的决策支持系统来确立领导体制、权力结构和决策机制。

（4）设计组织的远景规划

组织根据其目标，制定远景规划，在不同的发展阶段采取不同发展战略和组织变革。远景规划的确立使得组织成员对于组织的发展方向有一个明确的认识，为以后组织变革和发展打下良好的基础。

（5）设计组织日常行为规范

日常行为规范是一个组织区别于其他组织的重要方面，而且日常行为规范还体现出组织的文化特征和发展前景。日常行为规范的实施使得组织成员形成良好的工作习惯和健康的心理状态。

2. 组织变革与创新

组织所处的外部环境，如社会、政治、经济、科学、技术、文化教育、自然地理环境都在不断地发生着变化，组织要适应环境的这些变化，就必须对其内部组成与资源进行不断的调整和创新，以保持组织的生命力。一般来说，组织变革有以下 3 种基本方式。

（1）局部改良变革

这种变革涉及面往往不大，所受阻力也较小，而且是组织经常的变革。例如，职能部门的合并、撤销以及人员任命、调离等微小调整。

（2）全局革命变革

这种变革方式是对组织系统进行全面的改组和调整。变革过程中会涉及各方面的利益，所受到的阻力是很大的，因此采用这种变革方式的组织必须事前进行周密的计划和协调工作，降低组织变革的风险。

（3）总体计划变革

这种变革方式是依据组织的愿景规划，并根据组织阶段性发展的特点所采取的相应变革。这种变革是有计划、有步骤地进行的，一般不会受到太大的阻力，是一种比较理想的变革方式。

3. 组织运用

组织的各个组成部分具有其特定的功能，组织运用即是通过各种管理手段执行这些功能并使组织发挥其所拥有的功能作用，最终实现组织目的的过程。由于每一个职能部门都有特定的活动目标，而且业务流程具有一定的规范和约束机制，所以在具体的组织运用中，其内容根据组织各部分功能的不同而不同。

（三）控制职能

1. 控制的定义

控制可以定义为监视各项活动以保证它们按计划进行并纠正各种重要偏差的过程。它包括：

①制定各种控制标准；②检查工作是否按计划进行，是否符合既定的标准；③若工作发生偏差要及时发出信号；④然后分析偏差产生的原因，纠正偏差或制订新的计划，以确保实现组织目标。简单地说，控制就是使事情按计划进行。

2. 控制的过程

控制是根据计划的要求设立衡量绩效的标准，然后把实际工作结果与预定标准相比较，以确定组织活动中出现的偏差及其严重程度；在此基础上，有针对性地采取必要的纠正措施，以确保组织资源的有效利用和组织目标的圆满实现。不论控制的对象是新技术的研究与开发，还是产品的加工制造，或是市场营销，是企业的人力条件，还是物质要素，或是财务资源，控制的过程都包括3个基本环节工作：确立标准、衡量绩效、纠正偏差。

（1）确立标准

怎么知道事情是否正在按计划进行呢？好比锻炼身体，保持身体的健康在一定意义上也可以看作是一种计划，怎么知道身体是不是健康呢？检查一下就能知道。检查就有检查的指标，如血压、体重、血脂等。企业管理也是如此，要有一个判断事情是否正在按计划进行的尺度，控制首先要从设定尺度和指标开始，这个环节叫作确立标准。

从企业的具体工作来看，确立标准就是要在企业中建立起一套考评体系。假如一个企业开展了比较详细的目标管理，这套经过分解的目标，实际上就是一个现成的考评体系。如果没有，就得根据企业的战略愿景、根据计划来加以分解，建立起一些关键的考评指标。有了这个测评指标，就可以拿它来衡量了。

（2）衡量绩效

第2个步骤是用这套控制标准来衡量现实的绩效。衡量的结果一般来说有两种：或者事情正在按计划进行，或者事情的进程与计划存在着差距。假如事情正在按计划进行，保持就可以了。假如事情没有按计划进行，就意味着实际的进程与计划之间存在着偏差，就要进行第3步工作。

（3）纠正偏差

各种各样的绩效指标，实际上是过程的输出。要调整输出的指标，仅仅在输出的地方做努力是不够的，假如这样，就会陷入"摁下葫芦浮起瓢"的境地。所以正确的态度是经过衡量发现偏差，分析造成偏差的原因，制订并实施必要的纠正措施。

3. 控制的类型

企业管理中的控制手段可以在行动开始之前、进行之中或结束之后进行，分别称为前馈控制（Feedforward Control）、同期控制（Concurrent Control）、反馈控制（Feedback Control）。

（1）前馈控制

前馈控制发生在实际工作开始之前，是未来导向的。采取前馈控制的关键是要在实际问题发生之前就采取管理行动。这种控制需要及时和准确的信息。但不幸的是这些常常很难办到。因此，管理者总是不得不借助于另外两种类型的控制。

（2）同期控制

同期控制是发生在活动之中的控制。在活动进行之中予以控制，管理者可以在发生重大损失之前及时纠正问题。最常见的同期控制方式是直接观察。

（3）反馈控制

最常见的控制类型是反馈控制。与前面两种控制相比，反馈控制具有两方面的优势：①反馈控制为管理者提供了关于计划的实际效果的真实信息；②反馈控制可以增强员工的积极性，因为人们希望获得评价他们绩效的信息，而反馈控制正好提供了这样的信息。反馈控制的主要缺点在于：管理者获得信息时损失已经造成了。

（四）激励职能

1. 激励的概述

人为什么要激励呢？行为科学理论认为，现代领导与管理的一个核心问题就是人的管理。管理人就是要调动人的积极性和创造性，发挥人的聪明才智，积极主动、自觉自愿、心情舒畅地工作。积极性，创造性都要通过人的行为才能实现。人的行为有巨大的潜在力、创造力，是社会创造的有待开发的巨大能源库。我们经常看到这样的现象，即两个能力相同的人会做出不相等的成绩，而一个能力差的人可以比一个能力强的人工作干得好。哈佛大学威廉·詹姆士（William James）通过对员工激励的研究发现，在按时计酬的制度下，一个人要是没有受到激励，仅能发挥能力的 20% ～ 30%；如果受到正确的、充分的激励，就能发挥其能力的 80% ～ 90%，甚至更高。

激励就是创设满足员工各种需要的条件，激发员工的工作动机，使之产生实现组织目标的特定行为的过程。这一定义包含以下几方面的内容。

（1）激励的出发点是满足组织成员的各种需要，即通过系统的设计适当的外部奖酬形式和工作环境，来满足企业员工的外在性需要和内在性需要。

（2）科学的激励工作需要奖励和惩罚并举，既要对员工表现出来的符合企业期望的行为进行奖励，又要对不符合员工期望的行为进行惩罚。

（3）激励贯穿于企业员工工作的全过程，包括对员工个人需要的了解、个性的把握、行为过程的控制和行为结果的评价等。因此，激励工作需要耐心。

（4）信息沟通贯穿于激励工作的始末，从对激励制度的宣传、企业员工个人的了解，到对员工行为过程的控制和对员工行为结果的评价等，都依赖于一定的信息沟通。企业组织中信息沟通是否通畅，是否及时、准确全面，直接影响着激励制度的运用效果和激励工作的成本。

（5）激励的最终目的是在实现组织预期目标的同时，也能让组织成员实现其个人目标，即达到组织目标和员工个人目标在客观上的统一。

2. 激励的原则

（1）目标结合原则

在激励机制中，设置目标是一个关键环节。目标设置必须同时体现组织目标和员工需要的要求。

（2）物质激励和精神激励相结合的原则

物质激励是基础，精神激励是根本。在两者结合的基础上，逐步过渡到以精神激励为主。

（3）引导性原则

外激励措施只有转化为被激励者的自觉意愿，才能取得激励效果。因此，引导性原则是激励过程的内在要求。

（4）合理性原则

激励的合理性原则包括两层含义：其一，激励的措施要适度，要根据所实现目标本身的价值大小确定适当的激励量；其二，奖惩要公平。

（5）明确性原则

激励的明确性原则包括三层含义。第一是明确。激励的目的是要员工明确需要做什么和必须怎么做。第二是公开。特别是分配奖金等大多数员工关注的问题时，更为重要。第三是直观。实施物质奖励和精神奖励时都需要直观地表达授予奖励指标和惩罚的方式。直观性与激励影响的心理效应成正比。

（6）时效性原则

要把握激励的时机，"雪中送炭"和"雨后送伞"的效果是不一样的。激励越及时，越有利于将员工的激情推向高潮，使其创造力连续有效地发挥出来。

（7）正激励与负激励相结合的原则

所谓正激励就是对员工符合组织目标的期望行为进行奖励。所谓负激励就是对员工违背组织目的的非期望行为进行惩罚。正负激励都是必要而有效的，不仅作用于当事人，而且会间接地影响周围其他人。

（8）按需激励原则

激励的起点是满足员工的需要，但员工的需要因人而异，因时而异，并且只有满足最迫切需要（主导需要）的措施，其效果才明显，其激励强度才大。因此，领导者必须深入地进行调查研究，不断了解员工需要层次和需要结构的变化趋势，有针对性地采取激励措施才能收到实效。

3. 常用的激励方法

常用的四种激励方法为工作激励、成果激励、批语激励和培训教育激励。

（1）工作激励是指通过分配恰当的工作来激发员工内在的工作热情。

（2）成果激励是指在正确评估工作成果的基础上给员工以合理奖惩，以保证员工行为的良性循环。

（3）批语激励是指通过批评来激发员工改正错误行为的信心和决心。

（4）培训教育激励则是指通过思想、文化教育和技术知识培训提高职工的素质，从而增强其进取精神，激发其工作热情。

二、企业管理的内容

（一）不同层次管理

1. 企业高层管理

它是企业管理体系中最重要的组成部分，处于统帅地位，其核心是制订和组织实施企业经营战略、决策与计划。除此之外，它还包括企业组织结构的设计与改革工作，选拔使用和培养干部，培育企业文化，加强思想政治工作，处理企业同外部各方面的关键性关系，临时处理企业出现的重大危机等。

2. 企业中层管理

它是把高层管理同基层管理联结起来的纽带，一方面对高层发挥参谋和助手作用，另一方面对基层管理进行指导、服务和监督。其内容一般是以企业生产经营全过程的不同阶段（如开发、供应、生产、销售等阶段）和构成要素（如人、财、物等）为对象，形成一系列的专业管理。

3. 企业基层管理

企业基层管理的对象是作业层。作业层在工业企业中通常指的是生产车间，在商业企业中指的是销售点，在服务性企业中指的是作业场所。其内容一般包括工序管理、物流管理、环境管理、规范化管理、职工自主管理和基层组织管理等。

（二）各项专业管理

针对管理的对象和要素的不同，企业管理又可以形成一系列的专业管理，通常有技术管理、生产管理、物资供应管理、市场营销管理、财务管理、人力资源管理等。

技术管理是对企业从事经营活动必须进行的各种技术活动的管理，包括产品开发、技术开发、资源开发、设备开发等，对这些开发活动进行管理，为企业拓展良好的发展远景和提供充分的经营活动支持。

生产管理是对日常生产活动的计划、组织、协调和控制等一系列管理活动过程，主要包括工厂布置、生产过程组织、劳动组织、生产计划、生产作业计划、质量管理、设备管理等工作。

物资供应管理包括物资的采购、储备、保管、发放和合理使用等项管理工作。

市场营销管理是对企业在变化发展着的市场环境中，为满足顾客需要、实现企业目标的商务活动过程的管理，包括市场研究、营销战略设计、营销组合策略设计、销售渠道、广告宣传、产品定价、用户服务等方面的管理活动。

财务管理是对资金的管理，其主要内容有资金筹措、固定资金和流动资金管理、成本费用管理、利润管理等。

人力资源管理是根据组织发展的需要，对所需人力资源进行战略规划、开发利用、教育培养、考核评价和优化组合的管理过程，其主要内容有人力资源规划、人员的招聘、录用、调配、考核升迁、工作设计、员工奖酬、企业福利等。

第三节 企业管理的多元化探索

一、企业战略管理

（一）企业战略管理的概述

1.战略管理的含义

战略管理与日常经营管理并不是两种完全独立的活动，往往混合在一起。尽管我们可以在概念上对战略管理和日常经营管理进行较为明确的划分，但在实际管理活动中，我们却难以分清哪些行为属于战略管理方面，哪些行为属于日常经营管理方面。日常经营管理处理的是在产品方向和市场方向既定的前提下，对企业从劳动力、原材料等资源到最终产品和服务的转换过程中的设计、作业和控制等相关问题。这一类工作经常重复地出现，周而复始地循环进行，通常可以制定出一套相对稳定的工作程序，使之规范化和标准化，因此被称为日常经营管理。另一类管理工作则是应用于整体组织的，是为组织设立总体目标和寻求组织在环境中的地位而进行的决策。对于这一类问题的总体设计、谋划、抉择和计划实施，直到达成企业预期的经营目标的全过程的管理，称为战略管理。

战略管理研究企业的功能和责任、所面临的机会和风险，重点讨论企业经营中跨职能领域的综合性决策问题。它试图超越企业日常经营运行的细节，从整体上把握企业，解决企业在不断变化的环境中的总体发展问题。

2. 企业战略管理的特点

与日常经营管理相比较，企业战略管理具有如下特点。

（1）全局性

企业战略管理立足于企业全局，跨越多个职能部门，涉及企业的方方面面。它致力于企业资源的重新分配，寻求企业整体的优化组合。但是，在战略管理中，战略重点又是很突出的，必须将企业的有生力量投入企业战略的关键问题上，力求突破，甚至不惜牺牲某些方面．来实现。从本质上说，战略管理的全局性在于它对企业生死存亡和发展的重要影响，而不在于面面俱到，平均分布力量。

（2）前瞻性

企业战略管理面向未来，对未来的机会、威胁等给予关注。虽说战略管理也必须立足于企业现实，但是并不受制于当前企业的资源条件。战略决策者往往通过对未来的分析和判断来决定企业未来的发展目标和行动方针，并为实现目标而筹集所必需的资源。当然一个好的战略管理者会做好当前的作业管理，取得较好的效益，为战略目标的实现奠定一个良好稳固的基础。

（3）长期性

企业战略管理作为一个过程，从战略目标的提出到最终实现，往往需要相当长的一段时间。虽说时间跨度不尽相同，但3年、5年、10年都属正常，有的企业甚至制定跨越数十年的发展战略。如果把战略思想的形成也算上的话，时间就更长了。这也解答了为什么等到企业出现危机的时候，再来实行战略管理已是很迟了的原因。但具体到战略目标的制定，日本战略学家大前研一却认为，战略目标应注重中期，也就是指5年以内。战略管理中所制定的目标跨越的时间越长越具有不确定性。

（4）灵活性

企业战略管理关注企业的未来发展，但未来是不确定的。顾客需求、竞争者行为、资源状况、政治经济环境等都可能发生很大的改变，战略计划中对机会和风险的预测也会随着时间的推移而发生变化。所以，在战略实施过程中对其进行调整和变革也是必然的。也正是因为要面对很多的不确定性，所以，战略管理必须保持灵活性和动态性。

（5）创新性

企业实施战略管理，为的是确定企业在未来的竞争优势和有利地位。固守传统的做法不但不会取得突破，而且会因不能适应环境的变化，而陷入危机；单纯模仿其他企业的战略也难以取得竞争的优势地位。唯有创新才是成功的关键。开发新的产品，占领新的市场，采用新的生产经营方式，以新的价值链系统满足顾客的需要等，这些就成为战略管理的核心要义。

（6）控制的艰难

战略的创新性和未来的不确定性决定了管理者很难事先对被管理者的行为进行规定，也难以将被管理者的收入和职位提升等与产出紧密挂钩。战略管理涉及许多对跨职能和跨部门问题的处理，一些在作业管理中有效的控制方法，如现场管理、制度管理、行为控制，在战略管理中都不同程度地失去了效力。所以，战略控制的难度远远大于作业控制。如何将战略控制和作业控制结合起来，如何在作业控制中体现战略控制的要求等，就成为战略管理中迫切需要解决的问题。

3. 企业战略管理的研究意义

随着经济全球化进程的加快，企业处于激烈的国际市场竞争和复杂多变的外部环境中。想要谋求生存和发展，就必须站在高处去把握未来。通过战略管理，企业可以强化自身的优势，取得企业内部资源与外部环境的动态平衡，在激烈的市场竞争中获得相对的竞争优势。

企业战略管理的理论研究内容非常广泛，从公司雇员的个人行为与动机，到企业各个部门、工作团队、管理团队、组织结构与治理结构，再到产业结构与产业政策等，都是企业战略管理所要分析的对象。这些因素对企业绩效、发展和竞争都具有重要的影响。因此，可以说企业战略管理是最高层次的管理理论。

（二）企业战略管理的过程

企业战略管理是对企业的未来发展方向执行决策和实施决策的动态管理过程，是一种循环复始、不断发展的全过程总体性管理。一般情况下，一个全面的、规范的战略管理过程包括 3 个主要阶段，即战略分析与定位、战略制定与选择和战略实施与控制（见图 2-1）。

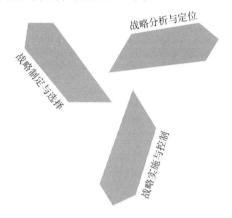

图 2-1　企业战略管理过程

1. 战略分析与定位

企业在制定战略的时候首先必须明确一系列问题：企业面临的主要的、关键的问题是什么，威胁企业生存的关键因素有哪些，企业能够有效利用的机会在哪里，企业具有优势的领域是哪些，企业的主要竞争对手是谁，等等。如果企业在制定战略的时候，对面临的问题并不十分清楚，就不可能制定出符合企业实际情况的战略。制定的战略也不可能真正得到贯彻执行。如果企业对自身面临的问题十分清楚并且认真总结，那么企业战略的制定就会水到渠成，战略的实施就具有较强的可行性。事实上，企业战略的制定过程就是一个不断提出问题、分析问题和解决问题的过程。战略研究的过程应该体现出一种以问题为导向的方法论。而且提出问题和发现问题不仅是战略制定的核心，同时也是战略制定的基础。只有准确地找到了企业存在的问题，才有可能制定出符合企业生存和发展的战略方案。

在制定企业战略的时候，一般需要进行以下 3 方面的分析。

（1）外部环境分析

企业处在复杂的政治、经济、文化、技术等环境之中，分析外在环境对企业的影响对战略分析至关重要。企业面临的外部环境主要分为 3 类：一是宏观环境分析，包括对宏观的政治环境、经济环境、法律环境、技术环境、人口环境、自然环境和社会文化环境的分析；二是行业环境分析，包括对行业内竞争者的竞争态势、行业潜在进入者的威胁、替代品的威胁的分析，对供应商和购买者（集团）的砍价能力等方面的分析，对行业所处发展阶段的分析，对行业内战略集团的构成与竞争状况的分析等。外部环境分析的目的在于评价企业所面临的机会与威胁。

（2）内部环境分析

企业内部的各种环境因素一般分为 3 类：一是企业资源条件，诸如人力资源、物力资源、财力资源、技术资源、组织资源、信息资源、自然条件等；二是企业的战略能力，如营销能力、财务能力、竞争能力、适应能力、生产能力、研发能力、综合管理能力等；三是核心能力，核心能力是指居于核心地位并能产生竞争优势的要素作用力。具体包括学习型组织和集体知识，尤其是如何协调各种生产技术以及如何将多种技术、市场趋势和开发活动相结合的知识。内部分析旨在评价企业的优势与劣势。

（3）确定企业使命、愿景与目标

确定企业使命是战略定位的第一要务，其内容包括对企业的主要经营范围、经营哲学、市场目标的描述和对与企业有利害关系的人和组织对企业期望的估计。另外企业的发展既要有长远的愿景，又要有近期目标，这需要搭建好企业的目标体系，从愿景、使命细化到战略目标，再细化到执行性目标。

2. 战略制定与选择

战略制定是战略管理过程中的第二个关键阶段。战略制定旨在根据企业目的、优势和劣势以及企业的外部机会和威胁拟定一系列备选方案。约翰逊和施乐斯在 1989 年提出了战略制定过程的 4 个组成部分。

（1）提出战略方案

需要考虑的最基本问题是："哪一种战略方向最明智？"人们在选择战略方案时往往考虑那些最显而易见的战略。因此，在制定战略的过程中，可供选择的方案应较多一些。

（2）评估战略备选方案

要按战略分析的原则对各种战略备选方案按完成企业目标的能力逐个进行评估，目的在于选出在配合企业外部环境所具备的机会和威胁与企业内部的优势与劣势两类要素时的最佳战略。

（3）进行战略选择

企业在选择管理层认为可行的战略方案时，可能仅有一种战略，也可能有一组战略可供选择。需要注意的是，战略的选择并不存在一个最佳的选择标准，同时战略又总是有一定风险性的，所以不可能有绝对正确的战略。最终的战略选择还是管理层主观做出的。

（4）围绕选择的可行战略方案制定政策和实施规则

选择好最优方案并不是战略制定的终结，管理层还要建立政策，确定战略实施的基本规则。

3. 战略实施与控制

战略实施是贯彻执行既定战略规划所必需的各项活动的总称，是战略管理的一个重要组成部分。战略实施所需的条件主要包括以下四大方面。

（1）建立和调整企业的组织结构

为了保证战略的顺利实施，企业需要一个有效的组织结构以适应战略计划的需要。这涉及企业是采用垂直结构还是横向结构，是采用集权式机制还是分权式决策机制。必须强调的是，应该运用权变观念去选择组织结构。世界上不存在适用于一切情况的组织结构。德鲁克有句名言："能够完成工作任务的、最简单的组织结构，就是最优的结构。判别一个好的组织结构的标准是——它不带来问题，结构越简单，失误的可能性越小。"

（2）对人员和制度的管理颇为重要

人力资源关系到战略实施的成功与失败。在人力资源管理中，最重要的是如何挑选实施战略的管理者，使他们的知识、能力、经验、性格修养和领导风格同实施的战略相适应。

（3）进行战略控制

通过确定评价内容，建立业绩标准，衡量实际业绩，并将实际获得的业绩与预期目标进行比较以发现战略制定或实施过程中的问题，从而做出纠偏行动。因此，有效的战略控制，不但需要分析战略是否按原计划实施，而且需要分析战略是否取得了预期的效果。这一切并不是要等到战略实施完毕之后才去进行的，而是与战略实施过程同步进行的。

（4）处理冲突、政治和变革

政治是企业内形成派别的基础，派别利益引发冲突，变革使其白热化。公司政治像瘟疫一样存在于企业之中，企业内部各种团体都有自己的利益要求，这些要求常常发生冲突，这些利益冲突会导致各种争斗和结盟，而战略变革往往使权力斗争白热化，因此在战略实施过程中应特别注意这些问题。

（三）企业战略管理者

根据人们在战略过程中的角色和作用，可以把战略管理涉及的人员分为两类：战略制定者和战略实施者。在战略管理过程中，许多人参与了战略的决策工作。同时，战略决策者有时也是战略实施者，而许多战略实施者也会参与到战略的制定过程中，在其中发挥一定的作用。

1. 战略制定者

企业战略管理的决策阶段涉及企业中的很多人。他们制定战略决策，决定企业的目的、目标、方向和重大行动方案。主要包括 3 类人员，即高级管理人员、董事会成员、计划人员。高级管理人员指的是组织顶层相对少的一群人，包括企业总经理、副总经理及重要职能和业务部门的负责人。其中，总经理有权做出最后的决定，并对企业的最终绩效负责。总经理对战略管理负有责任和义务，但这并不意味着由总经理单独完成。相反，成功的总经理通常设计一个包括组织不同领域和不同层次的成员的跨职能管理过程。例如，在识别战略问题和做出战略决定时，除了总经理以外，许多生产部门、市场营销部门、财务部门等的专家也做出了很大的贡献。在我国许多企业中，战略管理主要集中在少数高层管理人员手中，尤其是自 20 世纪 80 年代实行经理（厂长）负责制以来，往往由总经理一人来决定企业的发展方向和战略。

在战略管理中，董事会成员是一股新的力量。按照我国公司法的规定，董事会行使的职权有，"决定公司的经营计划和投资方案""拟定公司合并、分立、变更公司形式、解散的方案""聘任或者解聘公司经理（总经理），根据经理的提名，聘任或者解聘公司副经理、财务负责人，决定其报酬事项"。经理对董事会负责，行使的职权有，"主持公司的生产经营管理工作，组织实施董事会决议""组织实施公司年度经营计划和投资方案"。可见，法律上规定了董事会有战略的最终决策权。在我国，公司制企业仅有 20 多年的历史，董事会的职能也还很不完善，作用也没有得到充分的发挥。

在西方市场经济国家，历史上，董事会主要关心财务审计和 CEO 的报酬等问题，对企业的战略管理问题并不关心。然而，进入 1980 年后，董事会的职责开始扩展到战略管理领域。比较流行的做法是在董事会的现有委员会中增加一个战略委员会，与总经理一起制定企业的目标及实现目标的战略。其中的一项重要职责就是对企业的战略管理过程进行评估，使战略管理过程更加有效。最近，国外一些研究发现，董事会对战略制定的参与和企业财务效益之间存在着积极关系。但是，由于董事会成员在处理战略问题方面的经验存在差异，所以不同企业的董事会在战略管理中参与的方式和程度也有很大的不同。总的来说，在战略管理中，董事会应该可以起到作用。然而，正像一些管理者和管理学者所认为的那样，最有效和最有创造力的战略管理来自总经理及其关键下属人员的相互作用。

随着企业规模的扩大，在战略方案的形成和选择中，战略决策者需要搜集更多的信息，需要更多分析和论证。这时，总经理就必须安排雇员组成一个团队，团队中的人员被称为计划人员，在战略管理中提供帮助。在小企业中，总经理可能安排某人作为助手安排计划。在大中型企业，总经理可能建立一个由总经理或副总经理牵头的计划委员会或计划部来负责企业计划工作。计划班子通常通过收集和分析数据，做出建议向总经理提出建议和报告。

另外，许多学者也认为，为了更好地实施战略，应该让所有实施者都参与到战略的制定过程中来。战略制定过程就成为一种学习、帮助、教育和支持活动，基层管理者便成为战略制定和实施的组织者和领导人，成为战略的主人，有助于成功地实施战略。

2. 战略实施者

如果说战略制定过程较多地涉及企业中高层管理人员的话，那么战略的实施则涉及企业的每一个员工。正是企业所有员工的共同努力和协作，企业的战略目标才得以实现。在战略管理中，许多战略制定者同时又是战略实施者。过去，许多战略决策者，如总经理等，认为只要制定好战略，由其他人去实施就可以了。而许多研究却认为，总经理的积极参与是战略顺利实施的关键。同时，战略实施者又不单纯地处于执行地位，因为战略转变往往标志着企业需要开展许多新的工作，或用新的方法去完成这些工作，这就需要全体职工创造性地发挥。

随着经济的全球化和信息技术的飞速发展，企业竞争环境的变化越来越快。通过战略制定者制定战略，实施者实施战略的做法，不仅不能适应竞争的需要，甚至会威胁到企业的生存。所以，在战略管理中，战略制定者和实施者的密切协作显得越来越必要。科技的快速发展、产品迅速更新换代、市场的风云变幻使得企业家在战略决策中必须征求科技人员和市场营销人员的意见，并与他们保持密切的联系，建立通畅的沟通渠道。同时，战略决策者也必须时刻监控实施人员的行为和结果，使其符合战略的要求，并在需要的时候及时调整战略。

二、企业营销管理

（一）企业营销管理的含义和实质

1. 企业营销管理的含义

企业营销管理（Marketing Management）是指企业分析、规划、执行和控制各种营销方案，以便与目标市场的顾客建立和保持互惠交易以实现组织的目标。它是把管理技术应用到企业整个营销活动中的过程。其管理对象包含理念、产品和服务。其基础是交换，目的是满足各方需要。

2. 企业营销管理的实质

企业营销管理的主要任务是刺激消费者对产品的需求，但不能局限于此。它还帮助企业在实现其营销目标的过程中，影响需求水平、需求时间和需求构成。因此，营销管理的任务是刺激、创造、适应及影响消费者的需求。从此意义上说，营销管理的本质是需求管理。营销管理的基本任务，也就是对不同的需求状态应实施不同的营销管理。任何市场均可能存在不同的需求状况，营销管理的任务是通过不同的市场营销策略来解决不同的需求状况。

（1）负需求（Negative Demand）

负需求是指市场中多数人都不喜欢该产品或服务，有时甚至宁可付钱回避的需求状态。如近年来许多老年人为预防各种老年疾病不敢吃甜点心和肥肉，又如有些顾客害怕冒险而不敢乘飞机。此时营销管理的任务是分析人们为什么不喜欢这些产品，并针对目标顾客的需求重新设计产品、定价，作更积极的促销；或改变顾客对某些产品或服务的执念，诸如宣传老年人适当吃甜食可促进脑血液循环，乘坐飞机出事的概率比较小等。把负需求变为正需求，称为改变性营销。

（2）无需求（No Demand）

无需求是指目标顾客对某种产品从来不感兴趣或漠不关心，如许多非洲国家居民从不穿鞋子，对鞋子无需求。此时市场营销者的任务是创造需求，通过有效的促销手段，把产品利益同人们的自然需求及兴趣结合起来，即刺激性营销。

（3）潜在需求（Latent Demand）

这是指现有的产品或服务不能满足许多消费者的强烈需求。例如，老年人需要高植物蛋白、低胆固醇的保健食品，美观大方的服饰，安全、舒适、服务周到的交通工具等，但许多企业尚未重视老年市场的需求。此时企业营销管理的任务是准确地衡量潜在市场需求，开发能满足该项需求的有效产品和服务，即开发性营销。

（4）衰退需求（Falling Demand）

这是指目标顾客对某些产品或服务的需求出现了下降趋势，如近年来城市居民对自行车的需求已趋饱和，需求相对减少。此时营销管理者要了解顾客需求下降的原因，或通过改变产品的特色，采用更有效的沟通方法再刺激需求，或通过寻求新的目标市场，以扭转需求下降的格局，这种营销管理对策称为恢复性营销。

（5）不规则需求（Irregular Demand）

这是指产品或服务的需求随季节、日期甚至时辰而变动，从而导致企业生产能力和商品的闲置或过度使用的状况。例如在旅游旺季时旅馆紧张和短缺，在旅游淡季时旅馆空闲。此时营销管理的任务是通过弹性定价，促销及其他激励因素来改变需求时间模式，这称为同步性营销。

（6）饱和需求（Full Demand）

这是指某种产品或服务目前的需求水平和时间等于期望的需求，但消费者需求会不断变化，竞争日益加剧。因此，企业营销的任务是改进产品质量及不断估计消费者的满足程度，努力维持目前的需求水平，这称为"维持性营销"。

（7）过度需求（Overfull Demand）

这是指市场上顾客对某些产品或服务的需求超过了企业供应能力，产品供不应求。例如由于人口过多或物资短缺，引起交通、能源及住房等产品供不应求。企业营销管理的任务是减缓营销，可以通过提高价格等方式来降低需求。企业最好选择那些利润较少，要求提供服务不多的目标顾客作为减缓营销的对象。减缓营销的目的不是破坏需求，而只是暂缓需求水平，这称为"延缓性营销"。

（8）有害需求（Unwholesome Demand）

这是指对消费者身心健康有害的产品或服务，诸如烟、酒、毒品、黄色书刊等。企业营销管理的任务是通过提价、减少可购买的机会或通过立法禁止销售，称之为反营销。

反营销的目的是采取相应措施来消灭某些有害的需求。

企业营销管理的基本任务，就是针对市场上各种不同的需求情况，采取不同的营销方式来适应市场需求的变化，以取得预期的营销结果。

（二）企业营销管理的基本职能

分析、规划、执行和控制是营销管理的四个主要职能。

营销的分析和规划包括考察企业的市场和营销环境，以发现有吸引力的市场机会，然后确定可以协助企业实现其整体战略目标的营销战略。

良好的营销分析与规划只是使企业达到卓越绩效的起点，营销计划的执行才是企业营销管理的关键。营销系统中的各阶层人员必须互相合作来执行营销战略和计划，营销部门的人员必须和财务、采购、制造以及企业其他部门的人员协调行动，企业外部人员和组织可以协助执行企业的市场营销计划。

实施营销计划的过程中，可能会发生许多意想不到的情况，所以还需要必要的控制手段，以确保实现营销目标。

（三）企业营销管理的具体过程

企业营销管理的一般过程，可以概括为以下环节（见图 2-2）。

01 分析市场机会 发掘市场机会 评估市场机会	02 选择目标市场 需求的衡量与预测 市场细分、选择与定位	03 拟定营销组合 产品的规划设计 产品定价 产品分销 产品促销	04 营销组织与控制 拟定竞争性营销战略 执行、组织与控制营销方案

图 2-2　企业营销管理的一般过程

1. 分析市场机会

市场机会是指市场上存在的未被满足的消费需求。在当今的时代，没有一家公司可以依赖目前的市场和产品面绵延不绝、长盛不衰的。所以，任何企业都必须不断地寻找、发现和分析新的市场机会，为企业的生存和发展寻找出路。

2. 选择目标市场

在发现和评估市场机会中，往往会产生出许多新的市场开发构想。企业要做的文章是如何从若干好的构想意见中遴选出最能符合企业目标与开发能力的一项作为开发任务。这经常需要做四个步骤的事情。

（1）市场需要衡量与预测

就是对市场开发的现状与未来的前景做严密的估计。每个企业都希望进入前景良好的市场。由于影响未来市场的因素很多，所以这种预测相当困难。这对企业是很大的挑战，必须做好。

（2）市场细分

假若企业对市场开发的预测很一致，企业还必须进行市场细分的工作。经营者要通过"地理变数""人口变数""心理变数""行为变数"来细分市场。

（3）选择目标市场

细分后的市场各有不同的需求，企业要选择其中的一个或几个进行经营。

（4）市场定位

企业一旦选定目标市场，就要研究如何在目标市场上进行产品的市场定位，即勾画产品形象，为自己的产品确定一个合适的市场位置。

3. 拟定市场营销组合

企业制订出产品开发定位的计划后，便可开始策划市场营销组合。市场营销组合是企业针对确定的目标市场，综合运用各种可能的营销手段，组合成一个系统化的整体策略，以便达到企业的经营目标。市场营销的手段有几十种之多，目前理论界把这些手段归为4个因素，简称"4P"策略，即产品（product）、价格（price）、分销渠道（place）和促销（promotion）。

4. 营销组织与控制

为了贯彻落实营销工作，必须设立一个营销组织，由营销经理负责组织实施。营销经理（主管厂长）其任务：一是协调所有营销人员的工作；二是与财务、生产、研究与开发、采购和人事主管密切配合，同舟共济；三是善于督导、激励、考核、培训下属，检查任务执行情况。

在市场营销计划落实中，常常会发生许多意想不到的情况，企业需要以控制行动来保证营销目标的实现。营销控制手段主要有年度计划控制、盈利能力控制，效率控制和战略控制等。

三、企业质量管理

（一）企业质量管理的发展历程

从现代企业质量管理的实践来看，按照解决质量问题的手段和方式，它的发展过程大致可以划分为三个历史阶段。

1. 质量检验阶段

19世纪70年代，人们根据生产和使用的需要，提出了零件互换的概念，认为零件只要经过精密加工，减少尺寸误差，就可以保证相互之间具有替换的性能，同时人们还注意到，在保证零件互换的前提下，其尺寸的加工误差允许有一个波动范围，于是又提出了加工公差的概念。从而初步为质量检验的技术理论奠定了基础。

直到20世纪初，美国人泰勒在系统总结以往生产管理实践和经验的基础上，提出了科学管理的思想，同时还建立了一套"科学管理"的理论和方法。他主张管理人员与操作人员进行合理分工，将计划职能和执行职能分开，同时增加中间检验环节。从而形成了设计、操作、检验三方面各有专人负责的职能管理体制。1912年福特创立了流水线作业法，使装配一辆汽车的时间由12小时28分钟减少到1小时33分钟，但同时也引发了大量的质量问题，为此福特公司设立了专职的检验工人，第一次将检验人员从操作工人中分离出来。20世纪20年代，贝尔电话公司因产品残次品太多，为确保质量公司雇用了大量的质量检验工人，使质检工人的人数超过了生产人数，由此导致了独立的质量检验部门的产生，这标志着质量管理由原来的经验管理进入了质量检验阶段。这种由现代化大生产而引起的分工上的大变化，使劳动生产率、固定资产利用率和产品质量都得到迅速提高，从而取得了明显的经济效果。

这个阶段出现的主要问题是：

（1）如何经济和科学地制定质量标准

如果所制定的质量标准经济上不合理，使用上不能满足用户要求，那么即使已通过检验，也不能保证产品质量。

（2）怎样防止在制造过程中产生不合格品

因为质量检验只能起把关作用，不能预防在制造过程中产生不合格品，但事实是一旦产生了不合格品，就将造成人力、物力、财力损失。

（3）对全部成品进行检验是否可行

显然，在生产规模扩大或大批量生产的情况下，对全部产品进行检验是做不到的。尤其是对不破坏就无法进行检验的产品，根本不可能进行全检。

在质量检验阶段所出现的这些问题迫切需要寻找一种新的管理方法去解决，因此在客观上就为把数理统计和方法引入到质量管理创造了条件。

2. 统计质量控制阶段

1917 年，美国贝尔电话研究所的沃特·阿曼德·休哈特（Walter A. Shewhart）博士运用数理统计原理方法，为美国国防部准确地解决了第一次世界大战参战部队的军服尺寸规格问题，从而为如何经济和科学地制定产品质量标准提供了范例。1924 年，他又针对怎样预防产生不合格品问题，进一步运用数理统计原理和方法，提出了控制产生不合格品的 6σ 法，而且亲临生产现场，指导使用由他创立的预防不合格品产生的控制图。1931 年，他出版了《工业产品质量的经济控制》[①] 一书，对统计质量控制做了系统的论述。与此同时，贝尔电话研究所成立了一个检验工程小组，研究成果之一就是提出了抽样检验的概念，创立了抽样检验表。从而为解决产品质量检验问题，尤其是产品的破坏性质量检验问题，提供了科学依据和手段。但是，由于 20 世纪 20—30 年代，资本主义世界经济危机频繁，各国生产发展处于停滞状态，对产品质量和质量管理要求不迫切，因此休哈特等人创立的一套质量管理技术和方法没有引起重视，更没有被推广应用。到 21 世纪 40 年代，绝大多数企业仍然沿用事后检验的管理方法。这就是说，直到此时为止，质量管理基本上还属于质量检验阶段。

第二次世界大战爆发后，由于对军用产品的需求激增，美国许多生产民用产品的企业转为生产军用产品。但是，军用产品不仅批量大而且多数属于破坏性检验，企业要采用"事后检验"的办法来保证军用产品的质量，是既不可能，也不允许的。由于军用产品经常延误交货期并且在战场上还不时发生质量事故，严重影响了军队的士气和战斗力。美国国防部为解决军用产品的供应和质量问题，专门组织了一批数理统计学专家和高级工程师进行研究。运用数理统计原理和方法，制定了"美国战时质量管理标准"，即《质量控制指南》《数据分析用的控制图法》《生产中质量管理用的控制图法》。并且，由美国国防部官员带领这批专家到全国各地为承担生产军用产品的企

---

① 陈俊芳. 质量管理学 [M]. 北京：中国标准出版社，2004：219.

业举办了为期 7 天的质量管理讲习班，宣传上述质量管理标准和质量控制方法。同时，美国国防部要求各生产军用产品的企业按照已公布的这 3 个标准进行生产过程的质量控制，并且严格按照这套标准验收军用产品。从而迫使各生产军用产品的企业普遍推行统计质量控制方法，由此使得美国在保证和提高军用产品质量方面取得了显著效果，并使美国在数理统计方法的使用上有了较大发展。

第二次世界大战结束以后，美国为了支持西欧各主要工业国家和日本，大规模组织物资出口，除军用产品外，民用产品的生产也获得大发展。由于统计质量控制方法已为生产军用产品的企业带来信誉和利润，因此不仅生产军用产品的企业继续运用统计质量控制方法，而且生产民用产品的企业也积极推行统计质量控制方法，这就导致了统计质量控制在美国得到迅速普及，并且得到进一步发展和完善，美国产品也成了优质品的代名词。与此同时，西欧各工业国、澳大利亚和日本，为了恢复和发展生产以及增加本国产品在国际市场上的竞争能力，都相继从美国引进统计质量控制的理论和方法。从此，统计质量控制在世界各工业国风行一时，竞相推行。

统计质量控制是质量管理发展过程中的一个重要阶段，其主要特点是：在指导思想上，由以前的事后把关，转变为事前预防；在控制方法上，广泛深入地应用数理统计的思考方法和检验方法；在管理方式上，从专职检验人员把关转移给专业质量工程技术人员控制。因此，统计质量控制与单纯的质量检验相比，不论是指导思想，还是使用方法，都是一个很大进步。但是，在这个阶段，由于过分强调数理统计方法，忽视组织管理工作，致使人们产生错觉，认为质量管理就是数理统计方法，从而感到它高深莫测，望而生畏，妨碍了统计质量控制方法的普及推广。

3. 全面质量管理阶段

自 20 世纪 50 年代以来，由于社会生产力迅速发展，科学技术日新月异，市场竞争十分激烈，出现了一些前所未有的新情况。人们对产品质量的要求越来越高，除了对产品的一般性能要求外，增加了对产品的可靠性、安全性、经济性要求；逐渐形成了各种管理理论学派，X 理论、Y 理论、决策理论、系统理论、行为科学等学派相继问世。这些理论都从某个侧面反映了质量管理实质；同时，由于保护消费者利益运动的兴起，广大消费者纷纷组织起来同垄断集团抗争，反对他们在市场上推销劣质产品，迫使政府制定保护消费者利益的法律；国内和国际市场竞争加剧，也使得企业不得不重视质量保证和质量责任，注意维护企业信誉，以免失去市场。

由于这些情况的出现，企业注意到单靠统计质量管理难以满足社会和用户对产品质量的要求，广大质量管理工作者都在积极开展调查研究，希望能建立一套更为有效的质量管理理论和方法。于是美国通用电气公司的阿曼德·费根堡姆（Armand Vallin Feigenbaum）和质量管理专家朱兰提出了全面质量管理概念。费根堡姆于 1961 年出版了《全面质量管理》[①] 一书。从此，全面质量管理的概念逐渐被世界各国所接受，但在具体应用这个概念时，每个国家都是根据本国的实际情况，使其形成具有本国特色的质量管理模式。特别是日本，在 20 世纪 50 年代从美国聘请戴明博士和朱兰博士到日本企业推行质量管理，结合日本国土狭小、资源贫乏的基本国情，提出了质量立国的基本国策，日本企业结合企业文化特色，创造性地吸收运用美国的质量管理的理论，并创立具有日本特色的、更具实用价值的理论和方法，即日本式的全面质量管理，使日本的产品质量水平在 70 年代末跃入世界前列，在 80年代多年雄踞国际竞争力第一的宝座。

我国自 1979 年引进和推行全面质量管理以来，在理论研究和方法应用方面都取得了一定的成效，为提高综合国力、参与国际市场竞争奠定了一定的基础。但作为一个发展中国家，仍有许多新问题需不断探索、解决，有许多好经验需进一步总结、推广，以形成具有中国特色的质量管理模式。

从质量管理的发展历史来看，人们解决质量问题时所运用的方法和手段是在不断发展和完善的，并且又是同科学技术的进步和社会生产力的发展密切相连的。可以预料，随着新技术革命的兴起，人们解决质量问题的方法和手段将更加丰富和完善，从而促使质量管理发展到一个更新的阶段。

（二）企业质量管理的重要概念

要真正掌握企业质量管理理论，首先必须准确理解质量管理的基本概念。

1. 质量（quality）

一组固有的特性满足要求的程度。

质量可以用形容词如好、差或优秀来修饰；定义中所指的"固有的"（其反义是"赋予的"）是指在某事或某物中本来就有的，尤其是那种永久的特性。如产品的适用性、可信性、经济性和安全性等等。

---

① 宿恺，袁峰.企业管理学 [M].北京：机械工业出版社，2019：164.

定义中的要求，指明示的，通常隐含的或必须履行的需求或期望。"通常隐含"是指企业，顾客和其他相关方的惯例或一般做法，所考虑的需求或期望是不言而喻的。

2. 质量方针（quality policy）

质量方针是由组织的最高管理者正式发布的该组织总的质量宗旨和方向。通常质量方针与组织的总方针相一致并为制定质量目标提供框架，另外2000版ISO9000标准提出的八项质量管理原则可以作为制定质量方针的基础。

3. 质量目标（quality objective）

质量目标是指在质量方面所追求的目的。质量目标的确定通常依据组织的质量方针制定，并将之分解到组织的相关职能和层次。

4. 质量管理（quality management）

质量管理是指在质量方面指挥和控制组织的协调的活动。质量管理通常包括制定质量方针和质量目标以及质量策划、质量控制、质量保证和质量改进。

5. 质量策划（quality planning）

质量策划是质量管理的一部分，致力于制定质量目标并规定必要的运行过程和相关资源以实现质量目标。编制质量计划可以是质量策划的一部分。

6. 质量控制（quality control）

质量控制是质量管理的一部分，致力于满足质量要求。

7. 质量保证（quality assurance）

质量保证是质量管理的一部分，致力于提供质量要求会得到满足的信任。

8. 质量改进（quality improvement）

质量改进是质量管理的一部分，致力于增强满足质量要求的能力。此处的"要求"可以指有效性、效率或可追溯性。有效性和效率的区别在于，有效性是指完成策划的活动和达到策划结果的程度，效率则是指达到的结果与所使用资源之间的关系。

9. 质量管理体系（quality management system）

质量管理体系是指在质量方面指挥和控制组织的管理体系。

（三）企业质量管理的基础工作

企业开展质量管理必须具备一些基本条件，例如质量教育工作、标准化工作、计量工作、质量信息工作、质量责任制以及质量管理小组活动等。这些工作以产品质量为中心，互相联系、互相制约、互相促进，形成全面质量管理的基础工作体系。

1. 质量教育工作

一些国家质量管理的成功经验告诉我们：质量教育是质量工作的开路先锋。

一般来说，质量教育工作包括三个方面的内容：质量意识的强化，质量管理知识的普及教育和业务技术培训。

（1）质量意识的强化

推行全面质量管理教育的目的，在于更好贯彻"质量第一"的方针，培养全体员工树立浓厚的质量忧患意识和顾客意识，强化认真负责、一丝不苟的求实精神，树立全心全意为顾客服务的思想，向社会提供顾客需要的优质产品。

（2）质量管理知识的教育

全面质量管理涉及企业各部门，贯穿于生产技术经营活动的全过程。企业上下左右，人人有责。为了全面推进和不断提高企业的质量管理工作，从企业高层领导到基层员工，都必须接受全面质量管理的教育和训练，要普及全面质量管理的基本知识和这一现代化的管理方法，使全体员工能够普遍地了解、掌握和运用它。

因此，应当根据岗位的需求，在企业中从上到下有组织、有步骤地分层开展全面质量管理知识的普及教育，广泛深入发动群众，让企业领导干部和每个员工，都了解全面质量管理，关心产品质量，掌握全面质量管理的理论和方法，参加全面质量管理活动。

（3）加强员工队伍的技术培训和业务学习

产品是企业员工经过设计、制造等共同劳动创造的。产品质量的好坏，归根到底决定于员工队伍的技术水平，决定于各方面管理工作的水平。实践证明，如果工人没有掌握必要的操作技术，缺乏必要的业务训练，那么，即使更换了新设备，采取了新技术，也会因为使用不好，掌握不了，照样加工不出好的产品来。同样，如果企业领导干部、技术人员、管理人员不能熟练地掌握本职工作及其有关业务、管理知识和技能，缺乏必要的基本功训练和组织能力，那么，即使有了新材料、新设备、新技术等等，也仍然生产不出优质产品来。所以搞好质量管理，要处理好人、物、技术等各项因素之间的关系，把人的因素放在首要地位。要在强化质量意识的基础上，组织好员工队伍的技术和业务培训，提高员工的技术水平和管理水平。

2. 标准化工作

标准是指为取得全局的最佳效果，依据科学技术和实践的综合成果，在充分协商的基础上，对经济、技术和管理等活动中具有多样性、相关性特征的重复事物，以特定的程度和形式颁发的统一规定。标准化是以重复性特征的事物为对象，以管理、技术和科学实验（或经验）为依据，以制订和贯彻标准为主要内容的一种有组织的活动过程。

一般来讲，标准是质量管理的基础，质量管理是贯彻执行标准的保证。加强标准化工作，制定好标准，对于加强质量管理，提高产品质量具有重要意义。

3. 计量工作

计量工作是工业生产的重要环节，是质量管理的一项基础工作，是保证零部件互换，确保产品质量的重要手段和方法。由于计量工作对于工业生产技术的发展以及产品质量有直接影响，所以，做好这项工作，就必须对于外购、使用、修理以及本厂生产的计量器具，试验和化验设备都实行严格管理，以充分发挥它们在质量管理中的作用。

搞好计量工作的主要要求是：需用的量具及化验、分析仪器必须配备齐全，完整无缺，保证量具及化验、分析仪器的质量稳定、量值准确，校准及时；根据不同情况，选择正确的测试计量方法。

4. 质量信息工作

质量信息指的是反映产品质量和产供销各环节工作质量的原始记录、基本数据，以及产品使用过程中反映出来的各种质量情报。质量信息是企业进行产品质量调查的第一手资料。它的作用是及时地反映影响产品质量的各方面因素的生产技术经营活动的原始动态、产品的使用状况，以及国内外产品质量的发展动向，从而为保证和提高产品质量提供依据。

质量信息工作是质量管理的耳目，是加强质量管理不可缺少的一项基础工作。影响产品质量的因素是多方面的、错综复杂的。搞好质量管理，提高产品质量，关键要对来自各方面的影响因素有个清楚的认识，做到心中有数。因此，质量信息是进行质量管理不可缺少的重要依据；是改进产品质量，改善工作质量最直接的原始资料；是正确认识影响产品质量诸因素变化和产品质量波动的内在联系、掌握提高产品质量规律性的基本手段；也是使用计算机进行质量管理的基础。

5. 质量责任制

建立质量责任制，是企业中建立经济责任制的首要一环。它要求对企业的每个部门、每一个人都明确规定在质量工作中的具体任务、责任和权限，以便做到质量工作事事有人管，人人有专责，办事有标准，工作有检查；把同质量有关的成千上万项工作和广大员工主动提高产品质量的积极性结合起来，形成一个严密的质量管理工作系统。

质量管理是涉及企业各个部门和全体员工的一项综合性的管理工作，而不是哪一个管理部门单独的任务。为了确保产品质量，企业行政领导人员、管理部门以及每个工人，都必须对自己应负的质量责任十分明确，都要积极完成赋予自己的质量任务。因此，在建立质量管理机构的同时，要建立和健全企业各级行政领导、职能机构和工人的质量责任制，明确各自的职责及其与质量管理机构的相互关系。

实践证明，只有实行严格的责任制，才能建立正常的生产技术工作秩序，才能加强对设备、工装、原材料和技术工作的管理，才能统一工艺操作，不仅可以提高与产品质量直接联系的各项工作质量，而且可以提高企业各项专业管理工作的质量，这就从各方面把隐患消除在萌芽之中，杜绝产品质量缺陷的产生；实行严格的责任制，可使岗位人员对于自己该做什么，怎么做，做好的标准是什么，都能心中有数，并通过技术练兵，掌握操作的基本功，熟练地排除生产过程中出现的故障，从而驾驭生产的主动权。所有这些，都为提高产品质量提供了基本保证。

6. QC 小组建设

QC 小组是在生产或工作岗位上从事各种劳动的职工，围绕企业的经营战略、方针目标和现场存在的问题，以改进质量、降低消耗、提高人的素质和经济效益为目的组织起来，运用质量管理的理论和方法开展活动的小组。

第四节　企业管理常见模式类型

不同情境下管理职能或管理要素运行方式的差异性决定了企业管理模式的多样性。基于研究视角和分类标准的差异，学者们提出了各种类型的管理模式。由于概念界定上的模糊，国外学者在管理模式的分类研究主要集中在某项管理职能的开展方式上，如决策类型、领导方式、组织结构等。值得一提的是，伦西斯利克特（Resins Likert）通过对领导类型的研究，提出了著名的第一至第四系统组织的类型划分[①]。根据管理导向的差异，萨乔万尼（J.Sergiovanni）和斯塔瑞特（Starrett）将管理模式划分为关注效率型、人本主义型、关心政治与决策制定型、关心文化型四种。威廉·大内（William Ouchi）提出了 A 模式、J 模式和 Z 模式的分类方法，为许多国内学者所效仿[②]，如刘光起提出了 A 管理模式[③]，张国良提出了 S 管理模式[④]，王汝平提出了 C 管理模式[⑤]。郭咸纲根据企业管理中的权力、经济力、知识力和文化力四种场力的作用大小及变动规律，提出了 7 种典型的管理模式，即，老板型权威管理模式、职能型行政管理模式、技术型专业管理模式、市场型权变管理模式、团队型自主管理模式、文化型柔性管理模式和标准型场变管理模式[⑥]。此外，国内学者还从其他方面提出了管理模式的类型，如郑林根据管理范围的差异提出了点模式、面模式和体模式[⑦]；聂子龙根据组织结构的差异将管理模式分为工厂模式、科层模式和网络模式三种[⑧]。

①　佚名 . 美国现代行为科学家——伦西斯·利克特 [J]. 现代班组，2011（7）：1.

②　郑俊生 . 企业战略管理第 2 版 [M]. 北京：北京理工大学出版社，2020：63.

③　刘光起，杜志刚 .A 管理模式——从中转库看企业转型 [J]. 商业时代，2002（7）：2.

④　张国良 .S 管理模式——基于企业生命周期的中国民营企业管理创新模式探讨 [D]. 上海：复旦大学，2008：15.

⑤　刘敏慧 .C 管理模式对我国企业管理创新的启示 [J]. 武汉商业服务学院学报，2010（3）：3.

⑥　聂子龙 . 工业时代的管理模式及演变 [J]. 兰州学刊，2002（1）：2.

⑦　谭河清，高聚同，魏志高，等 . "点，面，体" 科技创新管理模式的构建与实施 [J]. 石油和化工节能，2014（6）：16-22，27.

⑧　聂子龙 . 工业时代的管理模式及演变 [J]. 兰州学刊，2002（1）：2.

　　此外，还有众多学者提出了管理模式的新类型。但有些分类混淆了管理模式与管理理念、管理技术、管理方式方法之间的区别，理论价值不大。

　　除以上专业性以及概念性较强的论述，综合国内现状也可总结下列六种模式：

一、亲情化管理模式

　　这种管理模式利用家族血缘关系中的一个很重要的功能，即内聚功能，也就是试图通过家族血缘关系的内聚功能来实现对企业的管理。从历史上看，虽然一个企业在其创业的时期，这种亲情化的企业管理模式确实起到过良好的作用。但是，当企业发展到一定程度的时候，尤其是当企业发展成为大企业以后，这种亲情化的企业管理模式就很快会出现问题。因为这种管理模式中所使用的家族血缘关系中的内聚性功能，会由其内聚性功能而转化成为内耗功能，因而这种管理模式也就应该被其他的管理模式所替代了。我国亲情化的企业管理模式在企业创业时期对企业的正面影响几乎是99%，但是当企业跃过创业期以后，它对企业的负面作用也几乎是99%。这种管理模式的存在只是因为我们国家的信用体制及法律体制还非常不完善，使得人们不敢把自己的资产交给与自己没有血缘关系的人使用，因而不得不采取这种亲情化管理模式。

二、友情化管理模式

　　这种管理模式也是在企业初创阶段有积极意义。在钱少的时候，也就是在哥们儿为朋友可以而且也愿意两肋插刀的时候，这种模式是很有内聚力量的。但是当企业发展到一定规模，尤其是企业利润增长到一定程度之后，哥们儿的友情就淡化了，因而企业如果不随着发展而尽快调整这种管理模式，那么就必然会导致企业很快衰落甚至破产。我国有一个民营企业叫"万通"，一开始就是五个情投意合的人创办的一个友情化企业，当时大家都可以卧薪尝胆，创业者之间完全可以不计较金钱。但是，当万通拿到第一笔大的利润的时候，五个人就开始有所摩擦。当时万通比较大的股东叫冯仑，他还想继续坚持这种管理模式而使企业发展，他组织企业的创办者读《水浒传》，让大家汲取散伙与分裂的教训，但结果最后没有解决问题，只好几个人解散了这个企业，放弃了这种友情化管理模式。后来万通由于创业者各自另起炉灶而孵化了几个企业。

三、温情化管理模式

这种管理模式强调管理应该是更多地调动人性的内在作用，王军恒老师认为只有这样，才能使企业很快地发展。在企业中强调人情味的一面是对的，但是不能把强调人情味作为企业管理制度的最主要原则。人情味原则与企业管理原则是不同范畴的原则，因此，过度强调人情味，不仅不利于企业发展，而且企业最后往往都会失控，甚至还会破产。有人总是喜欢在企业管理中讲什么温情和讲什么良心，认为一个人作为企业管理者如果为被管理者想得很周到，那么被管理者就必然会有很好的回报，即努力工作，这样企业就会更好地发展。可见，温情化管理模式实际上是想用情义中的良心原则来处理企业中的管理关系。在经济利益关系中，所谓的良心是很难谈得清楚的。良心用经济学的理论来讲，实际上就是一种伦理化的并以人情味为形式的经济利益的规范化回报方式①。因此，如果笼统地讲什么良心，讲什么人性，不触及利益关系，不谈利益的互利，实际上是很难让被管理者好好干的，最终企业都是搞不好的。管理并不只是讲温情，而首先是利益关系的界定。有些人天生就是温情式的，对利益关系的界定往往是心慈手软，然而在企业管理中利益关系的界定是"冷酷无情"的，对利益关系的界定，到一定时候"手不辣""心不狠"是不行的。只有那种在各种利益关系面前"毫不手软"的人，尤其对利益关系的界定能"拉下脸"的人，才能成为职业经理人。例如，如果有人下岗的时候哭哭啼啼，一个人作为管理者心软了，无原则地可怜下岗者而让他上岗了，那这个人就完全有可能成不了职业经理人。

四、随机化管理模式

在现实中具体表现为两种形式：一种是民营企业中的独裁式管理。之所以把独裁式管理作为一种随机化管理，就是因为有些民营企业的创业者很独裁，他说了算，他随时可以任意改变任何规章制度，他的话就是原则和规则，因而这种管理属于随机性的管理。另外一种形式，就是发生在国有企业中的行政干预，即政府机构可以任意干预一个国有企业的经营活动，最后导致企业的管理非常的随意化。可见，这种管理模式要么是表现为民营企业中的独裁管理，要么是表现为国有企业体制中政府对企业的过度行政干预。现

---

① 张文英.浅析中小企业温情化管理 [J]. 中国管理信息化，2019，22（19）：77-78.

在好多民营企业的垮台，就是因为这种随机化管理模式的推行而造成的必然结果。因为创业者的话说错了，别人也无法发言矫正，甚至创业者的决策做错了，别人也无法更改，最后只能是企业完蛋。

五、制度化管理模式

所谓制度化管理模式，就是指按照一定的已经确定的规则来推动企业管理。当然，这种规则必须是大家所认可的带有契约性的规则，同时这种规则也是责权利对称的。因此，未来的企业管理的目标模式是以制度化管理模式为基础，适当地吸收和利用其他几种管理模式的某些有用的因素。为什么这样讲呢？因为制度化管理比较"残酷"，适当地引进一点亲情关系、友情关系、温情关系确实有好处。甚至有时也可以适当地对管理中的矛盾及利益关系做一点随机性的处理，"淡化"一下规则，因为制度化太呆板了。如果不适当地"软化"一下也不好办，终究被管理的主要对象还是人，而人不是一般的物品，人是有各种各样的思维的，是具有能动性的，所以完全讲制度化管理也不行。适当地吸收一点其他管理模式的优点，综合成一种带有混合性的企业管理模式。这样做可能会更好一点。这恐怕是中国这十几年来在企业管理模式的选择方面，大家所得出的共识性的结论。

企业初创时期，事务相对简单，管理层次和管理幅度也还没有十分宽泛，因此可以采取直接管理的方法，比如一些家族企业在规模和领域还不大的时期，采用直接管理是十分有效的。但当企业发展壮大以后，管理方法就需要随之创新和优化。一般意义上来说，我们可以将企业的"管理"方法分成这样几种类型，并在企业的不同发展阶段合理科学地、单一或复合地加以运用，可以发挥更有效的作用。

六、系统化管理模式

企业的系统化、标准化、统筹化的管理是通过完成企业组织机构战略愿景管理、工作责任分工、薪酬设计、绩效管理、招聘、全员培训、员工生涯规划等七大系统的建立来完成的。

这样的好处是有利于企业的快速扩展，因为在你用这一套系统打造完一个企业管理的标准模板的时候，旗下的分公司或者代理都能简单的复制，这就降低了扩展的难度。这就是企业组织系统最大可利用性。

企业经济全球化的发展不可逆形势以及各个国家文化的开放与交融，以人为本的概念逐渐取代过去以企业和行政管理为主导的概念，伴随这种浪潮，国际上出现诸如：马斯洛管理、丰田模式——精益管理、稻盛哲学管理等众多优秀的管理模式，受到大中小型企业的青睐与追捧，掀起了向创新模式学习的热潮。

第三章 经济管理理论对接

第一节 经济管理的概念与内容

一、经济管理的概念

经济管理是指在社会经济活动的各个领域中，通过对生产力各要素进行合理组织和对不同的社会集团和个人之间的经济利益关系进行合理调节，借以实现人们预期目标的过程。由于社会经济活动是多因素相互作用的过程，它既涉及生产力的方面，也涉及生产关系和上层建筑方面，因此，经济管理的内容十分广泛而复杂。

经济管理是随着共同劳动的出现而产生的。人们在共同劳动中，为使相互之间的活动协调一致，以达到预期的目标，就要有统一的指挥，因而也就产生了管理。马克思指出："一切规模较大的直接社会劳动或共同劳动，都或多或少地需要指挥，以协调个人的活动，并执行生产总体的运动——不同于这一总体的独立器官的运动——所产生的各种一般职能。一个单独的提琴手是自己指挥自己，一个乐队就需要一个乐队指挥。"

经济管理是人们改造客观世界的一种自觉活动。这就是说，人们的各种经济管理活动都是在对管理自身和管理对象具有某种认识的基础上进行的。任何一种管理方案都是管理的客观规律在人们头脑中的反映，而不是人们主观臆想的东西。人们只有认识了这些规律性，并在管理实践中严格地遵循这些规律性，才是自觉的有效管理，才能达到预期的目的，否则，就是盲目的无效的管理，就不能达到预期的目的，甚至会适得其反。因此，人们为了在管理活动中取得成功，就必须不断地总结和积累经验，提高自己的认识，逐步地掌握这些客观规律性，使经济管理逐步形成一门科学。

人类的生产劳动从来就是共同的社会劳动，因此，经济管理的历史同人类社会的历史一样悠久。但是，它作为一门科学，却是资本主义社会化大生产的产物。在社会化大生产过程中，社会分工异常复杂，在国民经济的各个部门之间、各个地区之间、社会再生产的各个环节之间以及企业内部的供产销之间和各个生产环节之间，都存在着必然的内在联系，都是相互制约，密不可分的。为了保证社会化大生产的顺利进行，就必须弄清上述各种内在联系，却弄清社会化大生产的客观规律性，使经济管理逐步科学化。这就是说，经济管理作为一门科学出现，是社会化大生产的客观要求。资本主义经济管理科学的出现，对于资本主义生产力的发展发挥了巨大的促进作用。然而，在资本主义私有制的条件下，无论何种管理理论，都不可能从根本上消除作为生产者的无产阶级和作为占有者的资产阶级的根本对立，不可能从根本上消除整个社会生产的无政府状态和周期性的经济危机。

社会主义经济管理是随着社会主义制度的建立而出现的。然而，社会主义经济管理科学的萌芽却是在资本主义时期产生的。马克思和恩格斯从对资本主义经济的科学分析中，已经预见到建立在公有制和社会化大生产基础上的社会主义经济必然是计划经济，对社会主义的管理必然是全社会有计划的社会调节。从十月革命胜利到现在，经过半个多世纪的实践，社会主义经济管理在总结正反两个方面的经验中，不断地得到发展，社会主义经济管理科学也由此而不断地丰富和成熟起来。

社会主义经济管理就其对象的范围划分，可分为宏观经济管理、中观经济管理和微观经济管理。宏观经济的管理即国民经济管理，是指社会主义国家从社会总体的角度对社会经济活动进行的统一管理；中观经济的管理即部门和地区经济的管理，是指社会主义国家（包括中央经济管理机构和地方经济管理机构）对各个经济部门和地区进行的组织和协调，微观经济管理即企业管理，是指对企业生产经营过程中的人、财、物和供、产、销的管理。同上述三个经济管理层次相适应，社会主义经济管理理论也可分为国民经济管理学、部门和地区经济管理学，以及企业管理学。

在上述 3 个管理层次中，搞好企业管理是搞好整个国民经济和各部门、地区经济管理的基础。这是因为，企业是整个国民经济的基层单位，是一切社会生产和流通活动的直接担当者。如果每个企业都充满了生机和活力，整个国民经济的肌体也就有了健康发展的可靠保证。然而，每个企业的生产经营活动又都离不开国民经济全局上的有效组织和控制。如果在国民经济管理的全局上决策失误，比例失调，每个企业的发展也就失去了必要的前提。从这个意义上说，国民经济的全局管理显得更重要。总之，宏观的经济管理同微观的经济管理是密切联系，相互促进的。

二、经济管理的内容

（一）对财力的管理

1. 财力及其运动

财力指的是一个地区或国家在一定时期内拥有社会总产品的货币表现。它的运动过程可分为 3 个环节，即生财（发掘财力）、聚财（聚积财力）、用财（合理分配财力），这 3 个环节关系十分紧密，既相互促进又相互制约，财力运动的起点和终点都是生财，只有生财才能聚财、用财；聚财是财力运动的中间环节，约束生财和用财；用财是财力运动的最终环节，但用财的根本目的还是为了生财。

2. 财力的集聚与使用

财力集聚的对象，就是国内社会总产品的价值和国外资金市场中的游资，其中国内社会总产品价值中"M"部分是国家财力集聚的重要对象。财力集聚的主要渠道有财政集资、金融机构集资和利用外资。在我国目前的市场经济发展中，除了搞好财政集资外，尤应重视金融机构集资和利用外资。财政集资的主要特点是强制性和无偿性，金融集资的主要特点是有偿性和周转性。

3. 财力使用应坚持的原则

统筹兼顾，全面安排；集中资金，保证重点；量力而行，留有余地；搞好财力平衡。

（二）对物力的管理

1. 物力的概念和物力管理的内容

物力是能够满足人类生产、生活需要的物质的总称，包括物质资料和自然资源两大部分。物力管理的内容有两方面：一是物力的开发、供应和利用；二是自然资源的保护。

2.物力管理的基本任务

遵循自然规律和经济规律，按照建设资源节约型、环境友好型社会的要求，结合经济发展和人民生活的需要，开发、供应、利用和保护好物力资源，形成节约能源资源和保护环境的增长方式、消费模式，以合理地、永续地利用物力，促进经济和社会事业的不断发展，推动人类文明和进步。

3.对自然资源开发利用与管理工作的要求

根据国家主体功能区的划分，制定自然资源开发利用与管理规划；按照可持续发展要求，适度开发利用；发展循环经济，综合利用资源，提高资源利用效率；建设生态文明，有效保护自然资源，搞好环境保护工作。

（三）对时间资源的管理

1.时间资源的特性

时间是一切运动着的物质的一种存在形式。时间资源具有不可逆性；具有供给的刚性和不可替代性；具有均等性和不平衡性；具有无限性和瞬间性。

2.时间资源管理的内容

时间资源的管理，是指在同样的时间消耗的情况下，为提高时间利用率和有效性而进行的一系列控制工作。时间资源管理的内容，概括地说包括对生产时间（即从生产资料和劳动力投入生产领域到产品完成的时间）的管理和对流通时间（即产品在流通领域停留的时间）的管理。

3.时间资源管理的基本途径

规定明确的经济活动目标，以目标限制时间的使用；制订详细的计划，严格控制时间的使用；优化工作程序，提高工作效率，充分挖掘时间潜力；保持生产、生活的整体合理安排休息和娱乐时间。

（四）对科学技术的管理

1. 科学技术的概念

科学是人类实践经验的概括和总结，是关于自然、社会和思维发展的知识体系。技术是人类利用科学知识改造自然的物质手段和精神手段的总和，它一般表现为各种不同的生产手段、工艺方法和操作技能，以及体现这些方法和技能的其他物质设施。

2. 科学技术管理的主要内容

制定科学技术发展规划，着力突破制约经济社会发展的关键技术；组织科技协作与科技攻关，积极推广应用科研成果；注重提高自主创新能力，抓好技术改造与技术引进；加强创新型科技人才队伍建设。

（五）对经济信息的管理

1. 经济信息的概念与特征

经济信息是指反映经济活动特征及其发展变化情况的各种消息、情报、资料的统称。

经济信息的特征主要表现为社会性、有效性、连续性和流动性。

2. 经济信息的分类

按照经济信息的来源，可以分为原始信息和加工信息，按照经济信息所反映的内容，可以分为内部信息与外部信息，又分为有关过去的信息和有关未来的信息，按照经济信息取得的方式，可以分为常规性信息和偶然性信息。

3. 经济信息管理的基本程序和要求

（1）经济信息管理的基本程序：广泛收集、认真加工、及时传递、分类储存。

（2）经济信息管理的要求：准确、及时、适用。

第二节　经济管理的原理与方法

一、经济管理的原理

（一）人本管理原理

在管理活动中，"人"重要性不容忽视，它可以决定管理活动的最终效果。所谓人本管理指的是就是管理活动中贯彻以人为本的理念。人本管理原理指出：人才是管理活动的中心，所有的管理活动都应该围绕人来进行。这种原理要求所有管理者将处理人际关系列为头等要事，管理者的职责就是通过制定相应的制度提升员工的创造性和积极性，同时尽可能满足员工的需求，便于他们实现自我价值。人本管理原理是现代管理原理中最根本、最关键的原理，它的思想基础就是"社会人"假设，即人的需求是多样的、复杂的。人本管理的管理原则有参与管理原则、权责对等原则、控制适度原则、行为激励原则、利益协调原则。

（二）系统管理原理

管理并非单一的活动，而是由一连串活动组成的系统活动，它拥有系统的相关特性，如综合性。系统管理原理指出：每个组织其实都能看作一个完整的系统，或者从属于大型系统中的一个小小子系统，当遇到管理问题时，坚持系统论的指导思想，用系统的观点和方法解决问题。系统管理的管理原则有信息反馈原则、整体效应原则、分工协作原则、等级原则、分权与授权原则和统一指挥原则。

（三）科学管理原理

科学管理指的是在开展管理活动时必须符合科学理论，即按照科学的方式和原理开展确定目标、计划、组织、控制等一连串管理活动。科学管理管理对管理者的要求是实事求是，即管理者必须站在客观实际的角度开展管理活动，重视调查研究，掌握并合理运用管理的相关规律，同时运用先进的管理手段，制定并实行必要的管理规范，提高管理效率①。科学管理原理的管理原则包括管理理论与管理实践相结合原则，定性分析与定量分析相结合原则，不断更新管理方法和管理手段原则。

（四）动态管理原理

动态管理是由计划、组织、控制等一系列活动构成的动态过程。管理的动态性不仅体现在管理的主体、管理的对象以及管理手段和管理方法上，组织的目标以至管理的目标也是处于动态变化之中的。动态管理原理要求管理者应不断更新管理观念，在处理管理问题时避免僵化的管理思想和方法，应根据管理环境的变化，随机应变。动态管理原理的管理原则包括随机制宜原则和弹性原则。

二、经济管理的方法

（一）经济方法

经济方法是指依靠经济组织，运用经济手段，按照客观经济规律的要求来组织和管理经济活动的一种方法。正确理解经济方法的含义，需要把握以下要点：经济方法的前提是按客观经济规律办事；经济方法的实质和核心是贯彻物质利益原则；经济方法的基础是搞好经济核算；经济方法的具体运用，主要依靠各种经济杠杆；运用经济方法，主要依靠经济组织。经济方法的特点是利益诱导性或引导性、平等性、有偿性、作用范围广有效性强。

经济方法的科学运用，在很大程度上也就是经济杠杆的科学运用。为了科学有效地运用各种经济杠杆，加强对经济活动的管理，要注意解决好以下几个重要问题：必须充分认识和认真研究各种经济杠杆的不同作用领域和具体调节目标。税收杠杆的调节触角可以深入到社会经济生活的各个方面，实现多种调节目标；信贷杠杆是在资金分配过程中发挥作用的，其调节目标从宏观上看可以促进社会总需求与总供给的平衡，从微观上看可以促进企业发展，减少资金占用，加速资金周转，提高生产经营活动的经济效益，等等。必须使各种经济杠杆有机地结合起来，配套运用。要注重科学地选择经济杠杆和掌握经济杠杆的运用时机与限度。

---

① 朱心语.新环境背景下对企业经济管理规范化的思考与研究 [J].经济研究导刊，2022（15）：10-12.

（二）法律方法

经济管理的法律方法，是指依靠国家政权的力量，通过经济立法和经济司法的形式来管理经济活动一种手段。

法律方法的特点：权威性、强制性、规范性、稳定性。

经济管理中使用法律方法的必要性，法律方法是国家管理和领导经济活动的重要工具，在经济管理中之所以要使用法律方法。从根本上说，是为了保证整个社会经济活动的内在统一，保证各种社会经济活动朝着同一方向、在统一的范围内进行，落实依法治国基本方略。具体讲：为了保护、巩固和发展以公有制为主体的多种经济成分的合法利益；为了保证国家经济建设方针政策的贯彻执行，保证社会经济发展计划的实现；为了推动科学技术的发展，保证科技成果的有效应用；为了推动和发展我国对外经济关系，加强国家间的经济技术合作；为了维护经济秩序，保证经济体制改革的顺利进行。

（三）行政方法

经济管理的行政方法，是指依靠行政组织，运用行政手段，按照行政方式来管理经济活动的一种方法。

行政方法的特点：强制性、直接性、无偿性、单一性、时效性。

行政方法的作用：科学的行政方法是动员广大劳动群众和经济组织完成统一任务的重要手段；科学的行政方法，有利于国家从宏观上控制国民经济的发展方向和发展过程；科学的行政方法，有助于完善社会主义市场体系。

行政方法的局限性：容易造成经济活动的动力不足；容易割断经济的内在联系；容易造成无偿调拨、无偿供应、无偿支付的现象。

行政方法的科学运用：深入调查研究，一切从实际出发，把行政方法建立在符合客观经济规律的基础之上；要严格规定各级组织和领导人的职责和权力范围，正确处理各级组织的关系；要精简机构，建立健全行政工作责任制，提高办事效率；要依靠群众，发扬民主，一切从人民群众的利益出发。

第三节　经济管理的目标与原则

一、经济管理的目标

（一）经济管理目标的含义

目标是人们预期活动的方向和要达到的结果，它是一个组织在其未来一定时期内要实现的目的。所谓经济管理目标，就是指在一定时期内经济管理活动所要达到的预期成果和目的。它是整个经济活动的基本出发点和归宿。

经济活动是人类有意识有目的的活动。人类的生存和发展，取决于生产劳动，而人类劳动与动物本能的根本区别之一，就是在劳动过程开始时，人们已有了明确的目标或目的，劳动过程中的一切活动都是为了实现这个目标，达到这个目标。正像马克思指出的："劳动过程结束时得到的结果，在这个过程开始时就已经在劳动者的表象中存在着，即已经观念地存在着。他不仅使自然物发生形式变化，同时他还在自然物中实现自己的目的，这个目的是他所知道的，是作为规律决定着他的活动的方式和方法的，他必须使他的意志服从这个目的。"马克思在这里说的"结果""目的"就是指目标。

经济管理是适应共同劳动的需要所进行的计划、组织、调节和监督等一系列活动。人们的共同劳动都有一个统一的共同劳动的目标，共同劳动目标必须通过管理才能实现。可见共同劳动目标也就是管理目标。因此，经济管理目标既是一切管理活动的出发点，又是一切管理活动所指向的终点。它确定得正确与否，直接关系到整个经济管理活动的效率和成败。

（二）经济管理目标的作用

经济管理目标在经济活动中的地位决定了它在经济管理活动中具有非常重要的作用，主要表现在以下几个方面。

1. 经济管理目标决定着经济活动的方向和性质

经济管理目标是经济管理活动的出发点和落脚点，贯穿于经济管理活动的始终，规定着管理活动的基本任务和行动纲领。经济管理活动中，各种物质要素运行的时间节拍和数量比例，是按照经济管理目标的要求确定的；管理过程的各个阶段，又需要适时地以目标为依据调整和修正偏差，以保证管理目标的最终实现。所以，经济管理目标决定着经济管理活动各阶段乃至全过程的方向和性质。

2. 经济管理目标决定着经济管理成效的大小

经济管理活动要尽量避免无效的结果，因为无效的结果是对人力资源和物质资源的极大浪费。而要提高管理的有效性，管理活动就要以管理目标为依据，明确目标的具体要求，合理地配置资源，以获取最佳的经济效果。因此，只有在正确目标的指引下，各种资源的使用才会获得最佳效果，而且管理工作的效率越高，则经济活动的有效结果越大。

3. 经济管理目标是统一人们意志与行动的纲领，是鼓舞、动员和调动群众积极性的动力

科学的经济管理目标，反映了客观规律的要求和人们的意志与利益，在人们面前展示出了美好的远景，为大家指明了奋斗的方向。这就成为鼓舞群众、动员群众、组织群众、调动各方面积极性的一种动力，起到统一意志和行动的作用，使大家为实现共同目标而同心协力，尽职尽责，各自作出应有的贡献。

4. 经济管理目标是考核管理效率、水平和成果的标准

由于经济管理目标贯穿于经济管理活动的始终，是一切管理活动的依据，因此，管理的效率高低与成果大小，就表现在实现经济管理目标的程度上。考核这一程度的标准就是经济管理目标，以经济管理目标实现率的大小来衡量。计算公式是：

$$经济管理目标实现率 = \frac{经济管理目标的实现值}{经济管理目标值} \times 100\%$$

5. 经济管理目标是保证经济活动有序进行的必要条件

在经济活动中，各部门、岗位和个人之间，往往因为不了解对方的工作任务和目标而出现相互冲突和矛盾，不能很好地配合和协作。为了维护组织系统的稳定，使经济活动顺利有序地进行下去，减少相互冲突和摩擦，组织成员就需要了解其他人的工作任务和目标，以便在经济活动中自觉做到相互配合与协调，保证目标的最终实现。

（三）经济管理目标的特点

经济管理目标具有综合性、可分性、权威性和阶段性的特点。

1. 综合性

经济管理目标的综合性特点是指经济管理目标是多方面经济活动内在规律的综合反映。经济活动是一个综合性的复杂系统，体现这种复杂过程的发展目标，应该全面考虑和综合反映所有作用于经济发展的各种客观规律的共同要求；应该全面考虑和综合反映经济活动各个层次、各个要素的共同愿望；也应该全面考虑和综合反映本地区、本部门、本单位的各种需要与可能。把这些各方面的要求、愿望、需要与可能集中反映在一个共同的目标之中，就使经济管理目标具有了高度的综合性特征。

2. 可分性

经济管理目标可分解为从属于这一目标的多方面、多层次的具体目标。这些多方面、多层次的具体目标，是综合目标的有机组成部分，它们之间相互联系、相互依存，共同构成经济管理目标体系。可分性和综合性是相对应的，综合目标由具体目标组成，是具体目标有机联系的综合反映；而具体目标又是相对独立的，可以具体反映综合目标的某一方面要求。一般地讲，越是高层次的目标越带有综合性，分解的具体目标越多；越是低层次的目标越具体、明确，分解的具体目标越少。高层次目标为低层次目标指明方向，低层次目标从属于高层次目标，是达成高层次目标的手段。

3. 权威性

经济管理目标是经济活动内在规律的反映，一经确定，必须付诸实施，并要求相对稳定，不能朝令夕改和出现背离目标的行为；经济管理主体必须根据管理目标的要求制订具体计划并组织实施，在实施过程中，有关各方都要严格按照目标要求密切配合，协调一致，以保证目标的圆满实现。

4. 阶段性

经济管理主体在坚持总体战略目标的前提下，可以根据不同时期的政治经济任务和客观条件制定出不同阶段的管理目标。这是因为经济发展的过程，既是一个复杂的过程，又是一个长期的过程，不同的历史时期，由于物质资源、劳动资源、经济现状和潜力、技术水平以及国内国际市场环境等条件的发展变化不同，经济发展的具体任务和要求也就不同。这就决定了经济管理目标具有阶段性的特点。

（四）经济管理目标的分类

由于经济管理目标具有综合性、可分性和阶段性等特点，决定了可以从内容上、层次上和时间上进行分类，组成一个目标体系。

1. 从内容上划分

按管理目标的内容不同，可分为经济发展目标、科学技术发展目标、社会发展目标、完善管理机制目标等。

2. 从层次上划分

按管理目标的层次不同，可分为国民经济发展目标，部门和地区经济发展目标，企业生产经营活动目标等。

3. 从时间上划分

按管理目标的时间长短不同，可分为长期目标、中期目标和短期目标。长期目标，一般是指 10 年以上的目标；中期目标，一般是指 5 年左右的目标；短期目标，则是指 1 年以内的经济发展具体实施目标。

按目标的重要程度不同，可分为战略性目标和战术性目标。战略目标反映经济发展长远和全局性的要求，对经济发展具有决定性的意义，战术目标是根据战略目标的要求制定的，是执行和实现战略目标的具体目标。一般来说，战略性的目标都是长期目标，中期目标是战略目标与战术目标的结合，短期目标以具体实施目标为主。

二、经济管理的原则

（一）系统整体原则

所谓系统整体原则，就是指运用系统整体性的理论和方法从事经济管理活动，既从整体出发，又以整体为归宿，既把系统看成是由各个要素组成的有机整体，又通过组成整体的各要素之间的联系，去揭示整体的发展规律，从而采取有效的管理方式、方法，以实现系统的整体目标。

系统整体原则是现代经济管理中的一项重要原则，这个原则要求管理者必须运用系统整体观点去处理管理中遇到的一切问题。从确定系统目标，选择决策方案，到管理过程的协调与控制，都必须从经济系统的整体出发，从共同的目标出发，分析研究系统中各组成要素的地位和作用，以及各要素的行为对系统产生的影响，以便做出正确的决策，以实现系统的目标。同时，还要求管理者树立动态的观念和环境的观念，善于进行动态分析，注意系统对外界环境的适应性，采取相应的措施，增强系统的适应能力，保证经济活动的顺利进行。

（二）整体优化原则

所谓优化原则，就是指管理中采用的一切措施和方法，都要以获取系统整体功效最优为准则，从而达到获得最佳经济效益的目的。

贯彻优化原则，应切实注意以下几点。

第一，所谓"最优"总是相对于一定的条件而言，离开了客观条件的许可而盲目追求"最优"，势必是欲速而不达。因此，一定要在客观条件许可的前提下，选择通过努力能够达到的、切实可行的最优目标和最优方案，以达到相比较而言的最优效果。

第二，正确处理局部优化和全局优化的关系。经济管理追求的是整体优化而不是局部优化，即经济系统整体效益的"最优"而不是某个局部经济效益的"最优"。因此，局部功能的发挥要有利于整体功能的发挥，局部效益的提高要服从整体效益的提高。

第三，要按优化的程序办事。首先要深入调查研究，根据实际需要和可能，提出需要优化的问题；其次是收集一切必要的资料，进行系统的归纳整理和分析研究；再次是提出可供选择的多种方案，进行技术经济比较；最后是综合评价，选择可行的最优方案，并在实践中进行跟踪检查与控制。

（三）以人为本原则

以人为本原则，就是管理中要坚持以人为根本的思想，即管理活动一切从人出发，以人为根本，旨在调动人的主动性、创造性、积极性。人是管理系统中最活跃的因素。现代管理科学的核心内容是对人的研究。一切管理活动首先是对人的管理，管理的实践表明，凡是人的潜能得以充分发挥的组织，其管理效益必定是好的。人的能动性是人所特有的本性，这种能动性能否充分发挥，在于人是否和社会环境与管理环境相适应。因此，如何创造一个良好的社会环境和管理环境，以最大限度地发挥人的能动性，是管理的首要任务。

管理的以人为本原则有如下含义。

1. 管理过程的起点和终点必须是人

即必须以满足人的物质需要和精神需要，实现人的全面发展及人的才能的全面发挥，作为管理活动的出发点和终极目标。

2. 管理手段和管理措施的选用首先考虑的应该是人

因为人是首要的管理客体，各项管理措施和管理手段，首先作用于被管理的人，再通过被管理的人发挥能动作用，协调和运用好物的要素。

3. 人不仅是首要的管理客体，也是管理的主体

因此，管理主体自身素质的提高，同样是一项重要的管理目标。

4. 以人为本原则中的"人"，不单指个人，而且也指由单个人组成的群体或组织

管理中贯彻以人为本原则，要注意做好如下工作。

第一，注意研究人的行为，而人的行为又是由动机决定的，动机又是需要引起的。因此，管理者首先要了解和研究职工的需要，尽力满足职工正当的合理的物质和精神方面的需要，并随着职工需求层次的提高，不断地给以满足。

第二，要采取各种方式和手段，激励职工的动机，引发出积极的行为，为职工能动性的发挥不断增加新的动力。

第三，注意把目标、责任、权力、绩效、利益五个因素结为一体，形成不可分割的有机统一体。即把目标转化为个人的责任，具体落实到每个人身上，然后根据所承担的责任大小给予相应权力，同时要科学地考核完成责任的状况即绩效如何，并根据绩效大小获得相应的经济利益和精神奖励。正确处理上述五要素之间的关系，是对人实行有效管理的关键所在。

第四，尊重人、信任人、了解人，从根本上确立人民群众的主人翁地位，提高广大职工参与经济管理的广度和深度，这不仅是经济管理本身的需要，更是体现人民群众当家作主的社会地位和从根本上调动积极性的需要。

（四）最佳经济效益原则

注重经济效益，是各项工作的一条十分重要的方针，也是经济管理的直接目的。我们讲最佳经济效益，是指在合理利用各种资源以及保护生态环境的条件下，一切经济活动都必须以尽量少的劳动消耗，生产出更多的符合社会需要的产品。我们生产的产品必须符合社会的需要，否则，生产得越多，浪费就越大。我们考虑一切经济问题，都必须把根本点放在提高经济效益上。

要实现经济效益的大幅度提高，除了正确处理经济发展速度、国民经济比例和经济效益的关系，坚持速度、比例和效益三者的统一以外，最根本的是要把科学技术进步和加强管理放在突出位置。现代科学技术和现代管理是提高经济效益的决定性因素。它从根本上决定我国现代化建设的进程，是关系国家富强、民族振兴的大事。因此，我们要把技术改造作为提高经济效益的主要手段，把加强宏观管理和企业管理作为提高经济效益的重要途径，扎扎实实地工作，逐步从根本上扭转经济效益差的状况，不断提高经济增长的质量。

第四节　经济管理的环境与战略

一、经济管理的环境

（一）经济管理环境的含义

目前，人们对于经济管理环境的定义并没有十分精准的阐述，只有借用一定的描述来展现其内涵，当经济活动组织是生物有机体，那么经济管理环境就是有机体生存和发展必要的土壤；当经济活动组织是演员，那么经济管理环境就是演员表演节目的舞台。由此可知，经济管理环境其实就是经济活动组织开展生产、经营等相关活动的空间，在这个空间范围内，一切能影响经济活动组织开展对应活动的因素都属于经济管理环境，换言之，经济管理环境就是这个空间内所有影响因素的集合。

（二）经济管理环境的构成

由上文可知，经济管理环境是多种因素的集合，本身成分十分复杂，现

从多个角度分析其组成:

（1）从环境范围来看，经济管理环境包含两部分，国际环境和国内环境;

（2）从环境影响因素来看，经济管理环境包含经济因素、政治因素、社会因素、法律因素以及文化、信息、人口、科技、自然资源等环境因素;

（3）从经济活动组织的可控性或拥有性来看，经济管理环境包含经济活动组织的外部环境以及内部环境。根据外部环境能否直接作用于经济活动组织将外部环境分为直接环境、间接环境;

（4）根据经济活动组织与社会关系将外部环境分为社会团体、政府管理部门、主管机关、供应者、消费者、投资者等;

（5）经济活动组织内部环境根据不同因素发挥作用的性质可分为信息要素、技术要素、知识要素、人力要素、财产要素等。

以拥有性划分为主来探讨经济管理环境，可参见图 3-1 经济管理环境构成图。

图 3-1 经济管理环境图

（三）环境管理要处理好几个问题

1. 明确环境管理的目的

经济活动组织的发展能够带来满足内外各方面需求的结果，不论是满足经济组织长期的利润最大化的需要，还是维护经济活动组织作为社会组织的性质，或者是满足个人自我价值实现的需要，都可以通过经济活动组织的成长和发展得以实现。而在市场经济条件下，发展的机会与风险总是伴随在一起的，机会与风险并存，这是市场经营中经济活动组织命运的真实写照，所以在追求经济活动组织发展的同时也就意味着必须降低风险，这是环境管理的必然，也是环境管理的难点所在。由此决定了在保障经济活动组织安全条件下尽可能实现经济活动组织发展就是环境管理的基本目的。

2. 保持经济管理环境的动态平衡性

不论是经济组织的外部环境还是内部环境，其所包含的所有内容都不是静止的，而是相互联系、相互制约、不断发展变化的，即处于动态之中。经济活动组织要生存和发展必须适应外部环境的变化，能够经常使内部环境保持适合于外部环境的状态的经济活动组织系统是理想的系统，不能适应外部环境变化的经济活动组织的内部系统是没有生命力的。要做到这一点，必须分析经济活动组织内外环境与经济活动组织经营目标及决策的关系。经济活动组织要正确进行决策，就必须在确定目标和任务时，充分考虑和分析经济活动组织的外部和内部环境，并让两者很好地结合起来。经济活动组织经营目标和经济活动组织外部环境、内部环境的关系实质上是取得三者之间动态平衡的关系。具体地说，经常变动的、首先变动的、最活跃的是外部环境的各因素，随着系统外部环境的变化，就会带来整个系统的不平衡，这时，经济活动组织需要调整内部环境去适应外部环境的变化。如果调整后仍解决不了问题，就要调整经营目标了。所以，这里的关键是要处理好外部环境和内部环境的关系。这两者的关系可归纳为两点：一是内部服从外部，即经济活动组织内部环境适应不断变化发展的外部环境，而不是让外部环境服从内部环境。二是在外部环境的"空隙"中求发展。对于外部环境，经济活动组织一般是无能为力的，经济活动组织应积极利用外部条件对经济活动组织有利之处，以保证经济活动组织经营活动的顺利进行。

3. 处理好经济活动组织与销售市场的关系

经济活动组织与销售市场的关系侧重于经济活动组织的输出，主要涉及经济活动组织向市场提供商品和劳务方面的问题。如经济活动组织向顾客提供何种商品和劳务，业务经营的范围和种类、深度以及经济活动组织如何取得竞争优势，确定市场位置，扩大市场占有率等方面的问题，这些问题都涉及经济活动组织要处理好与销售市场的关系，在复杂多变的经济管理环境中进行预测和决策，确定经营战略等等方面的问题。要树立为顾客服务的思想，以满足社会需要为出发点，把握时机，扬长避短，量力而行，实行差别化经营，增强生产经营的柔性，不断向市场提供能够满足消费者需要的产品和服务，确保交换实现。

4.善于寻找市场空隙

所谓市场空隙是指没有被满足的顾客需求。寻找市场空隙则是向未开发的和未得到充分重视的局部的市场或只有少数经济活动组织进入的市场发展。第一个进入市场或者成为市场中少数经济活动组织中的一个，至少在初期阶段，可以做到垄断市场或者接近于垄断状态。从这种意义上讲，寻找市场空隙，也就是创造某种垄断要素而获得利润。市场空隙按常识考虑是不存在的东西，或者是不值一提的东西，这就要求打破旧的市场思维模式，不循规蹈矩。实际上，对于市场空隙也许许多人都会注意到，但真正敢于打破旧的市场秩序，建立新市场秩序的人却很少，这就要求经济活动组织善于搜集市场信息，注意搜集那些能够产生新需求的技术信息，随时掌握市场消费动态，及时发现顾客的新需求，善于发现竞争对手不能发现的需求，用创新的思想破除旧的市场秩序，从空隙中创造市场，以满足过去没有满足的市场需求。寻找市场空隙，不应该只瞄准大空间，小空间同样可以孕育成为大市场。

二、经济管理的战略

（一）经济管理战略的含义

经济管理战略就是经济活动组织为实现经济管理目标，顺应环境变化，谋求长期生存和发展，以正确的思想为指导，对涉及经济活动组织发展中带有全局性、长远性和根本性的经营方向、重大经营方针、策略和实施步骤等作出长远的、系统的和全局的谋划。经济管理战略是由各种各样的战略构成的，由于各个经济活动组织的外部环境、内部环境、经营实力、生产经营特点等各不相同，不可能有一个适用于每个经济活动组织的经济管理战略方案。为了研究经济管理战略的规律性，便于经济活动组织结合自身的具体情况选择确定经济管理战略，一般将经济管理战略按其应用领域分为总体战略和分战略。

（二）经济管理总体战略

经济管理总体战略在经济管理战略体系中居于指导地位，它决定着经济活动组织的兴衰存亡，是每个经济管理者必须首先考虑的问题。经济管理总体战略是经济活动组织最高决策层在审视组织外部环境的历史变化及其现状，并运用科学的技术和方法对其未来变化发展的趋势作出正确的认识和把握后，依据其内部资源条件，对经济活动组织今后较长时期里经营战略作出的科学规划与设计，即从总体上制定的经济活动组织生存与发展战略。经济管理总体战略具有多样性和选择性。

1. 扩张战略

扩张战略就是在经济活动组织已经达到的现有水平基础上，向更高一级的目标发展的战略。这一战略的核心是通过扩张来达到经济活动组织发展和壮大的目的，其成功的关键是不断创新，积极进取。一般适用于拥有有利发展的环境，在产品、技术、市场占有很大优势的经济活动组织，特别是拥有名牌产品或社会声誉较高的经济活动组织，应优先采用这种战略。扩张战略主要包括依靠自身力量积极扩大经营规模，或在原有经济活动组织范围内增加生产能力与产品供应量、投资新的事业领域，或是通过竞争推动经济活动组织之间的联合与兼并，以促进经济活动组织不断发展。具体可以根据不同需要，实施单一产品发展战略、纵向一体化发展战略、横向一体化发展战略、同心多样化的发展战略、复合多样化发展战略或进行多种战略的合理组合。

2. 维持战略

维持战略是经济活动组织现在所处的环境较好，在一定时期内对产品、技术、市场等方面采取维持现状的一种战略。这一战略的核心是在维持现状的基础上，提高经济活动组织现有生产条件下的经济效益。经济活动组织采用这一战略，当然不是永远维持现状，不思进取，而是在一段维持现状的时期内，积极培育资源优势、积蓄力量、创造发展条件，一旦客观环境条件发生实质性变化，机遇降临，则可以迅速把握，上一个新台阶。因此，选择维持战略时必须注意组织的稳定、人员的稳定、产品的稳定和技术的稳定。这种战略一般适用于下列情况：

（1）经济管理外部环境相对稳定，既无大的威胁，也没有过多的机会；

（2）经济活动组织经营状况良好，产品在较长时期里仍然具有明显优势；

（3）市场地位稳固的大型经济活动组织，由于大规模经济而投入了大量资金，为了避免风险，倾向于不求短期扩张，而是注意调整内部资源组合，以提高效率与效益；

（4）经济活动组织最高层经理人员经营思想以稳健为主，当经济活动组织暂不能具有突出优势，也没有明显不利因素时，则以保持经济活动组织稳定经营为目标。

3. 防御战略

它是经济活动组织在一定时期内对产品技术、市场等方面采取以守为攻的一种战略。这种战略的核心是以其恰当的防卫，使新经济活动组织很难进入市场，使挑战者难有立足之地。这种战略一般适用于外部环境和内部环境暂时处于劣势，经营严重滑坡，一时难以改变，选择缩小经营规模，或退出某一个或几个事业领域，放弃一些产品的生产经营，以腾出厂房、设备、人员、资金等资源投向更有前途的事业。

4. 市场挑战者战略

这种战略是那些挑战者向市场领袖者发动攻势的战略，所以被称作市场挑战者策略。这些挑战者大多是在本行业产品的销售额中处于前几名的大公司。实施市场挑战者战略要首先确定战略目标和竞争对手，在进攻中运用"密集原则"，集中优势兵力在关键的时刻和地点，向领袖经济活动组织发动攻势。在进攻中可根据市场情况选择正面进攻、侧翼进攻、包围进攻、迂回进攻、游击进攻等策略中的一种或几种策略的组合，在营销中实施价格折扣策略、廉价品策略、名牌产品策略、产品扩散策略、产品创新策略、降低制造成本策略、改善服务策略、分销渠道创新策略、密集广告促销策略等来达到目的。

5. 经济管理分战略

经济管理分战略是指经济活动组织内部各部门、各单位以及针对某一方面或某一经营领域，在经济管理总体战略的指导下所制定的战略。它与经济管理总体战略之间的关系是一种主从关系。不同的经济活动组织由于其行业性质、经营规模、生产特点等不同，需要制定的分战略的种类也各不相同。一般来说，经济管理分战略主要有以下几种。

（1）市场战略

在市场经济条件下，市场是经济活动组织赖以生存的基本条件，经济活动组织失去了市场就失去了生存的空间，因此市场战略就是研究如何占领市场和利用市场的策略，包括目标市场战略、市场渗透战略、市场开拓战略、新产品市场战略、混合市场战略和市场营销组合战略等。

（2）产品战略

产品的生产经营是经济活动组织最基本的活动。经济活动组织的产品战略主要研究如何根据市场的需要，开发生产适销对路的产品。可采用新产品开发战略、老产品调整战略、产品线战略和产品组合战略等，它与市场战略紧密相连。

（3）技术战略

在科学技术飞速发展的今天，经济活动组织技术落后，最终将被淘汰。经济活动组织的技术战略就是要研究确定经济活动组织技术进步的目标及其实现的途径和方式等问题。

（4）人才战略

经济活动组织之间的竞争，归根结底是人才的竞争，建立一支高素质的员工队伍，是经济活动组织在激烈竞争中立于不败之地的根本。经济活动组织的人才战略就是要研究如何发现人才、培养人才、使用人才，提高员工队伍素质的问题。

（5）价格战略

价格竞争是市场竞争的重要方面。如何合理确定定价目标，制定出具有较强竞争力的价格，是经济活动组织价格战略要研究解决的问题。常用的价格战略有：高价策略、低价策略、均衡价策略和最优价策略等。

（6）财务战略

经济活动组织的一切生产经营活动都与财务活动紧密相连。经济活动组织的财务战略，主要是研究、解决如何最合理地筹集经济活动组织生产经营所需资金，如何最合理地分配和最有效地使用有限的资金等问题，以保证经济活动组织生产经营的正常进行。

（7）竞争战略

竞争战略就是指经济活动组织在特定的产品与市场范围内，为了取得差别优势，维持和扩大市场占有率所采取的战略。

（8）生产战略

生产战略是对生产资源转换成产品和服务的转换过程所提出的战略要求。例如，最低成本／高交货能力战略、最高品质／高适应性战略，或在这两个端点之间选择适当的组合，进而确定经济活动组织的资源需求，使产品和服务的转换过程能满足经营的需要。有必要强调的是：生产战略的目标不是提供具体的产品和服务，而是提供一套满足顾客需求的能力和支持竞争优势的能力。

（9）销售战略

销售战略用于确定经济活动组织应投入竞争的市场，或者说，确定其应从事的经营领域，并根据该类市场或经营领域的顾客需求，确定其产品和服务的特征，以及新产品引入市场的时机和范围的战略。

（10）成长战略

成长战略就是指经济活动组织为适应外部环境的变化，有效地利用资源，研究以成长为目标的经济活动组织如何选择成长基点、成长指向等成长机会，并保证实现机会所采取的战略。

第四章　现当代企业管理中的"经济学"——供需

第一节　供给理论

一、供给和供给量

供给指的是企业在一定时间内，在每一价格水平上愿意提供且能提供的商品数量，它是供给能力和供给欲望的有机结合。所谓供给能力不单单包含这段时间内生产的商品，也包含存货商品。这里需要注意，供给和供给量的定义并不相同，它的本质是体现商品价格和企业供给量之间一一对应的关系。

供给可分为市场供给和个别供给。市场供给指的是所有企业向市场供给商品的总数，换言之就是每个企业在对应价格基础上供给商品的总数。个别供给指的是某个企业供给某种商品的数量。

二、影响供给的因素

影响供给的因素主要有下列几种。

（一）商品本身的价格

企业的终极目标是获得收益，所作的一切活动都是保证自身收益最大化。当企业的某个商品价格突然升高，其余条件并未发生变化，企业会自动将大部分生产资源用于生产这种商品，这个商品的供给量自然增加，其他商品的供给量自然会大大减少；当其他商品价格提升，企业也会同样倾斜生产资源，这个商品的供给量只能减少。由此可知，当其他影响供给因素不发生变化，商品的供给量和产品价格有正向变动关系，后来人们发现这种是普遍存在的，遂命名为供给定理。

（二）生产要素的价格

生产要素是企业生产成本的关键组成部分。根据传统生产要素概念可将企业的生产要素分为 4 大类，即企业家才能、资本、土地、劳动力。当生产要素的价格升高，企业生产成本也会升高，假设企业的产品售价不变，企业的收益会大大减少，企业会减少生产量，供给会减少；反之，供给会增加。

（三）生产技术的变动

当用于生产的资源量一定时，采用先进的生产技术能提升资源的利用率，产品量会增加，供给自然增加。

（四）企业的目标

经济学中通常将企业的目标设定为追求最大化收益，换言之就是收益的多少决定企业的供给。当企业的目标发生变化，如转换成最大产量，或最大销售额或者其他具有社会意义或政治意义的责任时，供给也会发生巨大变化。

（五）企业对未来的预期

当企业对未来看好时，自然会增加供给；当企业对未来看衰，自然会降低供给。还有另外一种可能，就是企业对未来看好，并确定某种商品的价格会上升，适当的囤积此类商品，这就是导致短时间内这种商品的供给会下降，但从长远来看，供给量还是增加的。

（六）政府的政策

企业的供给也会受到政府政策的影响。当政府制定降低利率、减税等利于生产、鼓励投资的政策时，企业自然会加大生产，供给增加；当政府制定提高利率、增税等不利于生产和投资的政策时，企业自然会控制生产，供给减少。

此外，企业供给变化同样会受到政治制度、社会条件、自然条件等因素的影响。

三、供给函数

如果把影响供给的各种因素作为自变量，把供给作为因变量 Q，则可以用函数关系来表达影响供给的因素与供给之间的关系，这种函数便称为供给函数。记为：

$$Q_s = f\left(P_x, P_y, P_j, E, \cdots\right) \qquad （4-1）$$

式中：

Q_s——某种商品的供给；

P_x——该商品的价格；

P_y——相关商品的价格；

P_j——生产要素的价格；

E——企业对未来的预期，等等。

同需求一样，价格也是决定一种商品供给的最基本的因素。我们假定其他条件不变，只研究某种商品的供给与其价格之间的关系，则基本供给函数可记作：

$$Q_s = f(P) \qquad （4-2）$$

四、供给表和供给曲线

基本供给函数是通过函数关系反映出一种商品的供给量和价格之间的一一对应的关系，供给表则是通过表格的方式直接反映供给随着价格的变化而变化的情况，因而供给表是描述在每一个可能的价格下商品供给量的列表。供给表直观地表明了价格和供给量之间的组合关系。

假定面包市场中只有 A，B，C，D，E 5 个企业，不考虑其他因素，面包的供给表如表 4-1 所示。

表 4-1　面包的供给表

价格	供给量					
	个别企业供给					市场供给
	企业 A	企业 B	企业 C	企业 D	企业 E	
100	10 000	20 000	20 000	10 000	30 000	90 000

价格	供给量					
	个别企业供给					市场供给
	企业 A	企业 B	企业 C	企业 D	企业 E	
5	5 000	3 000	1 000	5 000	2 000	16 000
2	3 000	1 000	3 000	2 000	1 000	10 000
0.1	0	0	0	0	0	0

表 4-1 是既包括个别供给又包括市场供给的供给表，但其实供给表也可以简化，如表 4-2 所示。

表 4-2　供给表

价格 /（美元 / 千克）	供给量 / 吨
5	100.0
4	80.0
3	60.0
2	40.0
1	20.0

用图示的方法把上述供给表表现出来，即得到该商品的供给曲线 S，如图 4-1 所示。

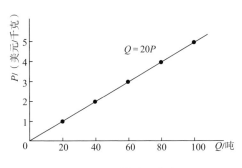

图 4-1　线性供给曲线

上述供给表和供给曲线只是我们假设出来的，在实际中，当价格很低已接近成本时，企业就会停止该商品的供给，这时供给量为 0，所以一般来说，供给曲线都与纵轴相交于一个最低价格。供给曲线也不可能无限向右上方延伸，因为社会的购买力有限，企业的生产资源有限，不可能出现无限供给的情况。

供给曲线的形状通常是向右上方倾斜的，表明价格与供给量同方向变动。价格和供给量之间可以是线性关系，也可以是非线性关系。当二者之间存在线性关系时，供给曲线是一条向右上方倾斜的直线，直线上任意一点的斜率都相等，图 4-1 的供给曲线便是如此。而当二者之间存在非线性关系时，供给曲线是一条向右上方倾斜的曲线，曲线上各点的斜率是不同的，图 4-2 就是一般意义上的供给曲线。

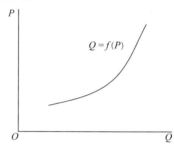

图 4-2　一般意义的供给曲线

用解析式反映价格和供给量之间的关系形成供给函数，通过表格的方式反映二者关系形成供给表，通过图形的方法描述二者关系形成供给曲线。其实这是一个问题的三种表述，它们之间并没有本质上的区别。

同样，供给曲线也存在特例。

（一）某种无法再生产的商品

当某种商品无法再生产或增加时，价格再高，供给量也不会发生变化，如古代名家字画、珍贵古玩、文物以及国家土地等。以世界名画《向日葵》为例，这是文森特·梵高先生创作的一幅画作，但文森特·梵高先生已经去世，世界上有且仅有一幅真品，无论价格如何变化，供给量都不会发生变化。

（二）成本下降大于价格下降的商品

随着社会的发展，时代的进步，先进技术不断出现和应用，生产力不断提高，传统只能依靠手工生产的商品在今天已经能够大批量生产，有些商品虽然价格在降低，但由于大规模生产的成本下降的更多，仍可获得大量收益，商品供给量自然会大大提升。最典型的代表就是手机、电脑等消费类电子产品。

（三）劳动的供给

根据西方经济学的相关理论，劳动也可以视为一种商品，它的价格可用工资率表示。当工资率相对较低时，劳动的供给同样符合供给定理，工资率逐渐上升，劳动者认为劳动收益远超闲暇收益，自然会花费更多闲暇时间来劳动；当工资率涨到某个程度时，劳动者认为闲暇时间更为珍贵，不值得花费时间来劳动，再继续增加工资率，劳动者也不愿再继续占用闲暇时间，劳动的供给曲线会向后弯曲，即工资率提高但劳动的供给会减少（或不变）。

上述三种情况的供给曲线如图 4-3 所示。

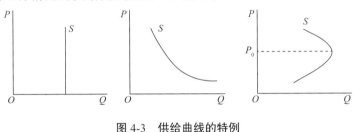

图 4-3　供给曲线的特例

五、供给量的变动与供给的变动

与需求量的变动和需求的变动一样，供给量的变动与供给的变动也是两个不同的概念。

供给量的变动是指在其他条件不变的情况下，商品本身价格变化所引起的供给量的变化。供给量的变动在图形上表现为在一条既定的供给曲线上点的位置的移动（点移动）。在图 4-4 中，对于供给曲线 S_1，价格由 P_1 下降到 P_2，导致供给量由 Q_{11} 减少到 Q_{12}，即在 S_1 上由 A 点移动到 B 点；反之，价格由 P_2 上升到 P_1，供给量由 Q_{12} 增加到 Q_{11}，即在 S_1 上由 B 点移动到 A 点。

所谓供给的变动，是指当商品本身价格既定时，由于其他因素的变化所引起的供给的变化。供给的变动在图形上表现为整条供给曲线的移动（线移动）。在图 4-4 中，供给曲线从 S_1 向右移动到 S_2，这时候在同样的价格 P_1 下，供给量从 Q_{11} 增加到 Q_{21}；反之，供给曲线从 S_1 向左移动到 S_3，这时候在同样的价格 P_1 下，供给量从 Q_{11} 减少到 Q_{31}。

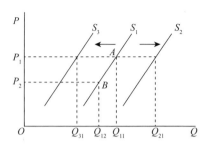

图 4-4　供给量的变动与供给的变动

可见，在同一条供给曲线上，点向上方移动是供给量增加，点向下移动是给量减少；供给曲线向左方移动是供给减少，供给曲线向右方移动是供给增加。

第二节　需求理论

一、需求和需求量

需求指的是消费者在一定时期内，在每一价格水平上愿意购买且能购买的商品量。

需求是消费者购买欲望和支付能力的有机结合，二者缺一不可。如果消费者只有购买欲望，并不属于需求，这只是消费者在生出不足之感后产生的求足之愿，是一种心理需要和购买动机，想要成为真正的需求，消费者一定要具备一定的货币支付能力。如果消费者具备一定的支付能力，却没有购买的欲望，也不能成为需求。对于需求进行预测时，必须同时思考需求的两个条件，否则预测可能不准，甚至是错误的。

需求和需求量的概念并不相同，两者有一定的关系。需求体现的是价格和对应需求量直接的关系，它并不是单一的数量，而总是表现为一个表。

需求量指的是消费者在一定时期内，一定条件下需要购买的且能买得起的某种劳务或产品的数量[①]，它并不是消费者需要的产品数量，也不是消费者实际购买的产品数量。"一定时期"通常指一年；"一定条件"指的是在上述时间段内消费者的爱好、收入以及对应商品的价格等影响需求的因素不能改变；"需要购买的且能买得起"指的是消费者拥有购买商品的欲望且具备

---

① 刘彩霞．中小企业需求管理的竞争战略——品牌化 [J]．区域治理，2019（51）：211-214.

支付能力。消费者对于不同产品的需求量并不相同，消费者在不同时期对于同一产品的需求量也是不相同的，造成这种情况的影响因素很多。

二、影响需求的因素

市场上，消费者对于商品的需求会根据条件变化而变化，影响需求的因素主要有下列几种。

1. 商品本身的价格

商品的价格对需求的影响的最灵敏的、最直观的、最重要的，一般而言，商品需求量和商品价格的变化完全相反，即商品价格升高需求量降低，商品价格降低需求量升高，人们称之为需求定理。对于普通商品来讲，当影响需求的因素只有价格而没有其他因素时，需求定理是适用的，即商品需求量和价格成想法关系。对于有些特殊商品来讲，需求定理并不适用。

2. 相关商品的价格

两种商品的用途存在一定关联，这种商品被称为相关商品。相关商品包含互补品、替代品两种。

互补品指的是两种商品需要相互补充或搭配使用才能发挥效用。替代品指的是两种商品在某些方面的使用价值具有一定的相似性或者完全相同，两者可以相互替代，如茶叶和咖啡、牛肉和羊肉、包子和馒头等。通常情况下，两替代品之间的关系是正相关的，假设商品 x 和商品 y 互为替代品，现保持其他条件稳定不变，商品 y 的价格升高，消费者对 y 的需求自然会下降，但作为替代品的商品 x 需求会增加，因为消费者将对商品 y 的需求转移到商品 x 上；反之亦然。因此消费者对某种商品的需求和其替代品的价格变化有关，且变化方向相同。

3. 消费者的收入水平

通常情况下，消费者的需求和自身的收入变化是相同。当消费者的收入水平提高，消费者的支付能力提升，在购买欲望的支配下，购买数量相应增加，需求增加；反之，消费者的收入水平降低，支付能力下降，只能减少购买数量，需求降低。最显著的代表就是现在非常流行的"假日经济"，随着我国社会的不断发展，我国经济也在飞速发展，人们收入不断提高，当面临"春节""五一""十一"等重大节日时，人们都想出门旅游，对于旅游和相应服务的需求不断增加。这里需要注意，当前社会收入分配的等程度会对需求的影响不容忽视。

4. 消费者的偏好

消费者的收入属于客观因素，客观因素对商品的需求有影响，主观因素同样影响极大，消费者的偏好或爱好就属于主观因素。但消费者的偏好或爱好并非一成不变，会根据自身的习惯、时尚、品味以及商品风格和网络环境的变化产生相应的变化。如果保持其他影响因素不变，消费者对于某种商品更加喜好，这种商品在市场上的需求自然会增加；反之，当消费者讨厌某类商品，这类商品的市场需求会逐渐降低，甚至会直接消失。比如，20世纪90年代，我国国民认为皮装是潮流，一时间人们对皮装的热爱超出想象，需求大大增加，皮装销量自然一路飙升；如今国民的时尚观已经发生全方位的改变，对于皮装的喜爱程度降低，需求自然降低。又如，当前国际上的人喜爱喝咖啡，但我国国民却热衷于饮茶，我国对于咖啡的需求自然很少，对茶叶的需求就很大。此外，当消费者突然购买了一种新商品，对于其他消费者来说，这属于一种外部刺激，因为该商品增加了一个使用者，那些正在使用或将要使用的消费者会觉得这种商品突然变得更加抢手，自然会产生一种特殊的偏好。所以，当越来越多的人使用该商品时，会产生一定的蝴蝶效应，促使更多消费者购买此商品，该商品的需求自然会增加。消费者的喜好并非一成不变，企业要做的就是时刻关注并完全掌控这种变化，及时调整自己的产品或研发新产品，同时增加免费使用新产品的人数，对其余消费者进行一定的刺激和引诱，如此才能保证消费者对自己的产品保持高度的关注和需求。

传媒手段是提升消费者关注度、改变消费者偏好的利器，如广告能在很大程度上影响消费者的喜好和选择。通常情况下，企业投入广告的费用越多，消费者对于广告商品的需求就会越大，但这种方法只能在一定范围内起作用。刚开始，企业增加广告费用会促使人们购买广告商品，需求自然会增长，当到达某个程度时，企业再增加广告投入需求不仅不能增加，反而会逐渐降低，此时对企业来讲，加大投资往往得不偿失。

5. 人口的数量与结构

通常情况下，人口数量和需求的变化是同向的，即人口数量增长相应需求也会增加，人口数量降低对应需求也会降低。人口结构发生变化对需求结构的影响极大，从而影响某些商品的需求。比如，社会人口老龄化程度加深，老年人增加意味着年轻人的需求降低，即潮流服饰、碳酸饮料、娱乐休闲等需求降低，而养老服务、保健用品等需求会提高。

6.政府的经济政策

政府的经济政策对需求的影响的双向的，即政府制定紧缩性货币政策和财政政策时，相应的消费需求会降低；当政府制定消费信贷政策刺激消费时，对应的消费需求自然会提高。

7.消费者对未来的预期

消费者对未来的预期往往和需求的变化是同向的，因为消费者对商品价格和自身收入的预期对自己当前的选择影响很大。当消费者预测某种商品的价格会上升，自己的收入也会提高，购买需求一般会增加；反之，当消费者预测某种商品的价格会下跌，自己收入也可能降低，自然不会再有购买需求。比如，消费者预测未来房价会连年下跌，自然不会有购房需求，需求自然会降低；又如，消费者预测某些商品的价格会持续上升，就会在涨价之前大量采购，需求自然会快速升高。

上述影响因素只是最主要的，某些商品可能还会受到特殊因素的影响，如空调、啤酒、雨具等商品的需求还和季节有一定关系。详细分析影响需求的各种因素，不仅能帮助读者了解各种因素在现实生活中是如何影响需求的，还能让读者明白企业管理者对于需求的变化是如何判断和掌握的，如何做才能保证企业获得最大化收益。

三、需求函数

如果把影响需求的各种因素作为自变量，把需求作为因变量，则可以用函数关系来表示"影响需求的因素与需求之间的关系"，这种函数称为"需求函数"。数学表示式记为：

$$Q_d = f\left(P_x, P_y, Y, T, A, E, \cdots\right) \qquad (4\text{-}3)$$

式中：

Q_d——对某商品的需求；

P_x——该商品的价格；

P_y——其相关商品的价格；

Y——消费者的收入水平；

T——消费者的偏好；

A——广告费；

E——消费者对未来的预期。

需求函数是需求与影响需求的诸因素之间多维关系的数学描述。这些因素可归纳为价格因素和非价格因素两类。在这里，由于一种商品的价格是决定需求的最基本的因素，因此我们假定其他因素保持不变，只考虑商品本身的价格对该商品的需求量的影响，并以P代表价格，则基本需求函数为：

$$Q_d = f(P) \tag{4-4}$$

例如，某台灯生产厂，假设其台灯的需求函数是：

$$Q = 1800 - 20P + 0.6M - 50P_y \tag{4-5}$$

为了得出需求函数$Q_d = f(P)$，变量M和P_y，必须确定不变，即取定值。假设消费者的收入$M = 20\,000$元，相关商品的价格$P_y = 250$元，代入上式中，得到：$Q = 1800 - 20P + 0.6 \times 20\,000 - 50 \times 250 = 1300 - 20P$。这样，需求函数就表示为线性方程$Q = 1300 - 20P$。

四、需求表和需求曲线

基本需求函数描述了一种商品的需求量和价格之间的一一对应的关系，它是在保持除价格外的其他所有因素不变的条件下得出的。这种函数关系可以分别用商品的需求表和需求曲线来加以表示。

某商品的需求表是用表格形式列出需求量与价格之间的关系。以上述需求函数为例，台灯的需求表如表4-3所示。

表4-3 台灯的需求表

价格—数量组合	A	B	C	D	E	F	G
价格 /（元 / 台）	65	60	50	40	30	20	10
需求量 / 台	0	100	300	500	700	900	1100

从表 4-3 可以清楚地看到商品价格和需求量之间的函数关系。以表 4-3 中一一对应的价格和需求量数据为坐标画图，并且把这些点用直线连接起来，得到图 4-5。它就是与需求函数 $Q = 1300 - 20P$ 相对应的需求曲线。这条需求曲线完全满足关于需求函数的定义。

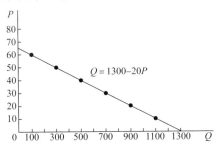

图 4-5　线性需求曲线

从图 4-5 可以看出，需求曲线是表示商品价格和需求量之间的函数关系的几何图形。曲线上的各点反映了台灯的价格与需求量之间的关系。例如，当价格为 40 元 / 台时，需求量为 500 台。

需求曲线向右下方倾斜，斜率为负。价格和需求量之间可以是线性关系，也可以是非线性关系。当二者之间存在线性关系时，需求曲线是一条向右下方倾斜的直线，直线上任意一点的斜率都相等，图 4-5 的需求曲线便是如此。而当二者之间存在非线性关系时，需求曲线是一条向右下方倾斜的曲线，曲线上各点的斜率是不同的，图 4-6 就是一般意义上的需求曲线。

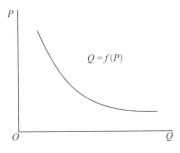

图 4-6　一般意义的需求曲线

需求曲线可以分为个人需求曲线和市场需求曲线。个人需求曲线表示单个消费者愿意购买某种产品的数量与其价格之间的关系。市场需求曲线表示市场上全体消费者愿意购买某种产品的总数与其价格之间的关系。市场需求曲线可由市场中众多个人需求曲线横向相加求得。如果市场中只有两个消费者，则个人需求曲线与市场需求曲线的关系如图 4-7 所示。

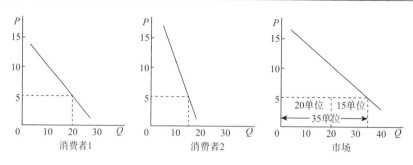

图 4-7　个人需求曲线与市场需求曲线

　　一般说来，需求曲线向右下方倾斜是替代效应和收入效应共同作用的结果。替代效应是指商品价格的变化使消费者在替代品中间的选择方向发生了变动，此时居民的实际收入并未发生变化。比如说，如果一种商品的价格上涨了，而其他商品的价格没变，实质就相当于其他商品的相对价格下降，消费者就会用其他商品来替代该商品，从而对这种商品的需求就减少了。收入效应是指价格变化导致消费者实际收入的变化，从而引起需求量的变化。当一种商品的价格下降时，引起消费者的实际收入水平提高，导致对该种商品的需求量的增加。

　　替代效应体现了一种商品价格变动对其他商品相对价格水平的影响，使价格上升的商品需求量减少，价格下降的商品需求量增加，即较高的价格挤走一些购买者，较低的价格带来新的购买者；收入效应体现了一种商品价格变动对实际收入水平的影响，使消费者价高时少买，价低时多买，即价格的高低意味着消费者实际收入水平的变化，因此也影响着需求量的变化。所以，需求定理所说明的需求量与价格反方向变动的原因可以用替代效应与收入效应来解释。

　　另外，需求曲线也存在特例。

（一）吉芬商品

　　1845 年，英国经济学家罗伯特·吉芬（Robert Giffen）发现，在爱尔兰发生灾荒时，马铃薯的价格虽然不断上涨，但消费者的需求量并没有按照需求定理那样相应减少，反而是增加了。吉芬认为，马铃薯属于低档品，在饥荒发生时，虽然马铃薯的价格上涨，但消费者不得不在有限的收入范围内增加对这类生活必需品的需求来维持生计。一则是担心价格进一步上涨（由于灾荒），二则是因为消费者无力消费其他商品，所以当马铃薯价格上涨时，消费者的需求量不跌反增。由于这种情况由吉芬首先发现，所以这种低档商品被称为吉芬商品。对于吉芬商品，消费者会随着价格上涨而增加其消费数量，所以其需求曲线表现为向右上方倾斜，如图 4-8 所示。

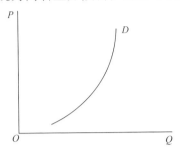

图 4-8 向右上方倾斜的需求曲线

（二）炫耀性商品

在经济社会中，人们有时候需要一些高档商品来显示其身份地位而达到某种满足，如名贵珠宝，高档别墅等。这些商品的价格越高，有经济能力的消费者的购买欲望就越强，因为这样高昂的价位代表着一般人无法拥有，从而凸显了购买者的财富和地位。但如果这类商品价格下降，就不能符合购买者的这类需求，于是其需求量便会下降。但是，这类商品的价格也不可能无限上升。任何商品的价格都脱离不了其自身的价值，而总是围绕价值上下浮动。另外，任何明智的消费者也不会在价格无限上涨时还增加对这类商品的需求。也就是说，当价格上涨到一定程度时，需求曲线还是会变回原来的形状，即由左上向右下倾斜，见图 4-9。

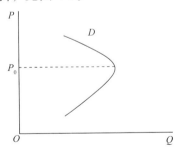

图 4-9 后弯的需求曲线

某炫耀性商品一开始需求量随着价格上涨而上涨，但当价格上涨到P_0时，需求量随着价格的上涨而下降。

此外，在某些投机性强的市场上（例如，股票市场、债券市场和邮票市场等），受人们心理和预期的影响，商品价格发生波动时，需求呈现出不规则的变化，有时甚至出现"追涨杀跌"的现象（即价格上涨时反而抢购，价格下跌时反而抛出）。

五、需求量的变动与需求的变动

需求量的变动是指在其他条件不变的情况下，商品本身价格变化所引起的需求量的变化。这种需求量的变化在需求曲线上表现为"沿曲线上的点移动"（点移动）。如图 4-10 所示，在需求曲线 D_1 上，价格由 P_1 下降到 P_2，导致需求量由 Q_{11} 增加到 Q_{12}，表现为在需求曲线上由 A 点移动到 B 点，即需求量的变动；反之，若价格由 P_2 上升到 P_1，导致需求量由 Q_{12} 减少到 Q_{11}，表现为在需求曲线上由 B 点移动到 A 点。

与需求量的变动相对应的是需求的变动。所谓需求的变动，是指由于商品本身价格以外的因素发生变化而引起的整个需求关系的变化。这意味着消费者在每一价格水平上所愿意并且有能力购买的商品数量都与原来不一样了。在需求曲线图形上，表现为整个需求曲线的位移，即代之以新的需求曲线，形成"需求曲线的线移动"（线移动）。如图 4-10 所示，需求曲线由于某种因素（不是价格）由 D_1 向右移动到 D_2，则在同一价格水平 P_1 下，需求量由 Q_{11} 增加为 Q_{12}；反之，若需求曲线由于某种因素（不是价格）由 D_1 向左移动到 D_3，则在同一价格水平 P_1 下，需求量由 Q_{11} 减少为 Q_{31}。

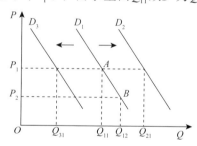

图 4-10　需求量的变动与需求的变动

可见，在同一条需求曲线上，点向上方移动是需求量减少，点向下方移动是需求量增加；需求曲线向左方移动是需求减少，需求曲线向右方移动是需求增加。

第三节 均衡价格理论

一、均衡价格的含义

在西方经济学理论中，均衡（equilibrium）概念极为重要，运用也十分广泛，它指的是在某些条件的相互作用下，经济事物中的有关变量处于相对静止的状态。经济事物为何能够处于静止状态，原因就是此时该经济事物的各种参与力量由于相互制约导致相互抵消，也可能是因为此时该经济事物每个方面的条件都完美达成。商品的均衡价格是由商品市场中供给和需求这两种既对立又统一的经济力量共同决定的，它是在商品市场供求关系的自发调节下形成的。当商品的市场价格与均衡价格出现偏差时，市场商品的供给量和需求量也会处于不均衡状态，即市场处于失衡状态。通常情况下，市场受到商品供求规律的影响，这种失衡状态会逐渐消失，商品的市场价格会逐渐变成均衡价格。因此，西方经济学家认为，经济学探究的目标就是追寻经济事物在一定条件下由变化转变成静止的均衡状态。

总之，一种商品的市场在需求和供给两种相反力量的共同作用下，通过竞争机制的调节，达到供求相等的均衡状态，从而决定了均衡价格和均衡数量。这也就是我们常说的市场经济条件下价格机制的作用过程。当然，这个供求双方力量决定市场均衡价格的过程并不是一蹴而就的，过剩或者短缺的消除都有一个时间的要求，那么，在这期间，我们假定其他非价格条件是不变的，也就是供给曲线和需求曲线都不能频繁地移动。此外，这个机制能起作用还要有一个条件，那就是竞争。这个竞争既包括生产者之间的竞争——生产者为了卖出过剩的产品而产生竞争，也包括消费者之间的竞争——消费者为了获得他想要的产品而产生竞争。

均衡是指供给和需求达到平衡时的状态。

均衡价格（equilibrium price）指一种商品需求量与供给量相等时的价格。它有时也被称为市场出清价格，因为在这一价格水平上，所有需求和供给的订单都已完成，账簿上已经出清，需求者和供给者都得到了满足。在均衡价格下决定的产量也称为均衡产量（equilibrium quantity）。

需求函数可简化为：

$$Q_D = f(P) \quad\quad (4\text{-}6)$$

供给函数可简化为：

$$Q_S = f(P) \quad\quad (4\text{-}7)$$

市场均衡要求供给等于需求，即：

$$Q_D = Q_S \quad\quad (4\text{-}8)$$

我们可以用图 4-11 来说明均衡价格和均衡数量的形成。在图中，假定 D 为市场的需求曲线，S 为市场的供给曲线。需求曲线 D 和供给曲线 S 相交于 E 点，E 点为均衡点。在均衡点 E，均衡价格为 P_E，均衡数量为 Q_E 显然，在均衡价格 P_E 的水平，消费者的购买量和生产者的销售量是相等的，都为 Q_E 单位；反过来说，在均衡数量 Q_E。的水平上，消费者愿意支付的价格和生产者愿意接受的价格都是相等的，都为 P_E。因此，这样一种状态便是使买卖双方都感到满意并愿意持续下去的均衡状态。

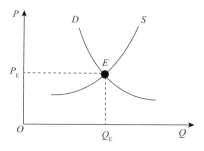

图 4-11　市场均衡的形成

二、均衡价格的形成

通常情况下，市场上某种商品供求关系发生变化时，整个商品的市场会脱离均衡状态。许多西方专家认为当市场脱离均衡状态，价格机制会发挥一定的作用，促使市场逐渐区域平衡。所以，形成均衡价格的过程其实就是市场从非均衡专题趋向均衡状态的过程。现用衣服的供需变化展示均衡价格的形成过程，如表 4-4，图 4-12、图 4-13 所示。

表 4-4　某衣服供给需求情况

需求量 / 件	价格 / 元	供给量 / 件	市场状态
700	20	0	供不应求，涨价

需求量/件	价格/元	供给量/件	市场状态
600	30	100	供不应求，涨价
500	40	200	供不应求，涨价
400	50	400	供求均衡，价格稳定
300	60	600	供过于求，降价
200	70	800	供过于求，降价

　　由表4-4可以看出，当市场价格为20元、30元、40元时，供给量远远小于需求量，市场处于非均衡状态，衣服在市场中属于供不应求，有些消费者为了买到衣服愿意付出的价格远超市场价格，由于许多消费者的涨价行为，商家也会适当地提升市场价格，而且许多生产者看到这种商机，自然会大力生产衣服来满足市场需求，同时获取利润，变相解决供不应求的问题；当市场价格为60元、70元时，供给量远远超过需求量，市场同样处于非均衡状态，但衣服在市场中属于供大于求，此时商家和生产者都面临选择，维持当前价格，衣服卖不出去，想要把衣服卖出去，只有降价，部分生产者为了更好地售卖衣服，同意用相对较低的价格生产并售予商家，衣服价格降低之后，消费者的购买需求又会增长，变相解决供大于求的问题；当价格为50元时，供给量和需求量完全相同，市场处于均衡状态，此时价格稳定。

　　我们再用图4-12和图4-13表示均衡价格形成的过程。

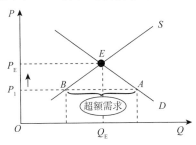

图4-12　存在超额需求的非均衡市场

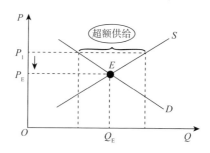

图 4-13　存在超额供给的非均衡市场

在图 4-12 中，假设市场价格为P_1时，供给量小于需求量，此时市场处于供不应求的状态，客观上存在价格上升的趋势，所以P_1不可能是均衡价格。在这种状态下，市场竞争机制发挥作用，消费者之间的竞争必然使价格上升，在价格上升的过程中，消费者的需求量由曲线上的点沿着需求曲线D减少，生产者的产量由供给曲线上的点沿着供给曲线S增加，当供给量正好等于需求量时，价格上升P_E，形成了市场均衡点E。此时，P_E为均衡价格，Q_E为均衡产量。

在图 4-13 中，假设市场价格为P_2时，供给量大于需求量，此时市场处于供过于求的状态，客观上存在价格下降的趋势，所以P_2不可能是均衡价格。在这种状态下，市场竞争机制发挥作用，生产者之间的竞争必然使价格下降，在价格下降的过程中，消费者的需求量由曲线上的点沿着需求曲线增加，生产者的产量由供给曲线上的点沿着供给曲线减少，当供给量正好等于需求量时，价格下降到P_E，形成了市场均衡点E。此时，P_E为均衡价格，Q_E为均衡产量。

总而言之，需求和供给的相互作用以及价格的波动，最终会使一种商品的价格确定在需求量等于供给量的水平上，在这个水平上，既没有供过于求，又没有供不应求，市场正好"出清"。

三、均衡价格的波动

前面在分析均衡价格形成时，实际上是假定其他条件不变，只有商品自身的价格变化。现在我们要分析的是曲线变动时，原有的均衡如何被打破，新的均衡如何形成。均衡价格与均衡数量是由需求和供给两种力量共同作用的结果，所以，原有均衡的打破和新均衡的建立都离不开需求与供给，需求与供给的任何变动，都会引起均衡价格和均衡产量的变动，从而形成新的均衡。

在供给不变的情况下，由于人们偏好、收入的变动或受其他因素的影响，导致需求发生变化。需求的变化会打破原有的市场均衡状态，并形成一种新的均衡。我们用图 4-14 来描述这一过程。

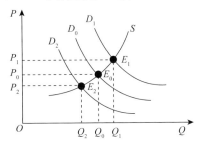

图 4-14　需求曲线变动导致的均衡变动

在图 4-14 中，既定的供给曲线S和最初的需求曲线D_0相交于E_0点。在均衡点E_0，均衡价格为P_0，均衡数量为Q_0。当需求增加时，需求曲线向右平移至D_1曲线的位置，D_1曲线与S曲线相交于E_1点。在均衡点E_1，均衡价格为P_1，均衡数量为Q_1。与原有的均衡相比，在供给保持不变的条件下，需求增加导致均衡价格上升，均衡数量增加；相反，需求减少使需求曲线向左平移至D_2曲线的位置，D_2曲线与S曲线相交于E_2点。在均衡点E_2，均衡价格为P_2，均衡数量为Q_2。与原有的均衡相比，在供给保持不变的条件下，需求减少导致均衡价格下降，均衡数量减少。需求变动分别引起均衡价格与均衡数量同方向变动。

四、达到均衡的过程——蛛网理论

蛛网理论是描述某些商品的价格与产量变动相互影响，引起规律性的循环变动的理论，于 1930 年由美国的西奥多·舒尔茨（Theodore W. Schultz）、荷兰的简·丁伯根（Jan Tinbergen）和意大利的里奇（Ricci-Curbastro, Gregorio）各自独立提出。由于价格和产量的连续变动用图形表示犹如蛛网，1934 年，英国的尼古拉斯·卡尔多（Nicholas Kaldor）将这种理论命名为蛛网理论[①]。

蛛网理论属于均衡状态的动态分析。古典经济学理论认为，当商品的价格和供给量之间的均衡状态被破坏，经过市场规律和价格机制的作用，最

---

① 丁冰，方兴 . 当代西方经济学原理第 7 版 [M]. 北京：首都经济贸易大学出版社，2019 : 34.

终会回到均衡状态。蛛网理论却指出古典经济学的观点并不准确，根据古典
经济学的假设，经济系统在均衡状态被破坏之后并不一定能够恢复到均衡状
态，而且在现实生活中得出的结论与古典经济学的理论结果恰恰相反，现实
生活中，经济系统达到真正均衡状态的少之又少，大多数都是处于趋向均衡
状态的过程中。这个过程有 3 种形式：第一，循环周期，即封闭型蛛网；第
二，收敛周期，即收敛型蛛网波动；第三，发散周期，即发散型蛛网波动。

蛛网理论的假设为：①完全竞争，每个生产者都认为当前的市场价格
会继续下去，自己改变生产计划不会影响市场；②该产品生产时间比较长
（如 1 年）；③当期价格由当期供给量决定；④当期供给量由上期的市场价
格决定，又形成对下期价格的影响；⑤生产的商品不易储存，需尽快出售。
这些假设表明，蛛网理论主要用于分析农产品。

（一）循环周期

如图 4-15 所示，假定一开始荔枝每年的供应量是 50 000 千克，供给曲
线是 S，需求曲线是 D，当 50 000 千克的荔枝投放市场后，消费者愿意支付
的价格是 10 元 / 千克，因而 A 点成为一个暂时的均衡点。10 元 / 千克的价
格在果农看来非常有吸引力，只要价格不低于 3 元 / 千克，生产者都愿意提
供 50 000 千克的荔枝。而在 10 元 / 千克的价格下，按照 B 点，生产者愿意
提供 100 000 千克的荔枝。但是这么多数量的荔枝并不能够一下子提供出来，
从荔枝幼苗到结果出售，需要 4 年的时间。可是到了第 4 年，当 100 000 千
克的荔枝提供到市场时，消费者只愿意支付 3 元 / 千克。由于荔枝是不耐储
藏的商品，当年必须"市场出清"，于是只能按照消费者愿意接受的价格出
售，暂时均衡点在 C 点。在 C 点的价格下，生产者的积极性受到打击，供
给量又将减少……如此循环往复，年复一年。这种蛛网周期被称为循环周期
（eternal cycle）。

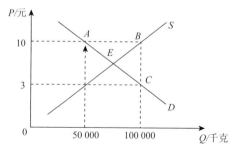

图 4-15　循环周期

（二）收敛周期

如图 4-16 所示，虽然价格在不同年份之间上下交替波动，但波动的幅度越来越小。随着时间的推移，价格—数量周期逐渐缩短，最终收敛于均衡点 E。这种蛛网周期被称为收敛周期（damped cycle）。

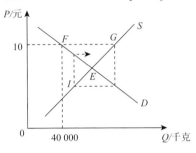

图 4-16　收敛周期

（三）发散周期

图 4-17 和图 4-16 的变化正好相反，价格波动的幅度越来越大，离均衡点 E 越来越远。这种蛛网周期被称为发散周期（explosive cycle）。

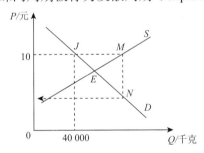

图 4-17　发散周期

决定蛛网周期形状的原因与供给曲线和需求曲线的弹性有关。

（1）如果两者相等，即 $E_S = E_D$，则形成永远循环的周期。

（2）如果供给曲线的弹性值小于需求曲线的弹性值，即 $E_S < E_D$，则蛛网周期是收敛的。

（3）如果供给曲线的弹性值大于需求曲线的弹性值，即 $E_S > E_D$，则蛛网周期是发散的。

五、均衡价格理论的应用

（一）支持价格

支持价格指的是政府为帮扶某一行业，制定高于市场均衡价格的价格充当该行业产品的最低价格。政府推行支持价格，该行业产品的市场价格提高，供给量自然会提升，但长此以往，必然会供大于求，造成产品过多，形成积压、浪费。此时政府必须采取对应措施，方法如下：

（1）政府将多余的产品进行全力收购，或出口或充当储备，但如果无法出口，相当于于加了政府的财政支出。

（2）政府通过制定相关条例，明确规定该产品的数量，推行限量生产，确保供给量和需求量相等，供求平衡，但是这种做法不仅需要强有力的制度，也需要付出不菲的代价。

（二）限制价格

限制价格指的是政府为了限制某些商品的价格，制定低于市场均衡价格的价格充当该商品的最高价格。政府的这种做法是为了保证经济稳定，消费者利益不受侵害。政府推行限制价格，该商品的市场价格必然降低，需求提高，但长此以往，该商品必然会出现缺口，导致消费者出现哄抢行为或者进行黑市交易。此时，政府必须采用对应措施，通常情况下，政府可通过实行配给制，发放购物券来控制需求量。但是配给制和购物券并不是长久之计，否则的话，不仅伤害了生产厂商的积极性，导致商品缺口更大，还容易导致购物券被当作货币来使用，甚至进行黑市交易。

（三）政府税收和补贴政策对均衡价格的影响

如果政府是对厂商进行征税，将使厂商的生产成本或供应成本相应提高，供给曲线左移，导致均衡价格上升，均衡产量减少；如果政府是对消费者进行征税，将使消费者的收入相应减少，需求曲线左移，导致均衡价格下降，均衡产量减少。当需求曲线斜率大于供给曲线斜率时，税负主要由消费者承担；反之，主要由生产者承担。补贴对均衡价格的影响与税收反向同性。

也称为均衡价值理论，是现代经济学价值理论之一。最早由英国经济学的杰出经济学家马歇尔所倡导，并在 20 世纪初期为经济学家们所广泛采用。

商品的价值决定于供给价格（即生产者所提出的出售价格），和需求价格（即购买者所愿出的购买价格）相等之点，即需求与供给的均衡点；供给价格决定于商品的生产费，需求价格则决定于这一商品对购买者的边际效用。

均衡价格是指一种商品的需求价格和供给价格相一致时的价格，也就是这种商品的市场需求曲线与市场供给曲线相交时的价格。

所谓需求价格，是指消费者对一定量商品所愿意支付的价格。在其他条件不变的情况下，市场上对某种商品的需求一般与其价格呈反方向运动。即价格上涨，需求量减少；价格下跌，需求量增加。所谓供给价格，是指生产者为提供一定量商品所愿意接受的价格。在其他条件不变的情况下，商品的供给与其价格呈同方向运动。即价格上涨，供给增加；价格下跌，供给减少。当然，影响需求与供给变动的因素不仅仅是价格。影响需求变化的其他因素还有消费者收入、替代品价格、互补品价格、对未来价格的预期等；影响供给变化的其他因素还有生产技术水平、生产要素价格、相关商品价格等。这些因素变化了，会导致需求曲线和供给曲线发生位移，从而也会使均衡价格发生变化。但是，在均衡价格下，供求相等并不意味着所有商品都找到了买主或者所有需要这种商品的人都得到了满足。一部分消费者可能认为这种均衡价格太高而放弃或减少购买；一部分生产者可能觉得这种均衡价格太低而减少生产或增加库存。

第四节　企业"供""求"管理

一、企业"供"的管理

（一）生产能力管理

当企业控制生产能力以满足可预测的需求变动时，企业可以将下面的方法结合起来运用，如表4-5所示。

表 4-5　企业控制生产能力的方法

序号	方法	说明
1	采用弹性工作制	企业可以在员工中实行弹性工作制，以此来更好地按照需求进行生产。在很多情况下，工厂并不是连续运转的，在1天或1周的有些时候，生产线是闲置的，当工厂闲置的时候，过剩的生产能力是以工作小时数的形式存在的。例如，许多工厂并不是实行3班制，因而在需求高峰期，现有员工可以利用加班时间生产更多的产品来满足需求。这里，加班时间的长短也随需求的变化而调整。这种系统可以使工厂的生产与顾客的需求更加匹配，如果需求在一周内的几天或一个月内的几周出现波动，同时员工也愿意实行弹性工作制，那么企业就可以合理地安排工作日，以现在生产能力，使企业在需求高峰期内有更多的员工在工作。商品交易中心和银行可以广泛地利用兼职员工，实现需求和供给的匹配
2	使用季节性员工	企业可以在旺季雇用临时工来增加生产能力，满足需求。旅游行业经常采用这种方法，以全职员工为基础，其余员工在旺季才雇用。农业也会在收割和加工的时节雇用季节性临时工。当然，如果劳动力市场供给短缺的话，这种方法很难实行
3	利用转包合同	使用这种方法，企业在旺季将一部分生产转包出去，使工厂内部的生产仍然保持恒定水平，这样做成本也比较低。有了转包商来进行旺季的生产，企业可以建设一个相对有弹性而且成本较低的生产商，这样，生产可以保持在一个相对稳定的水平上，变动的只有加班时间。企业在旺季可以将生产转包给弹性更大的工厂，一个关键因素是转包商生产能力的相对弹性大小。转包商可以通过将需求的波动转给若干生产者，以较低的成本获得生产的弹性。因而，富有弹性的转包生产能力要同时保证满足来自一个生产者的需求变化和来自若干生产者的需求变化。例如，大多数电力企业不能在用电高峰期为所有的客户供电，而是从有过剩电力的供应商和转包商那里购买电力来满足需求，这可以使电力企业保持一个稳定的供给水平
4	利用双重设施	利用双重设施是指企业同时建设专用设施和弹性设施。专用设施利用高效率地以稳定的产量进行生产，弹性设施可以弹性生产能力生产出多种产品，但是，它的成本也较高。例如，一家个人计算机零部件生产商可以利用专业设施生产出不同型号的电路板，也可以利用弹性设备生产出各种型号的电路板。每个专用设施可以以一个稳定的生产率生产，而弹性设施可以应付需求波动

序号	方法	说明
5	融弹性于生产设计	这种方法使企业拥有可以随意改变生产率的弹性生产线，生产可以随需求的变动而变动。日本的日野（Hino）卡车制造企业拥有各种生产不同产品的生产线。生产线使这样设计的产品需求是互补的，也就是说，当其中一个上升时另一个下降，那么可以通过在生产线之间调配工人，来改变各条生产线之间的生产能力。当然，这要求工人掌握多种技术，同时适应在各条生产线之间的工作变动。我们也可以灵活地使用生产机器，使它可以比较容易地从一种产品的生产转到另一种产品的生产上，由此获得生产的灵活性。只有当所有产品的需求都稳定的时候，这种方法才有效。当然，也可以在几家生产季节性需求产品的企业，通过构建一个旺季有大量需求的产品组合，来运用这种方法。同时生产草坪整理机和除雪机的生产商就是一个典型的例子。许多战略咨询公司也采用这种产品组合。在经济繁荣时期主要实施增长型战略，在经济萧条时期主要实施缩减成本型战略

（二）库存管理

为了使管理库存可以适应可预测的需求变动，企业可以采用几种方法的组合，如表4-6所示。

表4-6　管理库存预测需求的方法

序号	方法	说明
1	利用多种产品的通用零件	利用这种方法，企业为许多不同的产品设计共同的零部件，每种产品都有可以预测的需求变动，但总体需求保持稳定。这些产品中共同的零部件会形成一个比较稳定的需求。例如，如果割草机和除雪机使用同一种发动机，那么这种发动机的需求就是比较稳定的（尽管割草机和除雪机各自的需求是有变动的）。因而，生产零部件的供应链可以很好地将需求和供给协调起来，这样零部件的库存量就可以减少
2	对高需求产品或可预测需求的产品建立库存	当一家企业的大多数产品的需求旺季相同时，前面的方法就不适用了。于是，企业必须决定在淡季为哪种产品建立库存。答案是在淡季为可预测需求的产品建立库存，这是因为顾客等待的时候，对他们的需求信息了解就更少。当人们对临时销售季节的需求信息了解更多的时候，才会对需求不确定的产品进行生产

（三）供给计划

1. 供给计划

供给计划（Supply Planning）用于决定何时、何地为何种需求提供供给，如物料、部件、设备、车辆、人工和设施以实现供与需的平衡，满足客户的订单与需求。供给计划首先要确定供给的优先级别，为需求作合理和精确的资源分配。然后，它参照需求计划对资源分配作出详细的安排，它所要做的工作主要有：如何分派有限的物料和能力并满足客户交货期限和优先权；如何在不改变现有交货的期限下支持对新订单作出交货承诺；如何安排生产平衡工厂资源；如何使供应商的交货安排与工厂调度同步；等等。配置方案能够使计划人员在解答这些问题的同时，生成供给计划，来解决供应与需求的匹配。

接着，要对生成的供给计划进行判断和优化，判断它是否可行。如果它存在问题，则需要对它进行优化和解决这些问题。需求计划组件为计划人员提供了 what if 分析和其他优化模型与工具，同时还需要与其他相关业务环节进行协同，借助高级计划于排程系统（APS）制订出原材料的采购计划、生产计划和排产排程，来改进供给调度配合，高效地配置处理资源的供给，确保各项资源的优化使用，图 4-18 描述了供给计划的制订过程。

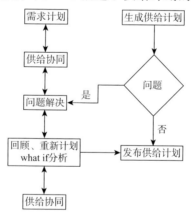

图 4-18　供给计划原理图

制订供给计划任务复杂，它需要在战略、战术和运作 3 个层次作出计划。尽管这些计划层次是依靠时间（年、季、月、日）来划分的，但又是相互关联的，这种关联性对制订一个有效计划增加了难度。而且，由于供给计划需要从供应链的许多不同环节来收集信息，反过来，这些计划又会影响供应链中的许多不同环节。按照计划层次的不同，供给计划会有不同的形式，例如在战略层，决策支持系统利用长期预测来作产量的扩张决策；而在运作层，联机分析可以帮助销售人员估算出潜在客户交货的时间和产品的制造地点。

2. 供给调度

供给调度主要是配合供给计划实现对瓶颈资源的合理利用。在批量和重复性生产环境中，常常存在多种生产流程及资源利用的选择，如何从中选择最优方案是供给调度的首要任务。它常被用于供应链中的瓶颈分析，例如对生产能力和资源需要同时在多个产品上进行分配时出现的平衡问题等，进行分析和处理。它与供给计划结合使用，能够更好地调度和管理资源的分配，解决好瓶颈问题，减少资金占用。

由于需求和供给的多样性，供应链中的瓶颈位置，瓶颈形式各不相同，解决瓶颈的处理方法也就不同，在供给管理组件中，都设有一些可供选择的模型和工具，调度人员可以很容易地利用它们来完成对资源的分配，以使供给充分地满足需求。此外，跟踪供给任务执行的过程，对整个供给分配和满足需求的过程进行监控，供给管理也具有供给出现严重不足和例外事件的预警能力，实时监测订单的例外情况。一旦意外事件发生，它将与其他系统协同工作，共同排除这些事故。图 4-19 描述了供给计划与供给调度，以及它们与需求计划、生成计划及过程，需求满足之间的关系。

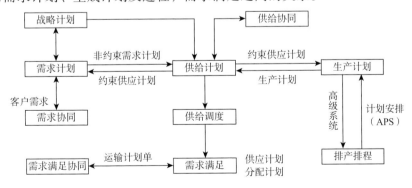

图 4-19　供给计划原理图

位于澳大利亚悉尼的 BHP Steel 是全球第 14 大钢铁生产企业，年产值达几十亿美元，并在镀层钢板几十个领域处于世界领先地位。它所面临的挑战是如何解决需求与供给的矛盾，合理安排生产和平衡生产负荷，降低库存，提高客户服务水平。为了解决上述问题，它采用了 SCM 系统来改善它的经营状况，通过实施需求管理、需求与供给协调、供应管理、库存管理和其他系统模块之后，制订出的计划更加合理和可行，大大改进了整个企业业务流程的运作，减少了库存，扩大了市场占有率，赢得了客户的青睐，提高了自身的市场竞争力。这些改善具体是：库存年质转次数从 8 次提高到 25 次，资本周转率提高了一倍，提高了客户服务水平和满足市场需求的能力，使市场份额增加到原来的 2 倍。

世界上第 4 大消费者电子产品生产商 Thomson Consumer Electronics 经营的产品有电视机、CVD、摄录机和数字卫星天线，另外还有音频设备和相关产品。它需要在价格驱动、竞争激烈的零售环境中改善它的商品与服务，提高对消费者需求的前向洞察能力，以更快的速度响应消费者的需求变化。为此，它引入了供应链管理系统，通过实施需求管理．供应管理和库存管理等模块后，获得了可观的效益：将计划周期从 4～5 个星期缩短到 1 个星期，将预测周期从 10 天缩短到 2 天，在头 12 个月内将库存减少了 33%，对重要的客户实现了"无缺货"记录。

二、企业"求"的管理

需求管理是一种用于识别，预测及管理需求变更的系统化方法，主要用来平衡市场需求与供应链的运作能力。好的需求管理流程，将计划、供应、生产、物流等供应链的所有环节紧密连接，快速有效地计划及响应前端客户信息的变化。需求管理不仅仅对需求进行预测，它还包括供求同步，增加供应灵活性和减少需求多变性的工作。需求管理是整个供应链管理的源头，客户的需求可以根据客户端历史数据，未来市场的预测，并通过有效的信息传递和各相关环节的平衡提高供应链的整体能力，并减少各种不确定性，从内外部整体上优化速度、成本、质量，同时营销策划和生产计划也在企业的范围内进行协调。需求管理关注怎样对客户需求和供应链能力进行平衡，一个好的需求管理流程，能够使公司对预测到的需求变得更积极主动，对没有预测到的需求，反应更加灵活。需求管理中的一个重要组成部分就是找出方法降低需求的多变性，提高操作的灵活性，这样有助于持续性的计划从而降低成本。

客户需求的多变性是不可避免的，但需求管理的目标之一就是提前了解把握市场动态和客户核心价值，对客户需求进行识别分类从而制定相应的运营计划。总之需求管理的目标是以最经济最有效的方法来满足客户需求。

关于企业"求"管理体系的构建，本研究主要是以 F 公司为例，首先回顾 F 企业的运营特点、生产模式等，然后从外部流程及内部流程两个大方面来进行管理体系的构建。

（一）F 公司基本介绍

F 公司作为亚洲主要的控制阀生产基地，是一家世界 500 强企业在天津市注册的独资子公司。主要根据最终用户的工况及需求，生产客户定制的控制阀成为 F 公司的运营模式和盈利模式。F 公司的销售模式为代理制，公司与代理商的关系是长期的业务合作伙伴关系，公司在北京设有销售分公司，负责对代理商的工作指导、技术支持和监督管理，并对公司的总体战略目标负责。所以，代理商承担了订单准备的全部工作，F 公司的阀门生产是按订单生产，由代理商下的订单来拉动生产需求。

据最新的统计数据显示，2020 年实现销售额突破 1 亿美金，在中国已经形成了集生产、研发、服务和技术支持在内的完整产业链，在硬件和技术水平方面，已经具备了向客户提供优质服务的能力。F 公司运营部分的组织结构图，如图 4-20 所示：

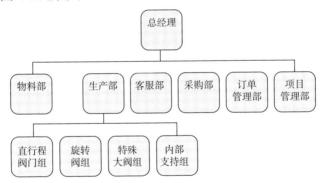

图 4-20 运营部分组织架构图

F 公司运营部分各部门职能如下：

总经理：对企业的经营管理负有全部责任，并保证企业达成董事会下达的运营指标；

物料部：主生产计划及物料计划职责，保证生产所需物料及时准确，监督并管理供应商；

生产部：监督各个生产组的生产状况，保证订单按时按量完成；

客服部：负责客户订单状态的跟踪及与客户沟通的一切工作；

采购部：负责寻找供应商，审核供应商及供应商的维护。

项目管理部：负责跟踪大项目的执行和进度跟进，确保重要客户及订单的及时交付；

订单管理部：主要根据客户的选型，将技术要求转文化工厂系统可以识别的物料料号，从而保证工厂装备物料准确；

此外，在北京设置中国区销售部，主要负责对代理提供技术支持和特殊产品的报价以及定价策略和订单价格审核。而销售模式主要实行代理制，由销售代理负责面对最终用户的产品销售。

（二）F公司产品及生产模式介绍

目前，国内外绝大多数的控制阀厂商都是阀门的组装厂，他们向供应商采购所需要的阀体和零部件或外包加工零件，然后自己再进行简单的机械加工、焊接、组装、喷涂等工序。这也是F公司的生产模式。企业集中精力在自己具有核心竞争力的关键业务上，不断地设计、开发出满足客户需求的多样化新产品。F公司客户的项目采购模式，通常是公开招标，由业主或总包方（多为设计院或工程公司）发出标书，销售代理商将根据标书中的技术要求，进行阀门的选型报价，做出标书投标。中标后，业主或总包方再与代理商签订合同。拿到合同以后，代理商给工厂下订单，工厂根据订单组织生产。所以，F公司的生产模式基本上都是按订单生产，属于定制型产品，需求的个性化很强。国产阀的交期一般为2～3个月，进口阀的交期一般为4～10个月。根据阀门的尺寸和是否有特殊设计、特殊材质的要求，在交货期的上有很大的差别。尽管客户给出了看似宽泛的交货期，但采购方的主观意愿也是越快越好，毕竟时间价值可以为客户节省更多的成本。

（三）F公司需求管理

1. 基于外部流程的需求管理

（1）加强渠道代理商的监控

F公司的销售模式为代理制，在中国设立了6大区域代理商，分别负责东北、华北、华中、西北、西南，华南区域的销售和售后服务。公司与代理商的关系是长期的业务合作伙伴关系，公司每年会根据市场预测来分配销售任务，并根据销售额的完成情况来考核代理商的业绩。而销售和市场部主要负责对代理商的工作指导、技术支持和监督管理。

这种体制下，造成了 F 公司一直以来将销售部门的大部分职责都转嫁到代理商身上，而销售部门只执行部分的技术支持和折扣审批的功能。造成了部分市场跟踪不紧密。因为代理商的关注点在于利润，而企业的关注点在于持续发展，这样势必造成代理商只关注利润最高的那部分市场和需求而忽略了一些利润较低或者销售总额不高但是可以持续发展的市场。也没有很好的关注大客户和关键客户的关系维持和改善。针对这样的现象 F 公司对于代理商的监控措施做了以下改善。

①要求代理商在财年初上报整个财年的销售预测，销售预测要细化到项目订单，MRO 订单，备件订单和服务订单每个销售额的预测。并将整个财年销售预测分配到各个月份，每月开一次预测调整会议来跟踪销售的实际状况。

②调整销售部门的组织架构，由原来的以行业划分调整为以代理地区进行划分，每个代理有一至两名销售经理进行全方位跟踪和服务。并且每位销售经理每月要与负责的代理进行一次面对面沟通会议，及时跟踪销售情况和解决问题。

③强制代理商由原来一个区域一个销售负责的情况改为一个区域分项目销售和 MRO 订单销售的组织架构，目的是避免因为项目订单的销售额很高可以满足全年财务指标的情况下忽略 MRO 市场销售额的情况。

④根据历史订单记录信息，整理出各个区域最终用户的历史下单信息，包括最终用户名，行业，和客户的产能和历史订单金额，将这些信息下发到代理商，要求代理商根据项目订单的日期及不同行业大修周期整理出相应的维护订单，备件订单和服务订单的预测。通过这种方式来衡量代理商的业绩表现。

⑤对 LBP 销售代表跟单过程进行追踪。记录登记客户第一次询单时间一直到代理商正式下单给工厂的时间。对于过长或者过短的时间段进行追踪分析具体原因，便于工厂执行相应的计划改善措施。

（2）客户目标市场的细分

由于利润是代理商最主要的关注点，而且对于大客户的项目订单，代理商可以拿到很高的折扣，相对利润较高。容易造成了代理商过于关注项目订单而忽略了部分基于维护需求的市场，更没有对客户目标市场有一个详细的归档和精确的划分。这样就造成了公司维护需求市场的客户流失，而恰恰这些基于维护需求的市场是企业发展的最根本的动力和市场资源。所以 F 公司根据历史订单的销售记录对整个国内市场进行了以下细分，这样销售和市场部能更好地识别不同的客户需求，把握市场的动态信息和追踪维护订单的信息。

①整理过去所有项目订单历史数据，因为项目订单属于公司新开发的市场，只要客户采购过本公司的阀门，我们就把这些客户列为潜在的有维护需求购买潜力的客户，然后根据市场份额的大小去估算我每年会有多少基于维护需求的订单销售，再跟我们实际中标的 MRO 订单的销售数据进行比较，找出中间的差异并进行分析，从而推动销售去有针对性地密切追踪客户购买动态，维护客户关系，并且便于企业调整相应的运营计划。

②细分六大代理所属区域的市场特点，这样工厂在接到订单时以及做销售预测并转化为工厂内部的运营计划时，就能更有针对性地准备相关物料。比如西北地区由于大部分是油田，属于成熟市场，所以煤化工和电力及油气行业是主要工业，大客户集中，所以以项目订单为主；而华北，华中和华北地区属于混合型市场，工业类型广泛，客户集中，所以基于维护需求的 MRO 订单居多，这就要求对于这部分市场，交期成为我们的主要关注点。

③细分每个代理所负责大区的各个特点。通常六大代理所属区域都会包含几个小区域，比如华北代理就包括北京、天津、山东、河南、安徽及河北六大区域。而根据每个小区域的比较又可能划分不同区域的特点，然后销售跟市场部就会有针对性的密切关注小区域的市场动态，从而提供最及时的信息给企业。

④细分每个大区及小区域的行业特点。通常不同的行业所需求的产品类型，根据各个区域的行业特点就可以针对这个区域的产品类型有了一个大概的了解。当行业趋势变化时，工厂就可以及时调整物料计划策略来及时响应市场需求。

⑤通过历史记录及选型工程师的经验，细分整理每个行业所对应的产品族特点，包括根据不同的行业、工况、和介质，来对应工厂不同的产品族，标准材质和特殊材质。表 4-7 为电力行业对应产品族分析对照表：（300 MW/600 MW）机组为例：

表 4-7 电力行业对应产品族分析

工艺	阀门类型	阀体尺寸/英尺	阀体磅级	参考数量	阀体材质	阀内件材质	大修周期/年
锅炉	HP	1，2，3	CL1500/2500	6	WCC WC9	416	2～3
	EH	3，4，8	CL2500	9	WCC WC9	416，440，17-4	2～3
	ET	1-2	CL600	1	WCC	416	2～3
汽机	ED/EWD	4，6，8	CL600	6～8	WCC WC9	416，316	2～3
	ET	2，3，4，6	CL600	10～30	WCC	416	2～3
	EWT	4，6，8，1，0	CL600	4～8	WCC	416	2～3
	V-BALL	8，10	CL150/300	1～2	WCC	317	2～3

（3）重要客户关注流程

关注大客户是任何一个企业都会关注的一项有效的战略，这种战略被称为"二八法则"。即 80% 的销售额或利润都是来源于占公司 20% 数量的客户贡献。对于企业和代理商来说，很难做到花费同等的资源在同一时间段去维护所有的客户。有些客户的采购金额及潜力很小，但却需要销售人员花费同样甚至更大的精力去维护客户管理，有些规模不大采购量很小的客户比如 OEM 企业，相应的销售人员就会减少用在跟踪这种客户上的资源，而要将有效的精力用在维护对公司最重要的客户群体上，并分析这些对企业贡献最大的关键客户的真实需求是什么。而且每个时期需要关注的重点客户也会随着时间的推移以及客户购买周期的特点而不断变化的，比如根据行业的特点，有的产品 2 到 3 年才需要重新大修维护一次，这种情况下，如果这个客户 2019 年做过大修，那在 2020 年重新大修的概率很小，所有在 2020 年的客户名单里重要性就会降低。再比如根据国家最新政策要降低电厂的二氧化硫排放标准，这就要求每个电厂都安装低温省煤气装置，而 F 公司的产品正适用于这种装置，但通常一个电厂的每个机组只需要一台这样的阀门，所以每个电厂对这种需求的数量很小，而且这种阀门由于非特殊介质，通常阀门的大修周期较长为 5 年以上，这种情况下在 5 年之内这些客户就不应当成为销售人员跟踪的重点客户。这样做的目的是利用有限的销售资源来有针对性的跟踪客户维护客户管理，以达到资源利用最大化。在这方面 F 公司主要建立了以下制度。

①建立客户档案，并根据客户的采购周期和订单金额对客户进行分级。包括客户基本信息，历史订单信息，行业类型，区域，阀门类型及购买时间，以及每台阀门在客户现场的使用状况。这样便于根据行业特点针对每台阀门来预测维护订单的需求时间。

②由销售经理和代理商销售代表每年至少固定两次对大客户进行走访，及时了解产品使用情况，及出现的问题，维修建议等信息。

③对于等级最高的大客户常年派驻服务人员常驻客户基地，对于客户阀门使用问题及时解决并提供有效期内免费维修服务。

④每年定期邀请大客户参观工厂，介绍新产品以及对于阀门日常使用知识及基本故障问题对客户设备维护人员进行培训。

⑤定期对大客户所购买的仪器仪表软件进行免费升级。

⑥对于每年一定金额的维修备件进行免费更换。

由于代理制的局限性和一些弊端，公司之前并没有很详细的大客户档案的追踪信息。这样造成了一些大客户流失不断被竞争对手挖走或者因为对公司产品的满意度降低而流失。因此 F 公司根据历史销售信息整理出大客户信息并建立相应的数据库，这样做的目的便于运营部门，销售部门和市场部门及时跟踪客户的需求，预防客户流失。

2. 基于内部流程的需求管理

（1）公司内部组织结构优化

在内部优化流程上公司首先调整了组织结构，如图 4-21 所示：

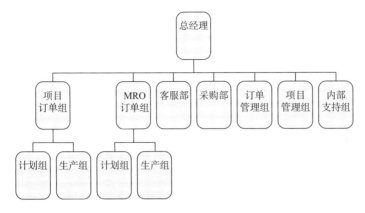

图 4-21 调整后 F 公司组织结构图

公司的组织结构从原来的一个生产运营组改为分项目订单和 MRO 订单两个运营组织架构。这样做的主要目的是从工厂的角度针对不同的订单类型关注点分开。从主生产计划到物料计划的策略跟流程也可以区分，这样会更好地针对客户市场服务客户。而其他客户服务部，订单管理组和项目管理组也从原来的产品类型为主指派内部工作转为以区域代理为主，不同的人负责不同的代理的订单。这样从客户、到销售、到生产、服务全部以代理来划分，使所有的流程更加顺畅，交流更及时方便。

（2）项目订单（新开发市场）的需求管理方案

F 公司将项目市场写作"Brown land"，就是指那些没有被工厂开发新客户市场，新建的客户工厂或者基地而第一次使用 F 公司阀门的市场或者替换了竞争者市场，F 公司将这部分新争取来的市场定义为项目市场。

1）项目订单的特点

①通常对于这种大的项目订单，客户再决定采购时间和使用时间的时候计划性比较强，会提前半年到一年列出采购计划然后进行一系列订单招标流程。所以客户要求产品的交期通常相对长一些，不像 MRO 订单那样对交期是第一要求。但是交期长短对于能否赢得订单也是关键因素之一。

②项目订单因为国家政策，通常会遇到新的产品，新的设计要求或者材料。有时候是工厂没有采购过的。而真正下单后工厂的制造周期往往因为这些设计时间而变长，有时候甚至不能满足客户要求。

③对于一些项目订单采购量比较大，又不允许分批发货的情况下，就会出现某段时期公司产能不足的情况，而这些因素也是通常客户下单后才能被工厂识别，再采取一定的挽救措施，既增加了成本又延长了交货周期。

④项目订单对于价格因素的考虑比重会大一些。公司的销售策略对于项目订单折扣较高。所以公司在考虑对于一些原材料的采购转为内部加工有时候可以节约很大的成本，而提供给客户更具有竞争力的价格。这就要求代理投标时期一定的信息需要提前交流道工厂，工厂才能给出解决方案，而增加中标的可能性。

⑤订单采购没有很频繁的重复性，通常一个项目订单完成有以后要根据不同的行业特点到了大修周期以后才会有可能再次采购。

⑥项目订单是提高客户满意度和保持客户忠诚度一个关键的第一步，只有第一次采购做到客户满意，有可能会带来后期的服务订单和备件订单。甚至大修订单。

2）项目订单需求管理优化方案

在考虑项目订单需求管理优化流程的时候，首先对销售代理的销售策略和下单过程进行了调查，见表4-8：

表4-8　销售代理跟单流程

阶段	流程内容
阶段1	预算阶段：根据技术参数输出初始规格书及报价信息
阶段2	招标阶段：确认的规格书，准备投标文件及申请折扣价格
阶段3	中标阶段：规格书及技术文件定稿，审批折扣及报价文件，项目经理介入
阶段4	订单正式下达工厂，录入系统
阶段5	变更信息确认

第一阶段：作为销售代理的预算阶段，在这个阶段，代理开始和最终用第一阶段：作为销售代理的预算阶段，在这个阶段，代理开始和最终用户接触了解用户的所属行业，工况，项目规模和技术要求以及项目预算，并根据这些最初的信息，同选型工程师一起给出客户一个最初的技术规格参数和报价预算。

第二阶段：在初次接触客户并了解意向的情况下，开始正式进入投标阶段，这个阶段准备投标文件，跟公司销售部询价确认订单折扣和最终报价。这个阶段能被工厂识别转化为物料料号的技术规格书已经大部分确认，后期只允许小部分变更，除非客户发起正式技术参数变更申请。

第三阶段：中标阶段，在第二阶段所有正式文件确认的情况下，如果是超过一定金额的大项目，工厂会指定相应的项目管理人来负责跟踪项目。

第四阶段：就是销售代理将订单录入工厂 MRP 系统，并通知工厂正式下单。

第五阶段：变更确认，代理会收集并比较客户最终选择的技术方案和前期确认有哪些变更。

通过对比销售代理跟单流程，公司制定了相应的项目订单优化流程，对于销售代理跟单的每一个环节，找出工厂需要做哪些准备，需要哪些信息，来最大限度地满足客户的交货要求。相应的也分为 5 个阶段来优化流程。见表 4-9 列出了项目订单分不同阶段采取不同的措施来进行优化：

表 4-9　项目订单优化流程

阶段	流程内容
阶段 1	项目询价阶段：定期预测，趋势跟踪，市场分析
阶段 2	投标阶段：特殊产品提前关注，监控粗产能计划
阶段 3	规格书定稿阶段：提前录入工单，提前准备物料
阶段 4	客户下达订单之后：规格书再次确认，出货计划沟通
阶段 5	客户变更：严格遵守和控制客户变更流程

阶段 1：由各个区域销售代理每月定期向公司市场部汇报近期项目清单，然后由 F 公司市场部人员将信息汇总到项目跟踪表里，清单里需要详细标明最终用户，行业分类，项目的金额，客户真实的交货期和项目的输赢概率等信息。通过对这些数据的整理和分析，根据中标的概率和投标进展情况提供市场需求信息给 F 公司的计划控制部，这样公司就对全年的项目订单情况大致有个了解，并根据往年的历史数据制定粗制生产计划和需求计划。同时，调整库存水平。

阶段 2：只要项目进入了投标阶段，就要求把最初的技术规格参数文件转给工厂主计划部，计划部识别判断是否有新的设计需求和新的物料采购并提前发给设计部和采购部来准备。对于有成本要求的，会要求设计部门提供可替换的解决方案并同销售代理的选型工程师沟通，从而给客户提供性价比高的产品，另一方面主计划部门也会根据项目订单数量来提前预测并监控工厂产能。

阶段 3：只有在主计划判断交期不够的情况下，经工厂运营经理审批评估是否为某个项目专门提前采购物料，通常在金额较大或者重要客户两种情况下工厂会提前采购那些交期较长的关键物料，从而当订单进来后能减少制造周期。

阶段4：代理正式下单后，订单管理部做完物料清单后，严格检查是否与工厂做提前采购的料号有不一致的情况，如果存在需要再跟销售代理下单人员沟通协调具体原因，客服部根据物料情况确认订单完成和出货日期。

阶段5：客服部对订单制造过程的每一步变更有详细的记录跟踪，保证将正确的产品交付客户。

通过实施以上项目订单优化流程，做到了项目的信息可以提前沟通到工厂，是工厂前期准备时间可以跟销售代理投标时间同步进行，这样优化的结果如下：

①工厂可以提前了解并跟踪项目信息，对销售预测和产能便于预测和监控。

②F公司的控制阀在销售代理根据客户要求做产品选型时，就会将重要的工况信息输入选型系统，通过导出的规格书来评估价格，销售代理商会针对该型号产品给最终用户报出该产品的价格和交货期。最终客户比较最终价格和交货期后，决定并公布中标结果。原有的操作流程为只有订单中标以后，企业才得到关于订单的信息；而优化后的流程为当控制阀型号确定后，销售代理会将规格书交给F公司运营部门相关人员提前检查订单信息，并在需要的时候提前由设计部门设计产品或者采购部门提前下发采购订单，这样就会整体缩短了项目的交货周期。

③工程部和销售代理的选型工程师紧密合作，可以提供给适合客户的最有竞争力的产品，提高客户满意度，为客户节省费用。

④工厂对于整体项目情况有了更好的追踪，为以后MRO订单预测做了一个很好的数据库。

⑤阶段控制流程从15年年初实行以来，首先对于金额大于10万的项目和重点客户的项目启用了以上流程控制方法来进行跟踪。

3.MRO订单（维护需求的订单）需求管理优化方案

MRO是Maintenance，repair and operation的缩写。区分于项目订单是对于新市的分类场，而MRO订单主要是为了维护需求，客户维修阀门而产生的购买行为。

（1）MRO订单的特点

MRO订单因为是维护需求而产生的订单，具有以下普遍特点：

①对于新产品或者要求新设计的情况很少出现。在产品的生命周期内通常都是替换现有类型的阀门，所以对于制造来讲，复杂程度相对较低；

②MRO订单对于工厂来讲可追溯，通常可以通过旧的阀门识别号来识别需求的阀门类型，尺寸，材质等信息；

③MRO订单相对采购数量较少，所以折扣较低；

④阀门应用在各类行业，所以MRO订单产品种类较多，类型复杂，阀门行业下单周期可重复性没有那么强，一台阀门大修维护时间至少也是2—3年。加上全国各个代理会同时下订单给工厂，所以工厂的物料计划相对MRO需求来讲具有一定的难度；

⑤客户对于大修阀门虽然也有一定的计划，但是计划性没有项目订单强，所以交期要求相对较高，因为客户停产的时间直接跟经济损失挂钩。

（2）MRO订单需求管理优化方案

从2020年开始，根据公司的财务报表分析，项目订单的销售额没有达到预期增长，而MRO市场也没有预期的相应的回收。公司开始意识到之前投入到MRO市场的关注和投入力度不够大，并开始意识到将注意力仅仅放在代理商身上是不够的，公司同时需要研究终端用户，观察这些客户如何消费，她们的决策过程是怎样的，以及她们的消费行为如何变化。需要直接了解客户和顾客的需求，确定顾客群，不完全依赖销售代理。以下提出的MRO订单的优化设计方案，把之前跟项目订单混到一起全部用历史数据作为物料预测的计划方法区分开来，制订了以下新的优化方案。

①要求销售代理商整理全部最终用户的信息，并按月收集更新MRO订单，备件订单和服务订单的预测信息，并制定跟踪表，其中主要涵盖最终用户名称、行业分类、项目金额、项目启动时间、要求交货期和项目的输赢概率等信息。对于3个月以外的预测信息只需要提交行业和预测金额；对于3个月以内的预测信息在需要行业和预测金额的基础上还需要提交阀门种类和数量，对于特殊工况（比如需要抗腐蚀等工况的需要特殊零部件的）的阀门需要提供原始工厂标签号码，以便工厂根据历史销售信息来识别需要哪些是标准零部件，哪些工况需要特殊零部件，对于交期不够的要提前准备物料。

②将表4-7的产品族分析对照各个代理汇报的行业趋势来调整详细的物料计划。F公司的物料计划是以12周为提前期来预测和购买的，所以每月往后推12周来对比总的趋势，如果总的趋势和之前没有显著变化，那物料备料料号及数量总体趋势保持不变，如果第4个月有总的趋势有上涨或者下降，再进行下一步分析是哪个行业发生变化，然后根据产品族对照表，调高

或者降低本行业对应的阀门类型的数量。

③对于提前两个月的特殊产品，根据中标概率对照之前的系列卡或者主要阀门料号采购提前下单去购买这些关键物料，然后报给客户较短的交期去帮助代理赢得客户。

④计划部分会将每个月预测信息和实际的汇总，对比来评估 MRO 订单销售预测的准确性，并在下一个月调整物料时加上相应的调整系数。这样做的目的一是更评估预测的准确性，使物料计划更贴近真实需求，而不是盲目的根据销售预测来准备物料。第二是对于代理的预测有个监督，并及时沟通给代理以便他们能发现差距及时调整，并更加紧密的追踪客户订单情况。

⑤对于客户有要求变更的情况，或者即使提前购买物料也不能满足交期的紧急订单，主计划会将规格书传递给工程部，工程部根据工况要求及现有库存情况提出产品替换解决方案。得到客户认可之后，进行采购或者装配。

通过以上对于 MRO 订单的优化流程，第一，企业可以及时的把握市场行情和动态，以便能随时调整运营和物料计划；第二，可以缩短产品交期，给销售代理提供更有利的支持；第三，加强了销售代理商和工厂的密切沟通，增进了合作的效率和绩效。

第五章　现当代企业管理中的
"经济学"——生产

第一节　生产与生产函数

一、生产四要素

企业进行生产的过程就是从投入生产要素到生产出产品的过程。生产要素是指生产中所要使用的各种资源。根据马歇尔《经济学原理》的思想，生产要素一般分为劳动、资本、土地和企业家才能，即"生产四要素"[①]。

劳动（L）指人类在生产过程中所提供的劳务，包括体力劳动与脑力劳动，是生产率的决定因素。

资本（K）指生产中所使用的劳动产品或资金，表现为实物形态和货币形态。资本的实物形态又称为资本品或投资品，包括厂房、设备、原材料等，资本的货币形态通常称为货币资本。

土地（N）是一个广义的概念，指生产中所使用的各种自然资源，不仅包括土地本身，还包括山川、河流、森林、矿藏等一切自然资源。

企业家才能（E）是指企业家对生产过程的组织和管理，包含经营企业的组织能力、管理能力和创新能力。企业家才能是马歇尔在《经济学原理》中特别增加和强调的一种生产要素。

生产是四种生产要素合作的过程，产品是四种生产要素共同努力的结果。通过对生产要素的运用，企业可以提供各种实物产品，如食品、房屋、日用品等，也可以提供各种无形的产品，如医疗、旅游、金融服务等。

在生产相同数量的产品时，劳动和资本之间存在替代关系，既可以多用

---

① 沙玉翠. 一看就懂的经济学 [M]. 北京：中国致公出版社，2011：14.

资本少用劳动，也可以多用劳动少用资本。劳动、资本和土地三要素必须通过企业家合理组织，才能充分发挥生产效率，企业家才能和另外三个要素的关系是互相补充的关系。

根据生产要素在生产过程中数量变化的特点，可以分为固定生产要素和可变生产要素。固定生产要素是指在一定时期内数量难以增减的生产要素，如厂房、设备等，投入数量不随产量的变动而变动。可变生产要素是指在一定时期内数量容易变化的生产要素，如劳动量、原材料等，投入数量随产量的变动而变动。

二、生产函数

（一）生产函数的含义

生产函数是指在一定时期内，在技术水平不变的情况下，生产要素的数量与某一种组合同它所能生产的最大产量之间具有依存关系的函数。用 Q 表示某种产品最大产出量，用 L、K、N、E 分别表示生产要素劳动、资本、土地、企业家才能的投入量，则生产函数的方程式就是：

$$Q = f(L, K, N, E) \tag{5-1}$$

该方程式的经济含义是：在既定的技术水平条件下，在某一时间内为生产出 Q 数量的某产品，需要投入相应的 L, K, N, E 的数量及其组合的比例；如果 L, K, N, E 的投入量与组合已知，就可以推算出 Q 的最大数量；或者，如果 Q 为已知，也就可以知道所需要的 L, K, N, E 的最低程度的投入量。在一般情况下，从生产要素的组合比例能够看出一个企业或整个社会的生产情况。

在分析生产要素与产量的关系时，一般把土地作为固定的，企业家才能难以估算，经济学通常假定投入要素只有两种：劳动（L）和资本（K），生产函数简写为：

$$Q = f(L, K) \tag{5-2}$$

关于生产函数的概念应注意以下几点：

（1）生产函数从某个特定时期考察投入与产出之间的关系，如果时期不同，生产函数也可能发生变化；

（2）生产函数取决于技术水平，每一种既定的技术条件下，都存在着一个生产函数，一旦技术水平有了改变，就会形成新的生产函数；

（3）要生产出一定数量的产品，生产要素投入量的比例通常是可以变动的。为生产一定量某种产品所需要的各种生产要素的配合比例称为技术系数。技术系数分为固定技术系数和可变技术系数。

如果生产某种产品所需要的各种生产要素的配合比例是不能改变的，就是固定技术系数，相应的生产函数称为固定投入比例的生产函数。固定技术系数表明各种生产要素之间不可相互替代，要素投入必须按同一比例增减。例如，办公室每个员工配备一台电脑，员工和电脑的比例为１：１，就是一种固定技术系数。服装厂生产服装所需要的投入比例是一人一台缝纫机，增加一名工人就要增加一台缝纫机。

如果生产某种产品所需要的各种生产要素的配合比例可以改变，就是可变技术系数，相应的生产函数称为可变投入比例的生产函数。可变投入比例的生产函数中的各种生产要素之间可以互相替代，如果多用某种生产要素，就可以少用另一种生产要素。一般情况下，技术系数是可变的。例如，生产同样产量的产品，可采用劳动密集型（多用劳动少用资本），也可采用资本密集型（多用资本少用劳动）。邮局信件自动分拣机、收割机、挖土机等都是用机器（资本）代替人的劳动。

（4）生产函数中的产量，是最大产品数量。也就是说，生产函数所反映的投入与产出之间的关系是以企业经营得很好，一切投入要素的使用都非常有效为假设的。

（二）柯布—道格拉斯生产函数

如果以社会总体为观察对象，可以得出用社会生产的投入产出总量来表示的生产函数，它是关于一个国家或地区在某一特定历史时期的生产函数。1928 年，美国数学家查理·柯布（C. W.Cobb）和经济学家保罗·道格拉斯（Paul H. Douglas）根据历史统计资料，研究 1899—1922 年间美国的资本投入（K）和劳动投入（L）这两种生产要素投入量对生产量（Q）的影响，得出这一时期美国的生产函数，即柯布—道格拉斯生产函数。该函数为：

$$Q = AL^{\alpha}K^{\beta} \tag{5-3}$$

式中：

Q——产量；

L和K——分别代表劳动和资本投入量；

A、α、β——常数，其中$A>0$为规模参数，α为劳动的产出弹性，β为资本的产出弹性，$0<\alpha$、$\beta<1$。

参数α和β的经济含义是：当$A+\beta=1$时，α和β分别表示劳动和资本在生产过程中的相对重要性，α为劳动所得在总产量中所占的份额，β为资本所得在总产量中所占的份额。根据1899—1922年间美国有关经济资料的统计分析，柯布与道格拉斯计算出$A=1.01$，$\alpha=0.75$，$\beta=0.25$，也就是在生产中，劳动所作的贡献占全部产量的3/4，资本为1/4。这说明每增加1%的劳动所引起的产量增长3倍于每增加1%的资本所引起的产量增长。这一结论与美国工人收入与资本收益之比（3：1）大体相符。

三、短期生产函数和长期生产函数

生产不仅需要投入各种生产要素，还需要时间。从投入转化为产出总是在一定的时期内进行的。为了简化分析，经济学根据在一定时期内生产要素是否可以随产量变化而全部调整，划分为短期和长期。需要强调的是，经济学中所说的长期与短期并不能仅以时间的长短来判断，对于不同行业、不同企业而言，长期与短期时间的长短是不一样的。譬如，变动一个大型炼钢厂的规模可能需要3年的时间，而变动一个鲜花店的规模可能只需要不到1个月的时间。大型炼钢厂与鲜花店的短期和长期划分分别以3年和1个月为界。

（一）短期生产函数

短期是指在一定时期内企业不能根据它所要达到的产量来调整其全部生产要素。具体来说，在短期内只能调整原材料、燃料及工人的数量，而不能调整固定设备、厂房和管理人员的数量。短期生产理论意味着生产规模既定条件下的产量决策。

根据生产函数$Q=f(L,K)$，劳动和资本两种生产要素在短期内，通常劳动比资本更容易调整。假定资本投入量是固定的，用K表示，劳动投入量是可变的，用L表示，则短期生产函数可以写成：

$$Q=f(L,\bar{K}) \tag{5-4}$$

短期生产函数的经济含义是指在资本投入量固定时劳动投入量的变化引起的最大产量变化的关系。

（二）长期生产函数

长期是指在一定时期内企业可以根据它所要达到的产量来调整其全部生产要素。在长期中，企业的生产规模是可以调整的，企业可以根据市场需求调整所有生产要素的投入量。

经济学中通常以两种可变生产要素的生产函数考察长期生产理论。在生产函数 $Q = f(L,K)$ 中，劳动投入量（L）和资本投入量（K）都是可变的，这个函数是通常采用的两种可变生产要素的生产函数形式，也被称为长期生产函数。长期生产函数即为：

$$Q = f(L,K) \tag{5-5}$$

长期生产函数表示长期内在技术不变的条件下由两种可变生产要素投入量的一定组合所能生产的最大可能产量。

第二节　短期生产理论与生产决策

一、总产量、平均产量、边际产量

（一）总产量、平均产量、边际产量的概念

短期生产函数 $Q = f(L,K)$ 表示：在资本投入量固定时，由劳动投入量变化所带来的最大产量的变化。由此，我们可以得到劳动的总产量、劳动的平均产量和劳动的边际产量这 3 个概念。总产量、平均产量和边际产量的英文简写分别为 TP、AP 和 MP。

劳动的总产量（TP）是指在资本投入既定的条件下，与一定可变生产要素劳动的投入量相对应的最大产量。其公式为：

$$TP_L = f(L,K_0) \tag{5-6}$$

劳动的平均产量（AP_L）是指平均每一单位可变生产要素劳动的投入量所生产的产量。公式为：

$$AP_L = \frac{TP_L}{L} = \frac{f(L,K_0)}{L} \tag{5-7}$$

劳动的边际产量（MP_L）是指每增加一单位可变生产要素劳动的投入量所引起的总产量的变动量。公式为：

$$MP_L = \frac{\Delta TP_L(L, K_0)}{\Delta L} \ \text{或}\ MP_L = \lim_{\Delta i \to 0} \frac{\Delta TP_L(L, K_0)}{\Delta L} = \frac{\mathrm{d} TP_L(L, K_0)}{\mathrm{d} L} \qquad （5\text{-}8）$$

类似地，我们还可以定义资本的总产量（TP_K）、资本的平均产量（AP_K）、资本的边际产量（MP_K）。

根据以上的定义和公式，可以编制一张关于一种可变生产要素的生产函数的总产量、平均产量和边际产量的列表。表 5-1 就是一个例子。

表 5-1　总产量、平均产量和边际产量

资本投入量 / K	劳动投入量 / L	总产量 / TP_L	平均产量 / AP_L	边际产量 / MP_L
20	0	0	—	—
20	1	6.0	6.00	6.0
20	2	13.5	6.75	7.5
20	3	21.0	7.00	7.5
20	4	28.0	7.00	7.0
20	5	34.0	6.80	6.0
20	6	38.0	6.30	4.0
20	7	38.0	5.40	0.0
20	8	37.0	4.60	–1.0

把表 5-1 的数据绘制在坐标上，就可以得到这样一幅图，如图 5-1 所示。

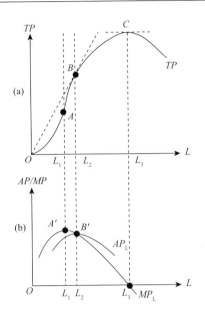

图 5-1　总产量、平均产量和边际产量的关系

（二）总产量、平均产量和边际产量的关系

从表 5-1 和图 5-1 中可以看出总产量、平均产量和边际产量曲线的特点以及总产量、平均产量和边际产量三者之间的关系。

1. 总产量的变化

随着劳动要素投入的增加，总产量的变化经历了三个阶段。第一个阶段总产量以递增的速度增加，表现为总产量曲线越来越陡直；第二个阶段总产量以递减的速度增加，表现为总产量曲线越来越平缓；第三个阶段总产量递减，表现为总产量曲线向右下方倾斜。

2. 总产量与边际产量的关系

根据边际产量的定义，它是随着劳动要素一个单位的变化所带来的总产量的变化量，由此总产量曲线上任一点的切线的斜率就是边际产量。总产量以递增的速度增加时，总产量曲线越来越陡直，边际产量是逐渐增加的。当总产量以递减的速度增加时，边际产量是逐渐减少的。当总产量达到最大值时，边际产量为零。而当总产量开始递减时，边际产量转而成为负值。图 5-1 中，总产量曲线上的 A 点的切线的斜率最大，此时边际产量最大；C 点的切线斜率为零，边际产量为零，总产量达到最大值。

3. 总产量与平均产量的关系

根据平均产量的定义，总产量曲线上任一点与原点连线的斜率就是平均产量。从图 5-1 可以看出，总产量曲线上的 B 点和原点的连线的斜率最大，所以此时平均产量达到最大，相应的劳动投入量为 L_2。

4. 平均产量与边际产量的关系

当边际产量大于平均产量时，平均产量是递增的；当边际产量小于平均产量时，平均产量是递减的，而在边际产量等于平均产量时，平均产量达到最大值。在图 5-1 中可以看出，总产量曲线上 B 点与原点的连线正好是 B 点处的切线，即在劳动投入量为 L_2 时，平均产量达到最大值。

二、边际报酬递减规律

边际报酬递减规律又称边际收益递减规律，是指在技术水平不变的条件下，若其他生产要素投入固定不变，只连续投入一种可变生产要素，随着这种可变生产要素投入量的增加，最初每增加一单位该要素所带来的产量增量是递增的，但在达到一定限度之后，增加一单位要素投入所带来的产量增量是递减的。

边际报酬递减规律是一个以生产实践经验为根据的一般性概括，它指出了生产过程中的一条普遍规律，对于现实生活中的绝大多数生产函数都是适用的。边际报酬递减规律存在的主要原因是：随着可变要素投入量的增加，可变要素投入量与固定要素投入量之间的比例在发生变化。在可变要素投入量增加的最初阶段，相对于固定要素来说，可变要素投入过少，因此，随着可变要素投入量的增加，其边际产量递增，当可变要素与固定要素的配合比例恰当时，边际产量达到最大。此时如果再继续增加可变要素投入量，由于其他要素的数量是固定的，可变要素就相对过多，于是边际产量就必然递减。

三、生产要素的合理投入区

仔细观察总产量曲线、平均产量曲线、边际产量曲线及其相互关系，我们根据总产量、平均产量和边际产量的变化，可以将生产划分为三个阶段，并确定在只有一种可变要素（假定为劳动）的情况下生产的合理投入区，如

图 5-2 所示。

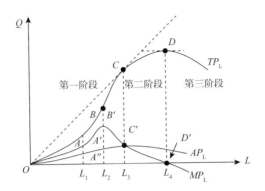

图 5-2　生产的三个阶段及生产的合理区域

第一阶段（$O-L_3$阶段）：在这一阶段中，劳动的边际产量始终大于劳动的平均产量，从而劳动的平均产量和总产量都在上升，且劳动的平均产量在L_4时达到最大值。说明在这一阶段，可变生产要素相对于不变生产要素投入量显得过小，不变生产要素的使用效率不高，因此，生产者增加可变生产要素的投入量就可以增加总产量。因此，生产者将增加生产要素投入量，把生产扩大到第二阶段。

第二阶段（L_3-L_4阶段）：在这一阶段中，劳动的边际产量小于劳动的平均产量，从而使平均产量递减。但由于边际产量仍大于零，所以总产量仍然连续增加，但以递减的变化率增加。在这一阶段的起点L_s，AP达到最大，在终点L，TP达到最大。

第三阶段（L_4之后）：在这一阶段中，平均产量继续下降，边际产量变为负值，总产量开始下降。这说明，在这一阶段，生产出现冗余，可变生产要素的投入量相对于不变生产要素来说已经太多，生产者减少可变生产要素的投入量是有利的。因此，理性的生产者将减少可变生产要素的投入量，把生产退回到第二阶段。

结论：合理的生产阶段在第二阶段，理性的厂商将选择在这一阶段进行生产。至于选择在第二阶段的哪一点生产，要看生产要素的价格和厂商的收益。如果相对于资本的价格而言，劳动的价格相对较高，则劳动的投入量靠近L_3点对于生产者有利；如果相对于资本的价格而言，劳动的价格相对较低，则劳动的投入量靠近L_4点对于生产者有利。

第三节　长期生产理论与生产决策

一、等产量曲线

（一）等产量曲线的含义

等产量曲线就是在技术水平不变的条件下，为生产同一产量水平所使用的两种要素各种组合点的轨迹。例如，现在有L（劳动）与K（资本）两种生产要素，它们有a、b、c、d，4种组合方式，这4种组合方式都可以得到相同的产量，如表5-2和图5-3所示。

表5-2　生产要素的各种组合

组合方式	L（劳动）	K（资本）
a	1	6
b	2	3
c	3	2
d	6	1

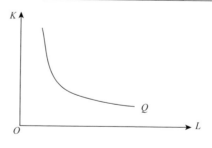

图 5-3　等产量曲线

在图5-3中，横轴OL代表劳动量，纵轴OK代表资本量，Q代表等产量线，线上任何一点L与K不同数量的组合都能生产出相等的产量。

（二）等产量曲线的特征

等产量曲线的特征主要有三个。

第一，等产量曲线向右下方倾斜，在同一等产量曲线图中，有无数条等产量曲线。离原点更远的等产量曲线拥有更多的要素投入量，因而代表着更高的产量水平，如图 5-4 中，$Q_1 > Q_2$。

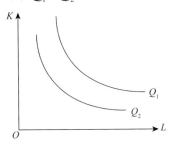

图 5-4　等产量曲线

第二，在同一平面图中，任何两条等产量曲线不能相交。假设有两条等产量曲线相交于某一点，那么它们在这一点上就有相等的产量，显然这与不同的等产量曲线代表不同的产量水平是矛盾的，如图 5-5 所示。

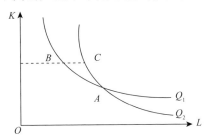

图 5-5　等产量曲线不相交

第三，等产量曲线的斜率为负，且凸向原点。这一特征可以借助边际技术替代率来说明。每一条特定的等产量线都代表一个特定的产量，等产量曲线的每一点都代表既定技术水平下有效率的一种要素组合。这就意味着要使产量保持不变，厂商在增加一种要素使用量的同时就可以相应减少另一种要素的使用量，从而产生了两种要素之间相互替代的问题。

（三）边际技术替代率

同一条等产量曲线上的每一点所代表的两种要素的不同组合，给生产者带来的产量是相同的。等产量曲线的这一特征是基于这样一个前提：为了维持同等产量，增加一种要素的投入数量时，必须减少另一种要素的投入数量。

在等产量曲线斜率为负，且技术水平不变的条件下，为了维持相同的产量，每增加一个单位一种要素（L）的投入而需要相应减少的另一种要素（K）的投入数量，称为要素L对要素K的边际技术替代率（简称为$MRTS_{LK}$）。

如图 5-6 所示，横轴为要素L的数量，纵轴为要素K的数量，Q为等产量线。如果用L替代K，ΔL代表L的增加量，ΔK代表K的减少量，则边际技术替代率可以用下式来表示：

$$MRTS_{LK} = -\frac{K_2 - K_1}{L_2 - L_1} = -\frac{\Delta K}{\Delta L} \qquad (5\text{-}9)$$

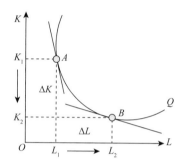

图 5-6　生产的边际技术替代率

（四）边际技术替代率递减规律

边际技术替代率递减规律是指在维持产量不变的前提下，当一种生产要素的投入量不断增加时，每一单位的这种生产要素所能替代的另一种生产要素的数量是递减的。如图 5-7 所示。

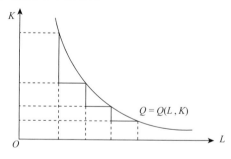

图 5-7　边际技术替代率递减

我们知道一种要素投入量变动情况下企业决策的特点，即不可能在边际产量递增的区域内进行生产，也就是说企业必然在边际产量递减的区域内进行生产。

因此，边际技术替代率递减的原因解释为：随着劳动对资本的不断替代，劳动的边际产量逐渐下降，而资本的边际产量逐渐上升。作为逐渐下降的劳动的边际产量与逐渐上升的资本的边际产量之比的边际技术替代率是递减的。

可见，边际技术替代率递减规律产生的基础是要素的边际产量递减。这正如在消费理论中边际效用递减规律产生的基础是边际效用递减一样。

边际技术替代率递减规律决定了等产量曲线一般是凸向原点的。但是，等产量曲线也存在着如下两种特殊情况：

1. 完全替代

完全替代是指两种生产要素之间完全可以替代，边际技术替代率不变。在这种情况下，等产量曲线为一条直线，如图5-8（a）所示。

2. 完全不能替代

完全不能替代是指两种生产要素之间的比例是固定的，不存在替代关系，即固定投入比例生产函数。例如，某汽车运输公司有9辆卡车，则只能也必须雇用9个卡车司机，否则不是多余的卡车无用就是多余的司机无用，此时，卡车和司机以1：1的比例完全互补。在这种情况下，等产量曲线为一条直角形的折线，如图5-8（b）所示。

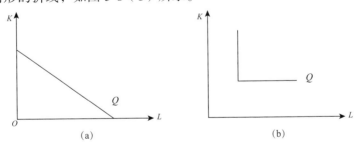

图5-8　两种特殊的等产量曲线

二、等成本线

生产理论中的等成本线与效用论中的预算线十分相似。

等成本线是在既定的成本和生产要素价格条件下，生产者可以购买到的两种生产要素的各种不同数量组合点的轨迹。

等成本线表明了厂商进行生产的限制条件，即它所购买生产要素所花的钱不能大于或小于所拥有的货币成本。大于货币成本是无法实现的，小于货币成本则无法实现产量最大化。

等成本线可以写为：

$$C = P_L L + P_K K \tag{5-10}$$

其中C表示既定成本，P_L和P_K分别为已知的劳动的价格（工资率）和资本的价格（利率）。上式也可写为：

$$K = -\frac{P_L}{P_K} L + \frac{C}{P_K} \tag{5-11}$$

如图5-9所示，等成本线把坐标空间分成三部分：等成本线左下方区域；右上方区域；等成本线本身。

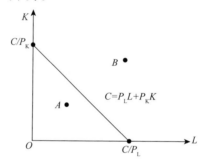

图 5-9 等成本线

厂商在购买了等成本线左下方区域中任一点如A点所代表的要素组合后，既定的成本还有剩余；等成本线右上方区域中任一点如B点所代表的要素组合，在现有的约束条件下，厂商买不起。等成本线上各点所代表的要素组合，厂商不仅买得起，而且正好把成本用完。

等成本线的位置取决于成本总量和要素价格。如果厂商的货币成本和生产要素价格改变了，则等成本线就会变动。如果成本既定，要素价格变动，则等成本线的斜率往往发生变动，等成本线就会偏转。假定资本的价格既定，当劳动价格上升时，等成本线向左偏转；劳动价格下降时，等成本线向右偏转。

如果生产者的货币成本变动（或者生产要素价格都变动），则等成本线会平行移动。假定劳动和资本价格不变，货币成本增加，等成本线向右上方平行移动；货币成本减少，等成本线向左下方平行移动。如图5-10所示。

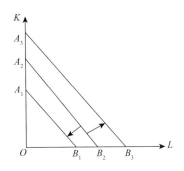

图 5-10　等成本的移动

三、生产要素最适组合

最优的要素投入组合是指成本最小产量最大的组合，即用既定数量的成本生产最大产量的组合，或是用最小成本生产既定产量的组合。如把等产量曲线和等成本曲线放在同一坐标图上。那么，当这两条曲线相切时，切点所代表的组合就是要素投入的最优组合。

（一）既定成本条件下的最大产量

由于成本既定，所以只有一条等成本线 C，既定的等成本线可以和许多等产量曲线相交，但只与一条等产量线相切，切点处所代表的组合是最优投入组合。

为什么只有在这个切点时才能实现生产要素的最适组合呢？

图 5-11 中，等成本线 C 与等产量曲线 Q_1 相交于 F 点、G 点，与等产量曲线 Q_2 相切 E 点，与等产量曲线 Q_3 不相交也不相切。这意味着，用成本 C 可生产低产量 Q_1，但太不经济；用成本 C 生产产量 Q_3，根本不可能；用成本 C 生产 Q_2 既可能，又最经济，故 E 点为生产者均衡点。

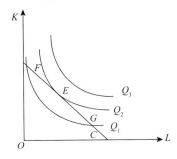

图 5-11　既定成本下产量最大的要素组合

（二）既定产量条件下的最小成本

图 5-12 中，Q 为等产量曲线，C_1、C_2、C_3 为三条等成本线，其中 C_3 代表成本最大，C_2 次之，C_1 代表成本最低。图中等产量曲线 Q 与等成本线 C_3 相交于 F 点、G 点，与等成本线 C_2 相切于 E 点，与等成本线 C_1 不交不切。这意味着，用高成本 C_3 可以生产产量 Q，但是太不经济；用低成本 C_1 生产产量 Q 根本不可能；用成本 C_2 生产产量 Q 既是可能的，又是最经济的，故 E 点为生产者均衡点。

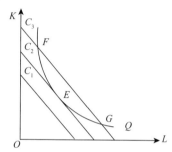

图 5-12　既定产量下成本最小要素组合

无论是成本最少组合，或是产量最大组合，都是等产量曲线与等成本线切点的组合。

微观经济分析把上述等产量曲线与等成本线的切点 E 叫作生产者均衡点。在这一点上，生产者实现了用最小成本生产出最大产量，也就是达到了利润最大化。只要其他条件不变化，生产者就愿意继续保持这种状态。

在生产者均衡点上，等产量曲线的斜率正好等于等成本线的斜率。由于等产量线的斜率是两种生产要素的边际技术替代率（$-\Delta K / \Delta L$），等成本线的斜率是两种生产要素的价格比率（P_L / P_K）。所以：

$$\mathrm{MRTS}_{LK} = -\frac{\Delta K}{\Delta L} = \frac{MP_L}{MP_K} = \frac{P_L}{P_K} = -\frac{dK}{dL} \tag{5-12}$$

即边际技术替代率等于两要素的价格比。由此可得：

$$\frac{MP_K}{P_K} = \frac{MP_L}{P_L} \tag{5-13}$$

通常经济学家将（式 5-10）式称为生产者（或厂商）均衡条件，也叫最优要素组合的边际条件。也就是说，在生产者均衡条件下，生产者（或厂商）花费每一单位成本无论购买哪一种生产要素，获得的边际产量都相等。

四、生产扩展线

如上所述，生产者在既定产量条件下实现最小成本与在既定成本条件下实现最大产量的两要素的最优组合原则是相同的。

在其他条件不变时，当生产的产量或成本发生变化时，生产者会重新选择最优的生产要素组合，在变化了的产量条件下实现最小成本，或在变化了的成本条件下实现最大产量。

如果生产者的货币成本增加，则等成本线向右上方平行移动，不同的等成本线与不同的等产量曲线相切，形成不同的生产要素最适组合点，将这些点连接在一起，就得出生产扩展线。如图 5-13 所示。

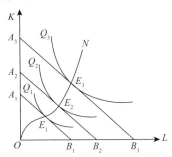

图 5-13 生产扩展线

当生产者沿着这条线扩大生产时，可以始终实现生产要素的最适组合，从而使生产规模沿着最有利的方向扩大。

所以，生产扩展线就是指在生产要素的价格、生产函数和其他条件不变时，当生产成本或产量发生变化，形成的生产均衡点的轨迹。由于在扩展线上的所有的生产均衡点上边际技术替代率都相等，扩展线一定也是一条等斜线。生产者必然会沿着扩展线来选择最优的生产要素组合，从而实现生产的均衡。

五、规模报酬

规模报酬分析的是企业的生产规模变化与所引起的产量变化之间的关系。

通常以全部生产要素都以相同比例发生变化来定义企业的生产规模变化。相应的规模报酬变化是指在其他条件不变的情况下，企业内部各种生产要素按相同比例变化时所带来的产量变化。厂商的规模报酬变化有三种情况，如图 5-14 所示。

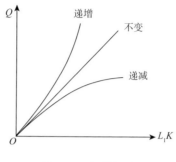

图 5-14　规模报酬

（一）规模报酬递增

一个厂商的生产规模扩大后，如果产量增加的比例大于生产要素增加的比例，则称为规模报酬递增。例如，若某厂商将投入的劳动和资本都等比例地扩大 n 倍，而产量增加的幅度大于 n 倍，就说该厂商的规模报酬递增。

（二）规模报酬不变

一个厂商的生产规模扩大后，如果产量增加的比例等于生产要素增加的比例，则称为规模报酬不变。例如，若某厂商将投入的劳动和资本都等比例地扩大 n 倍，而产量增加的幅度也等于 n 倍，就说该厂商的规模报酬不变。

（三）规模报酬递减

一个厂商的生产规模扩大后，如果产量增加的比例小于生产要素增加的比例，则称为规模报酬递减。例如，若某厂商将投入的劳动和资本都等比例地扩大 n 倍，而产量增加的幅度小于 n 倍，就说该厂商的规模报酬递减。

当一个厂商持续地扩大其企业规模时，规模报酬变化一般呈现出如下规律：当企业从最初很小的生产规模开始逐步扩大时，面临的是规模报酬递增阶段。在企业得到了由生产规模扩大所带来的产量递增的全部好处后，一般会继续扩大生产规模，将生产保持在规模报酬不变阶段。规模报酬不变阶段可能会比较长。此后，企业若继续扩大生产规模，将进入规模报酬递减阶段。

第四节 企业生产管理流程优化研究

本节以 XZ 机械企业为例，希望可以通过 XZ 机械企业生产管理流程优化帮助国内各大企业在提高企业的生产能力和产品质量的同时，为国民经济增长添砖加瓦。

一、生产管理与流程优化

（一）生产管理

生产管理（简称 PM）就是对生产过程中各环节进行控制，这个过程是对企业生产系统完成全面设置和全面管理的总称，涉及生产环节中的每一道工序主要有：生产前组织工作、计划制订工作、过程控制和工期交付等项目。经过多年的发展生产管理已经从生产过程的单一管理扩充到厂址选址、内部布置设计、生产线布置，以及生产管理系统的设置等。生产计划工作主要指按照产品生产要求技术准备和生产作业计划等编制生产计划；生产控制工作主要有生产进度，库存、质量和成本等工作的控制；而保证纳期生产交付正常是根据生产计划要求下保证客户产品交付正常。

生产管理的主要任务就是在客户产品交付出出现问题的情况下进行有效的措施进程处理。通过生产前的组织工作，对企业生产目标和要求进行明确，设置生产管理系统，保证技术的可行性、经济性和合理性，并对物质技术和环境条件进行准确限定；通过生产计划工作完成生产系统优化运行方案的制定；通过生产控制工作完成生产过程中各种关系的调节和协调工作，保证生产系统的运行符合生产计划的需求，实现预期产品品种、生产质量、产量、合同期限和成本控制的目标等。生产管理的目的就是希望达到投入小产出大的最佳效益，一般企业会通过生产管理软件来完成对企业生产的管理，以提高生产效率、通过生产管理过程的信息的控制来提高企业的竞争力。

（二）流程优化

流程优化是从组织高管层面上提出完善的优化计划，同时对实施步骤和效果，及对预期可能出现的障碍阻力等认识清晰。流程优化不论是流程整体的优化还是对部分内容进行优化，都是以提高工作效率、降低成本、减少生产人员劳动强度、节约能源、提高安全生产、减少污染源等为主要目的而产生的，主要体现为减少生产环节、改变生产时序，或者压缩生产工序的流程优化。

流程优化需要围绕优化对象达到预定目标而进行的，在现有的流程基础上，提出改进实施方案和实施细则，并对其作出评价，针对评价中出现的问题进行下一步的改进直到满意为止才开始试运行，并根据试运行解决开始正式实施的步骤。

二、XZ 企业简介与生产管理情况

（一）XZ 企业简介

XZ 企业是一家高科技民营企业，企业从成立至今一直以精益求精的品质和完善的售后服务体系为广大用户所服务，无论从产品设计、生产过程、配送物流和售后服务等方面管理都具有一定的优势。企业每年从高校引进有素质的管理和技术人员，同时带给企业先进的技术，精密加工设备的不断更新保证企业设备的先进性和产品加工的紧密度位居行业先进水平，现场管理水平较高，检测设备精准，企业拥有比较稳定的原材料供应商和客户群体。企业的经营范围包括：精密零件的加工、制造；零件的组装；专业工具和治具的加工、组装。企业的经营方针是：优质、经济、快速、环保。企业创立于 2001 年，占地 11 000 平方米，拥有雄厚的资产，具有专业技术人员、高级工程师、专业研发人员于一体的高素质设计生产团队。在团队的打造下企业经过 21 年的发展已经成为一家集研发、生产、销售、售后于一体的现代化企业。

（二）企业组织架构

XZ 企业的组织架构以金字塔形状体现，呈现出三层形式，最高层为总经理，负责企业全面工作部署和协调，管理者代表是辅助总经理完成相关工作的协调和督促工作，完成文件的上传下达；第二层是各部门主管，主要有行政部、采购部、计划部、生产部、工艺部、质检部、仓库、销售部和财务部，各部门间虽然同处于第二层，但是之间的工作相互协调，一切工作以正常生产为主要目标；仅有行政部和生产部具有第三层，行政部根据企业特性分为后勤部和人力资源部，而生产部则下设生产和统计两个分部门，各部门都有各自的工作职责，部门间存在工作关联由总经理和管理者代表进行协调完成。

（三）企业岗位职责

1. 总经理

董事会成员，参与企业重大决策的制定和实施；负责企业业务流程、管理条例、岗位职责的调整和确定，并监督企业执行落实情况；对企业改革意见提出具体实施方案并监督落实；完成企业外部关系的协调以及法律事务的处理；负责企业安全文明生产的管理和监督工作，以及重大安全生产事故的善后处理工作。

2. 管理者代表

代表管理人员参与企业重大决策，代表全部管理人员上报各部门管理结果意见和建议；负责会议筹备、通知、记录和会议中各代表的工作总结和建议手机整理工作；提出企业的改革意见，对管理人员提出的实施方案进行统计上报，企业重大信息的搜索和组织。

3. 行政部

主要负责企业人力资源和后勤部门的日常综合工作；负责各部门人力资源管理的相关工作；完成企业薪酬体系的制定和后备干部的培养工作；会议安排部署；企业用车、宿舍、食堂的管理；企业内部资料的搜集、整理归档工作；以及企业内部安保工作。

4. 采购部

按照公司采购计划完成原材料和设备的采购任务；严格按照公司的询价、报价、比价原则完成采购询价任务；积极配合业务部门的生产经营任务做好项目方案设计中涉及的采购任务；与供应商密切联系，达到低价、快速、及时供货；严格完成比价工作，确保原材料品质和价格合理性。

5. 计划部

根据销售部提供的合同和订单安排生产计划，同时制定物料采购计划；及时跟踪生产物流的入库情况和车间生产的具体情况，及时调整生产计划；依据计划情况编制工程编号，标记需要完工的时间节点并下发相关部门。

6. 生产部

协调总经理完成企业的生产经营管理工作；按照计划部提供的生产计划完成产品的生产；建立健全设备维修维护保养制度并监督执行；落实并监督生产过程中员工生产工艺和生产流程的执行情况；生产耗用和生产成本的测算、核算和控制；生产数据的统计和上报；生产部门员工的管理。

7. 工艺部

根据国际标准和订单要求制定与改进企业生产的工艺标准文件；负责订单工艺审核和下料工作；生产现场的工艺、技术支持和保障工作以及企业内部工艺执行管理工作；完善组织工艺规程、作业指导书和工艺管理方法的编制；负责生产现场的工艺监督工作。

8. 质检部

负责企业产品质量管理的全面工作，具体负责原材料的验收检验工作；按照订单的产品质量要求进行生产过程的半成品、成品质量检查，其中包括各个工序、流程的质量检验；负责不合格品返修后的再次检验工作；对生产过程的质量异常反应信息进行搜集整理，提出解决方案和整改意见。

9. 仓库

负责仓库进出货、存货管理工作，严格执行企业的物流管理规定；完整记录仓库出入账信息，编制库存表；按照货物存储要求对物料进行仓储管理；完成半成品、成品的仓储和统计工作。

10. 销售部

完成市场调研工作，收集市场信息、市场动态和市场趋势；对客户资料进行收集、整理和归档工作，并对客户进行需求分析；负责搜集并整理市场竞争者的实际情况，制定销售计划，并提出产品设计生产整改意见。

（四）生产管理情况

1. 人力资源管理情况

生产型企业主要人员为一线生产人员，产品质量受到操作人员综合素质和技术掌握的影响，XZ企业的一线生产人员多为合同工，文化程度参差不齐、人员流动率居高不下，导致技术能力高的技术工种跳槽率高，导致整体技术能力不强。在生产任务高时，人力资源部通过人才市场完成关键技术人员的招聘，受到任务紧迫的影响，入职培训和技术培训工作潦草完成便开始工作，人员安全意识不足、质量管理意识淡薄、培训工作呈现为形式主义，并不能从根本提升员工综合素质和技术能力。

2. 生产情况

产品生产过程分为生产前的准备阶段、生产过程、产品检验阶段，由于原材料的采购对于生产工期造成一定的影响，导致生产前没有充分的时间完成生产前的准备，对于原材料情况了解、图纸的掌握以及设备的检修等工作都不能充分完成，导致生产产品返修率高，产品质量受到影响，仅 2019 年 10 月份生产 A 产品的返工率就高达 31.3%，无形中造成了生产周期变长、不合格成品增加。

3. 产品质量控制管理情况

产品生产过程所有工作都围绕着控制产品质量和生产进度而部署，当出现产品质量异常时及时上报给上级部门，由管理层做出批示，下发整改意见，生产执行部门按照整改意见进行生产作业调整，将问题解决；但是产品质量问题源源不断，产品合格率持续走低，返工率居高不下，导致工期受到严重影响，产品生产成本高利润低。而产品质量存在的问题多属于重复问题习惯性发生，相同的问题在每个生产线上都在重复地出现，没有因为整改意见而彻底消除。

4. 不合格品处理情况

XZ 生产线上针对产品进行质量检测主要是对工序中的半成品、成品进行检验检测，要求对不合格品进行返工或修补达到质量要求标准才能够进入下一道生产工序。由于生产部门没有对检验检测部门提出信息反馈要求，则整个检测过程都是人工判读、口头传达完成的，在产品生产后期或使用过程中出现质量问题需要追溯问题原因时仅能依靠检查员记忆，没有认可资质、电子记录可查。另外，对于不合格品的管理和摆放也存在不规范情况，不合格品散落在车间每个角落，导致生产环境凌乱不堪，成品、半成品、不合格品无序堆放。

三、企业生产管理流程优化方案设计

（一）组织架构的优化

由于原组织架构中各部门工作都需要经过总经理审批，而总经理精力受限，很多工作不能及时准确完成，导致生产管理受到影响了；在此情况下，在原第二管理层中增加管理副总和生产副总，分别对生产经营活动和日常经营管理工作进行综合管理。并在生产部下级增设设备部门，完成设备的日常维护维修和保养工作，减轻生产操作人员的负担同时以专业手段完成设备的养护和维修工作；在仓库部门设置原材料库、半成品库和成品库，保证原材料的品质，半成品和成品分离存放防止混乱造成生产不变。由于质检部门的工作特殊性，在质检部下设 QA 和 QC 两个部门，完成质量控制（QC）和质量保证（QA）的工作，完成事前和事后双重质量检测工作。具体组织架构见图 5-15 所示，整个制造架构没有改变金字塔型结构，只是在第二管理层做轻微调动，取消原管理者代表增加日常经营管理副总和生产副总，副总日常经营管理和生产管理工作，部门之间的问题通过副总进行协调解决，缩短问题审批和处理的周期；而涉及日常管理和生产管理之间的工作则上报总经理进行协调审批执行，这样的组织架构和审批流程缩短了审批时间，对提高工作效率做出基础贡献。

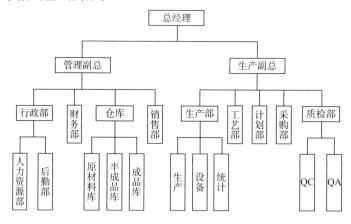

图 5-15　组织架构方案

（二）员工培训流程优化

新入厂人员均要按照 XZ 企业制订的教育培训计划完成公司简介、公司制度、安全卫生守则、环境安全文明生产政策和新进、调动及支援人员教育训练安排表等进行上岗前的培训，主要流程和具体内容见图5-16所示。通过各部门提出新员工教育培训要求，并由新进员工部门对培训需求签核转回人力资源部，然后人力资源部对要求进行汇总整理，由副总核准新员工培训计划的制订，并开启培训工作，主要通过企业简介、规章制度、安全文明生产等内容开启为期一个月的培训工作；培训完成后开始岗前培训考核工作，并对培训成果进行汇总和管理；由副总进行核准，完成全部新员工的培训工作。

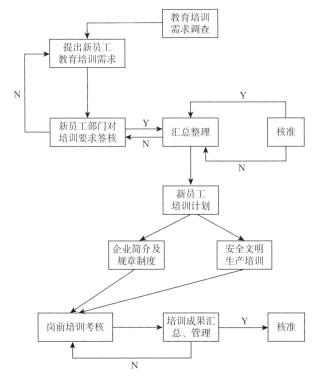

图5-16 新员工培训流程方案

人力资源部对员工进行年度教育培训的流程见图5-17所示。

各部门主管依据经营目标、品质政策、环境安卫政策及员工职能鉴定部门之训练需求，填具"年度教育培训申请表"向教育培训单位提出申请。

教育培训单位依据各部门所提出的需求，配合公司生产经营的需要拟定年度教育培训计划，呈请总经理批准后实施。

人力资源部依据总经理批准的培训计划，编列培训预算，呈请总经理核准。

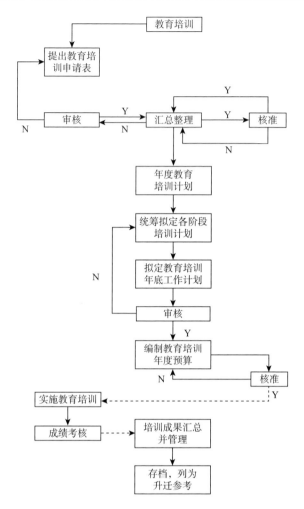

图 5-17　员工年度教育培训流程方案

　　训练执行：人力资源部依据年度教育培训和新进、调动及支援人员教育培训安排表执行训练工作；人力资源部门按照培训计划安排培训场地、时间、培训讲师和培训教材事宜；人力资源部依据"年度教育培训计划"，确认各部门教育培训执行情形，以供管理阶层考核训练进度。

　　培训成绩考核：所有受训人员在培训后填写"教育培训心得报告表"或"教育培训考核表""教育培训满意度调查表"、现场操作等方式进行考核；对于特殊技能的培训需要通过笔试和实操来完成考核工作，确保受训人员具备特殊技能的能力；人力资源部依据学员测验成绩、心得报告、满意度调查结果等详加考核做成教育培训评估报告表作为培训结果，纳入教育培训单位管理，以了解培训成果，作为拟定教育培训计划的参考，并于人事升迁时列为重要参考依据；考核不合格的员工，人力资源部需要通过补训来使员工达到合格标准。

教育培训记录：培训记录包括课程内容和日期、课程时数、训练地点、参加人员、讲师姓名、课程费用等予以详细记录做成每月教育培训实绩表。同时人力资源部将学员受训练课程、考核结果纳入员工教育培训履历表存档作为员工晋升的依据。

（三）采购流程的优化

采购流程的优化需要采购部、计划部、质检部和仓库共同完成。各部门的主要职责为：

采购部：原材料的评估、议价、订购及应付账款整理等相关事务。

质检部：完成原材料的品质检验及对供应商提供产品的品质管理指导。

计划部：根据生产任务提出原材料采购计划要求。

仓库：完成生产原材料的入库和存储工作。

具体流程见图 5-18 所示。

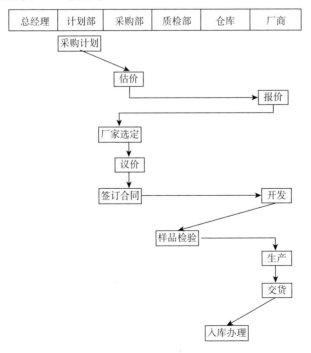

图 5-18　原材料采购流程图

计划部按照采购部签订的合同制订采购计划，上交采购部；采购部根据采购计划进行估价；采购部按照原材料采购要求找到合格供应商，并要求其按照原材料要求进行报价；从供应商的报价和企业能力进行评估，最后选定供应商，供应商的选定由总经理、计划部和采购部共同完成；采购部和供应商协商完成议价工作；与供应商签署原材料采购合同，合同明确原材料技术要求和供货期限；供应商根据原材料要求进行开发研究；提供样品交由质检部进行检测，样品合格后，供应商开始生产；供应商在规定期限内交货；仓库办理入库手续，按照原材料储存要求完成仓储工作。

（四）生产流程的优化

1. 生产规划阶段

生产方案确定之前都属于生产规划阶段，此阶段工作主要是计划部制订生产、采购计划，生产部制定设备规划并对设备做生产前准备，同时依据产品特性、加工方法导入适宜的设备治具，依加工流程将设备，安置在适当的场所进行生产线的布局；由计划部、采购部、质检部和设备规划部确定生产方案；并由总经理核准，完成生产规划阶段的所有工作。

2. 生产准备阶段

生产前准备工作由计划部、采购部、质检部和生产部完成，计划部主要完成物流准备工作；采购部完成生产所需要物料的准备工作；质检部针对产品特点确定品质因素，作为日后产品检验的主要检验点；生产部开启试运行工作；同时，人力资源部根据生产准备工作中的缺陷提出培训教育建议，由人力资源部安排衔接作业人员，进行训练培训，以便熟练各项作业方法和质量管理要领，协助提高操作人员的技能和素质。

3. 生产阶段

生产试运行后开始标准作业，并生产出首件产品，生产部完成首件自检工作，自检合格后交由质检部，质检部依据产品特性、加工方法，作成检查基准和品质点检表以作为制程之品质管制基准和记录用，检查基准标示方式可为实物样件、照片或略图等。对于指示之品质特性，需确实整备，以确保符合原规划品质要求和制程能力，对于指示之品质特性，依据要求采取全检、监控、防呆或统计手法，达到品质确保的目的。首件生产合格后开始批量生产；生产线主管、品质检验员，每日需就作业员自主检查状况，予以现物确认并于点检表签名；最后由质检部完成成品检验工作，检验合格产品入库管理。对于品质检验不合格的产品进入品质异常处理流程，完成不合格品管理。

第六章 现当代企业管理中的 "经济学" ——成本

第一节 成本与成本管理概述

一、成本的概述

企业的生产成本通常被看成是企业对所购买的生产要素的货币支出。然而，西方经济学家指出，在经济学的分析中，仅从这样的角度来理解成本概念是不够的。为此，他们提出了机会成本的概念以及显性成本和隐性成本的概念。

（一）机会成本

西方经济学家认为，经济学是要研究一个经济社会如何对稀缺的经济资源进行合理配置的问题。从经济资源的稀缺性这一前提出发，当一个社会或一个企业用一定的经济资源生产一定数量的一种或者几种产品时，这些经济资源就不能同时被使用在其他的生产用途方面。这就是说，这个社会或这个企业所获得的一定数量的产品收入，是以放弃用同样的经济资源来生产其他产品时所能获得的收入作为代价的。由此，便产生了机会成本的概念。例如，当一个厂商决定利用自己所拥有的经济资源生产一辆汽车时，这就意味着该厂商不可能再利用相同的经济资源来生产 200 辆自行车。于是，可以说，生产一辆汽车的机会成本是所放弃生产的 200 辆自行车。如果用货币数量来代替对实物商品数量的表述，且假定 200 辆自行车的价值为 10 万元，则可以说，一辆汽车的机会成本是价值为 10 万元的其他商品。一般地，生产一个单位的某种商品的机会成本是指生产者所放弃的使用相同的生产要素在其他生产用途中所能得到的最高收入。在西方经济学中，企业的生产成本应该从机会成本的角度来理解。

（二）显性成本

企业生产的显性成本是指厂商在生产要素市场上购买或租用他人所拥有的生产要素的实际支出。例如，某厂商雇用了一定数量的工人，从银行取得了一定数量的贷款，并租用了一定数量的土地，为此，这个厂商就需要向工人支付工资，向银行支付利息，向土地出租者支付地租，这些支出便构成了该厂商的生产的显性成本。从机会成本的角度讲，这笔支出的总价格必须等于这些生产要素的所有者将相同的生产要素使用在其他用途时所能得到的最高收入。否则，这个企业就不能购买或租用到这些生产要素，并保持对它们的使用权。

（三）隐性成本

企业生产的隐性成本是指厂商本身自己所拥有的且被用于该企业生产过程的那些生产要素的总价格。例如，为了进行生产，一个厂商除了雇用一定数量的工人，从银行取得一定数量的贷款和租用一定数量的土地之外（这些均属于显性成本支出），还动用了自己的资金和土地，并亲自管理企业。西方经济学家指出，既然借用了他人的资本需付利息，租用了他人的土地需付地租，聘用他人来管理企业需付薪金，那么，同样道理，在这个例子中，当厂商使用了自有生产要素时，也应该得到报酬。所不同的是，现在厂商是自己向自己支付利息、地租和薪金。所以，这笔价值就应该计入成本之中。由于这笔成本支出不如显性成本那么明显，故被称为隐性成本。隐性成本也必须从机会成本的角度按照企业自有生产要素在其他用途中所能得到的最高收入来支付，否则，厂商会把自有生产要素转移出本企业，以获得更高的报酬。

二、成本管理

（一）成本管理的概念

所谓成本管理，是指企业生产经营过程中各项成本核算、成本分析、成本决策和成本控制等一系列科学管理行为的总称。其目的就是充分动员和组织企业全体人员，在保证产品质量的前提下，对企业生产经营过程的各个环节进行科学合理的管理，力求以最少生产耗费取得最大的生产成果。成本管理是企业管理的一个重要组成部分，它要求系统而全面、科学和合理，它对于促进增产节支、加强经济核算，改进企业管理，提高企业整体成本管理水平具有重要意义。

（二）成本管理的内容

成本管理是将成本作为管理的对象，借助管理会计学和管理学的研究方法，以提供成本信息为主的一个管理会计的分支，是企业管理过程中最为重要和不可或缺的组成部分。企业在日常的经营管理中，采用有效的成本控制和成本管理的措施可以大幅提高其经济效益，深入研究并掌握成本控制和成本管理的内容对企业管理具有积极的意义。成本管理的过程从程序角度来说也可以看作成本管理的内容，主要包括6方面的内容。

1. 成本核算

成本核算是整个成本会计的核心，它是采用核算的计算方法，对企业在生产经营过程中所产生的各种费用，按照固定的成本科目，通过对生产费用的记录、归总、测算、分配，计算出成本核算对象的单位成本和实际总成本。各种生产资料在成本核算后，可以进行存货估计，确定企业利润，并能客观地反映出成本计划的完成情况，这是产品价格制定的依据。成本核算要求真实、客观、准确、及时，采用的方法必须符合成本计算对象的特点，遵循成本计算的原则。

2. 目标成本规划

目标成本规划是产品开发过程中的事前成本，它是对企业的潜在利润进行战略性管理的方法，企业首先确定计划开发产品的生命周期，然后根据对生命周期的预计开发，生产拥有特定质量和功能且以预计价格出售可以获利的产品，改变过去成本核算的消极性，转而变为积极因素。企业的目标成本是将待开发产品的预计售价扣除期望边际利润后所得到的成本值，然后根据目标成本的设定，设计出可以满足顾客需求的产品，并投产制造。目标成本规划要求企业能够充分掌握市场的需求，准确判断消费者对于未来产品价格的接受程度，并对自身的能力要有充分认识。

3. 质量成本管理

质量成本是企业生产总成本的组成部分，它是指企业为了确保产品生产和服务质量达到消费者期望的满意程度所发生的费用，以及由于产品和服务的质量未达到消费者的满意程度而产生的损失。质量成本管理范围包括市场调查、产品设计、技术装备、物资供应、生产制造、产品销售、用户使用等全过程的质量成本管理。质量成本管理要求管理的范围尽可能地扩大，进而推动企业生产产品质量和提供服务水平的不断提高[①]。

4. 战略成本管理

战略管理是企业运用战略将企业日常业务决策同长期计划决策相结合而形成的一系列系统的经营管理战略方案。战略成本管理是将成本管理和战略管理相互结合，以企业发展战略为前提，从成本源头判别成本的影响因素，使企业具有竞争优势，便于企业创造核心竞争力。战略成本管理的内容包括价值链分析、成本动因分析、战略定位分析等内容，需要企业以前瞻的眼光对企业的未来发展做出战略分析。

5. 供应链成本管理

供应链早期的概念是企业内部的流转过程，企业将从外部购买的产品零部件或者原材料，通过企业内部生产制造出产品进行销售的过程。

现代企业越来越重视供应链在企业内部和企业外部之间的相互流转关系，供应链的成本管理已经俨然成为跨企业的成本管理方式。企业之间相互协调相互配合，通过对供应链上各个环节的调整和联动，降低了整条供应链上的总成本，提高了消费者的满意程度。

6. 环境成本管理

环境成本是由于环境问题而产生的成本，它是指企业采取环境保护措施或承担环境赔偿责任而发生的支出，也包括企业因从事生产经营活动引发的环境污染和环境破坏所需要采取的环境保护措施或承担弥补措施时发生的支出。企业对环境成本的管理和控制需要在国家环保法律制定和不断完善的过程中，在外部环境损害赔偿责任支出与内部采取先进技术装备支出之间达到平衡。

---

① 方芳. 重工业企业成本管理存在的问题及对策 [J]. 质量与市场，2022（11）: 82-84.

（三）成本管理的方法

企业成本管理经历了不断发展和完善的过程，在这过程中先后出现了实际成本法、标准成本法、变动成本法、本量利分析法、作业成本法、目标成本法、生命周期成本法等方法。其中，标准成本法、目标成本法和作业成本法因其理论性和实用性强的特点而被企业所广泛应用。

1. 标准成本法

标准成本法是现代成本管理和控制方法的基础，从其产生的本质来讲，它是以尽可能地提高效率和避免浪费为前提制定出的预测性成本。标准成本法以实际成本作为比较对象，将标准成本与之对比，将制定出来的标准成本作为基础，核算并制定企业预计成本的成本计算方法。企业一般是将标准成本法用来强化企业的成本控制以及评价企业年末的经营业绩。标准成本法可以为企业管理部门提供依据来控制成本，在产品生产的各个环节，一旦发现实际成本与标准成本存在偏差，就可以立即采取相应的措施确保按照标准成本执行。标准成本法可以衡量企业内部各生产部门的工作业绩，通过差异对比，可以了解每个部门、每名员工在工作中是否存在过失，促进企业内部加强成本管理。标准成本法可以使财务部门的工作大大简化，在财务明细表中只需将发生费用的项目详细记录，不必再计算每项的金额，使得实际的计算量大为减少。标准成本法不仅仅是一种简单的成本计算方法，它可以根据目标利润对成本进行日常控制，能够较好地与任何一种成本管理方法配合使用。

2. 目标成本法

目标成本法以市场需求为指导，通过"倒逼"的方法对企业预期价格和利润进行分析，并计算出成本的成本管理的方法。目标成本法首先对市场进行大量的调查分析，以潜在客户的需求和行业竞争者的可能售价为基础，预计出产品上市后的目标售价，再减去企业为其今后发展所期许的目标利润，而得到的成本既为目标成本。目标成本法最早是由日本制造业在自身的发展过程中建立起来的成本管理制度，它以确定的价格作为竞争筹码来"倒逼"出产品的目标成本，以此来保证实现企业的预期利润。目标成本使成本管理模式从"客户收入 = 成本价格 + 平均利润贡献"转变到"客户收入 - 目标利润贡献 = 目标成本"。目标成本法可以使企业生产出低成本、高品质的产品，特别是能够帮助企业在开发产品时制定出能够符合客户需求的产品。

3. 作业成本法

作业成本法是以企业经营过程中的"作业"为对象记录和分配费用，进而计算企业的投入和产出的一种方法。所谓"作业"，是指企业为了生存及可持续发展而消耗资源的活动。作业贯穿于企业生产经营全过程，是可以量化的一种资源投入和另一种效果产出的过程。作业成本法区别于传统成本计算法的主要特点是：第一，以作业为基本的成本计算对象，并将其作为汇总其他成本（如产品成本、责任中心成本）的基石；第二，注重间接费用计入的归集与分配，以多元化的成本动因作为成本分配的标准，制定出多样化的作业成本库，不断细化成本的分类，达到提高成本可归属性的目的；第三，关注成本发生的前因后果，作业成本计算以作业为联系资源和产品的中介，以多样化成本动因为依据，将资源追踪到作业，将作业成本追踪到产品，提供了适应现代制造环境的相对准确的成本信息。作业成本法一般包括确认作业、作业中心、作业成本库、作业链和价值链、成本动因等内容。

（四）成本管理的定位

成本管理的定位一般包括：降低成本、提高企业经济效益、提高企业竞争力和实现公共目标。

1. 降低成本

减低成本是传统生产企业成本管理的主要任务，中间经过许多演化，最后以福特制的大规模生产方式为标志，形成了以降低成本为主的传统成本管理模式。一般来说公认的降低成本方式有两种：一是在市场环境、产品标准、企业规模和技术水平相对稳定的条件下，通过降低原材料价格、减少各项费用消耗、科学系统的组织管理、提高企业生产效率等多种措施来降低企业生产成本；二是通过创新等方式改善企业的基础设施条件来降低生产经营成本，包括原材料的性能、员工的素质和技术、企业规模的大小、部门职能的分工、管理制度的制定等方面来改变企业可控资源的性质。在一定的条件下，企业成本不会无休止地降低，终会在某一时刻降低到某个极限，企业只有通过不断的创新产品、创新工艺流程、引进高新技术、投入先进设备，甚至改变企业的运营模式、组织结构、管理方法、文化理念等多方面的内容，才能到达到继续降低成本的目的①。成本管理降低成本的定位适合处于竞争市场中的企业，在收入确定的情况下，降低成本就是企业提高经济效益最有效的途径。

2. 提高企业经济效益

企业经济效益是指企业的产出和生产投入之间的比例关系。一般，产出用生产总值，即生产产品或服务的市场价值来表示；投入一般用产品或服务的成本表示。成本管理可以通过降低成本增加企业利润，但往往也可以通过增加成本获取利润，因为成本变化与许多因素有关，如果增加成本可以提高产品和服务的质量与品质，从而可以提高价格，扩大产品的市场占有率，增加企业收入，那么增加成本就是势在必行的。正因为如此，企业成本管理的实质与内涵不能只强调和重视成本本身，更为重要的是清楚地认识到质量与成本、价格与销量之间盘根错节的关系，来进行成本管理与控制，维系企业占领市场份额、实现自身价值，促使企业能够获得最大的利润，提高企业经济效益。

3. 提高企业竞争力

成本管理工作需要配合企业战略，为取得竞争优势而展开，企业应该重视长期的发展，在不断的生产经营中找到适合自己的发展战略，在市场竞争中打拼出属于自己的位置。有时成本管理目标是降低成本，有时则相反，为了企业的市场竞争地位和长远发展需要提高成本，例如提高研发支出、营销费用、人力成本等。但企业在提高成本时应充分考虑风险、未来获利机会、环境变化等因素，随着环境保护意识的增强、国家环境立法的完善、环境保护执法水平的提高，必要的环境成本投入不可避免，甚至可以通过改善环境提高企业竞争力。

4. 实现公共目标

公共目标也可以称为社会目标，主要包含 3 方面的内容：首先是企业在自身发展的过程中，通过生产出优质高效的产品，获得消费者的认可，提升自身的公共价值，树立良好的企业形象，扩大社会的知名程度，来实现企业的公共关系目标。其次是企业在生产经营过程中对于自身对社会的影响作出

① 涂惠强.企业成本管理存在的问题及对策探析 [J]. 质量与市场，2022（11）：94-96.

了怎样的回应，对于解决和处理商品的售后服务、环境的改善保护等问题时采取什么样的态度，来实现企业的社会责任目标。再次是企业在与政府联系的过程中，对于政府对企业的管理和指导，企业以纳税人的身份支撑政府的日常管理，相互制约、相互影响，来实现企业的政府关系目标。企业一方面对于实现公共目标承担着不可推卸的责任，另一方面企业还有更高的觉悟投身到为社会做贡献的大浪潮中，只有履行好自身的公共责任，企业才能够树立起自身的良好形象，取得更大的经济利益。

第二节　短期与长期成本分析

一、短期成本分析

（一）短期成本的类型

短期成本分为短期总成本（STC）、短期平均成本（SAC）和短期边际成本（SMC）三种。

1.短期总成本

总不变成本 TFC 是厂商在短期内为生产一定数量的产品对不变生产要素所支付的总成本。例如，建筑物和机器设备的折旧费等。由于在短期内不管企业的产量为多少，这部分不变要素的投入量都是不变的，所以，总不变成本是一个常数，它不随产量的变化而变化。即使产量为零时，总不变成本也仍然存在。如图 6-1 所示，图中的横轴 Q 表示产量，纵轴 C 表示成本，总不变成本 TFC 曲线是一条水平线。它表示在短期内，无论产量如何变化，总不变成本 TFC 是固定不变的。

总可变成本 TVC 是厂商在短期内生产一定数量的产品对可变生产要素支付的总成本。例如，厂商对原材料、燃料动力和工人工资的支付等。总可变成本 TVC 曲线如图 6-1 所示，它是一条由原点出发向右上方倾斜的曲线。

总成本 STC 是厂商在短期内为生产一定数量的产品对全部生产要素所支出的总成本。它是总固定成本和总可变成本之和。总成本 STC 曲线如图 6-1 所示，它是从纵轴上相当于总固定成本 TFC 高度的点出发的一条向右上方倾斜的曲线。STC 曲线表示：在每一个产量上的总成本由总固定成本和总可变成本共同构成。总成本用公式表示为：

$$STC(Q) = TFC + TVC(Q) \qquad (6\text{-}1)$$

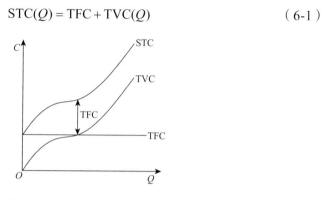

图 6-1　AFC、AVC 和 SAC 曲线

2. 短期平均成本

平均不变成本 AFC 是厂商在短期内平均每生产一单位产品所消耗的不变成本。平均不变成本 AFC 曲线如图 6-2 所示，它是一条向两轴渐近的双曲线。AFC 曲线表示：在总不变成本固定的前提下，随着产量的增加，平均不变成本是越来越小的。平均不变成本用公式表示为：

$$AFC(Q) = \frac{TFC}{Q} \qquad (6\text{-}2)$$

平均可变成本 AVC 是厂商在短期内平均每生产一单位产品所消耗的可变成本。从图 5-2 中可以看出，AVC 曲线是 U 形，它可以从 TVC 曲线推导出。在图 6-1 中，某产量下的平均变动成本的值等于总变动成本曲线上相应的点与原点 O 的连线的斜率。当与 TVC 相切时，连线的斜率最小，相应的平均变动成本处于平均变动成本曲线的最低点。在切点的左边，连线的斜率随着产量的增加越来越小；在切点的右边，连线的斜率随着产量的增加越来越大。这表明平均变动成本随着产量的增加先递减后递增，因此 AVC 曲线表现为 U 形。其用公式表示为：

$$AVC(Q) = \frac{TVC(Q)}{Q} \qquad (6\text{-}3)$$

平均总成本 SAC 是厂商在短期内平均每生产一单位产品所消耗的全部成本等于平均不变成本和平均可变成本之和：

$$SAC(Q) = \frac{STC(Q)}{Q} = AFC(Q) + AVC(Q) \qquad （6-4）$$

将 AFC 曲线与 AVC 曲线相加可以得到 SAC 曲线。SAC 曲线也是 U 形曲线，它可以从 STC 曲线推导出来。这表明短期平均成本也是随着产量的增加先递减后递增的。SAC 曲线的位置在 AVC 曲线上方，两条曲线之间的垂直距离即为 AFC。

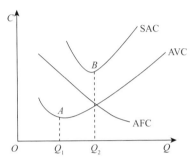

图 6-2　AFC、AVC 和 SAC 曲线

从图 6-2 中可以看出，AVC 曲线与 SAC 曲线都是先下降后上升的 U 形曲线，AVC 曲线的最低点 A 位于 SAC 曲线的最低点 B 的最下方，这说明 AVC 的最小值在较小产量水平 Q_1，上达到，而 SAC 的最小值在较大产量水平 Q_2。上达到。当产量小于 Q_1，时，AFC 与 AVC 都是下降的，故 SAC 下降较快；当 $Q_1 < Q < Q_2$ 时，AFC 是下降的，AVC 是上升的，但 AFC 下降的幅度大于 AVC 上升的幅度，故 SAC 继续下降；当产量为 Q_2 时，AFC 下降的幅度等于 AVC 商店的幅度，SAC 处于最低点；当产量大于 Q_2 时，AFC 下降的幅度小于 AVC 上升的幅度，故 SAC 开始上升。当产量很小是，AFC 很大，趋近于 SAC；当产量很大时，AFC 很小，越来越远离 SAC，而 AVC 越来越接近 SAC。

3. 短期边际成本

短期边际成本 SMC 是厂商在短期内增加一单位产量时所增加的成本。用公式表示为：

$$SMC(Q) = \frac{\Delta STC(Q)}{\Delta Q} \qquad （6-5）$$

或者

$$\mathrm{SMC}(Q) = \lim_{\Delta Q \to 0} \frac{\Delta \mathrm{STC}(Q)}{\Delta Q} = \frac{\mathrm{dSTC}}{\mathrm{d}Q} \qquad (6\text{-}6)$$

由（6-6）式可知，在每一个产量水平上的边际成本 SMC 值就是相应的，成本 STC 曲线的斜率，而 STC 曲线（或 TVC 曲线）的斜率是先递减后递增的。所以 SMC 曲线也是 U 形曲线（如图 6-3）。

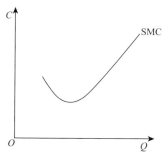

图 6-3　SMC 曲线

表 6-1 是一张某厂商的短期成本表。表中的平均成本和边际成本的各栏均可以分别由相应的总成本的各栏推算出来。该表体现了各种短期成本之间的相互关系。

表 6-1　短期成本表

产量 Q	总成本			平均成本			边际成本
	总不变成本 TFC	总可变成本 TVC	总成本 TC	平均不变成本 AFC	平均可变成本 AVC	平均总成本 AC	边际成本 MC
0	1200	0	1200				
1	1200	600	1800	1200.0	600.0	1800.0	600
2	1200	800	2000	600.0	400.0	1000.0	200
3	1200	900	2100	400.0	300.0	700.0	100
4	1200	1050	2250	300.0	262.5	562.5	150
5	1200	1400	2600	240.0	280.0	520.0	350
6	1200	2100	3300	200.0	350.0	550.0	700

（二）短期成本的关系

将 SMC、SAC 和 AVC 放在同一个坐标中，可以分析 SMC 和 SAC 及

SMC 和 AVC 的关系。如图 6-4 所示。

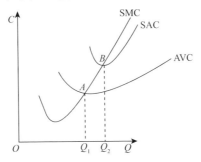

图 6-4　SMC、SAC 和 AVC 曲线

1. SMC 和 SAC 的关系

从图 6-4 中可以看出，SMC 曲线与 SAC 曲线相交于 SAC 曲线的最低点 B。在 B 点上，SMC＝SAC，就是短期边际成本等于平均成本；在 B 点的左边，SAC 曲线在 SMC 曲线之上，SAC 一直递减，且 SAC ＞ SMC，即短期边际成本小于平均成本；在 B 点的右边，SAC 曲线在 SMC 曲线之下，SAC 一直递增，且 SAC ＜ SMC，即短期边际成本大于平均成本。

2. SMC 和 AVC 的关系

图 6-4 表明 SMC 曲线与 AVC 曲线相交于 AVC 的最低点 A。由于短期边际成本对产量变化的反映要比平均变动成本灵敏得多，因此不管是下降还是上升，SMC 曲线的变动都快于 AVC 曲线，SMC 曲线比 AVC 曲线更早到达最低点。在 A 点上，SMC＝AVC，就是短期边际成本等于平均可变成本；在 A 点左侧，AVC 曲线在 SMC 曲线之上，AVC 一直递减，AVC ＞ SMC 即短期边际成本小于平均可变成本；在 A 点右侧，AVC 曲线在 SMC 曲线之下，AVC 一直递增，且 AVC ＜ SMC，也就是短期边际成本大于平均可变成本。

二、长期成本分析

（一）长期成本的类型

厂商的长期成本可以分为长期总成本、长期平均成本和长期边际成本。它们的英文缩写顺次为 LTC、LAC 和 LMC。

1. 长期总成本

长期总成本是指厂商在长期中在每一个产量水平上通过选择最优的生产规模所能达到的最低总成本，用 LTC 表示。在长期生产中，长期总成本随产量的变动而变动，随着产量的增加，总成本增加。没有产量时，没有总成本。在开始生产时，要投入大量生产要素，而产量少时，这些生产要素无法得到充分利用，因此成本增加的比率大于产量增加的比率。当产量增加到一定程度后，生产要素开始得到充分利用，长期总成本曲线比较平坦，这时成本增加的比率小于产量增加的比率，这也是规模经济的效益。最后，由于规模收益递减，成本的增加比率又大于产量增加的比率，长期成本曲线又变得陡峭。

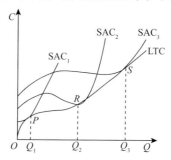

图 6-5　LTC 曲线

可以从短期成本曲线 STC 导出长期成本曲线 LTC。图 6-5 中，假定有 STC_1、STC_2、STC_3 三条不同生产规模的短期总成本曲线。短期总成本曲线在纵坐标上的截距越大，代表的企业规模越大，因为比较大的经营规模总是以较高的固定成本为保证的。对于产量 Q_1、Q_2、Q_3，来说，三条不同规模的短期总成本曲线的成本最低点分别为 P、R、S，连接 O、P、R、S 成一条曲线，即为长期总成本曲线。

如果市场需求小于 Q_1，厂家会选择 STC_1，曲线所代表的生产规模，因为它比其他规模的生产成本都低；如果预计市场需求大于 Q_1，而小于 Q_2，厂商会选择 STC_2 曲线所代表的生产规模；如果预计市场需求量大于 Q_2，厂商会选择 STC_3，曲线所代表的生产规模。对于任意一个既定产量，厂商都可以实现最低的总成本。假定存在无数多个可供选择的生产规模，即有无数条短期总成本曲线。长期总成本曲线 LTC 就是无数多条短期总成本曲线 STC 的包络线。即在任一产量水平上，LTC 曲线都会和无数多条 STC 曲线之中的一条相切。如前述 LTC 曲线与 STC_1 曲线相切于 P 点，该点对应的产量是 Q_1，那么该 STC 曲线所代表的生产规模就是生产这一特定产量的最优生产规模。该切点所对应的总成本就是生产此产量的最低总成本。把所有这样的切点联结起来就形成了一条 LTC 曲线。因此，LTC 曲线代表了长期内厂商在每一产量水平上都由最优生产规模进行的生产变动轨迹。

2. 长期平均成本

长期平均成本 LAC 表示厂商在长期内按产量平均计算的最低总成本。长期平均成本函数可以写为：

$$LAC(Q) = \frac{LTC(Q)}{Q} \qquad (6\text{-}7)$$

LAC 曲线是一条先下降后上升的 U 形曲线，由于长期平均成本是生产各种产量所需的最低平均成本点轨迹构成，可由短期平均曲线 SAC 推导出。它是各个短期平均成本曲线的包络线。

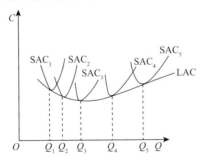

图 6-6   LAC 曲线

在图 6-6 中条有 5 条短期平均成本曲线，分别为 SAC$_1$、SAC$_2$、SAC$_3$、SAC$_4$、SAC$_5$。它们分别代表不同的生产规模。在长期内，厂商可以根据产量要求选择最优生产规模生产。以 SAC$_5$ 与 LAC 的关系，说明短期平均成本曲线与长期平均成本曲线的关系。SAC$_5$ 所对应的产量水平是 Q_5，与这一产量水平相对应的短期总成本是 SAC$_5$*Q_5，这是当 $Q = Q_5$ 时 SAC 与 Q 的乘积。在这一产量水平时的长期总成本是 LAC 与 Q_5 的乘积。可以看到，在 $Q = Q_5$ 时，STC 曲线在这一点上切线的斜率为 SAC$_5$，LTC 曲线在这一点上切线的斜率也是 SAC$_5$，二者相等，表示在同一产量水平时，长期平均成本与短期平均成本相同，其原因是 $AC = TC / Q$。这一结论也同样适用于 SAC$_1$、SAC$_2$、SAC$_3$、SAC$_4$、SAC$_5$ 等其他各条短期平均成本曲线与长期平均成本曲线的关系。长期生产过程是由无数个短期生产过程所构成的，由于列出的这5条短期平均成本曲线分别表示不同生产规模上平均成本的变化情况，越是往右，代表生产规模越大，每条SAC曲线与LAC不相交但相切，并且只有一个切点，从而形成一条包络曲线。之所以这样，是因为在长期中一切生产要素都是可以调整的，是厂商为了降低成本而进行的生产规模优化的结果。生产者要根据产量的大小来决定生产规模，其目标是使平均成本达到最低。在长期中，厂商按这条曲线确定生产规模，制定生产计划，如在图6-6中，当成本水平为SAC_5时，厂商按照成本最低的产量Q_5安排生产规模；同样在不同的短期生产中，厂商都按照成本最低的Q_1、Q_2、Q_3、Q_4的生产规模安排生产计划。因此，长期平均成本曲线又称为厂商的生产计划曲线。

此外，从图6-6还可以看到，LAC曲线呈现出U形的特征。而且，在LAC曲线的下降段，LAC曲线相切于所有相应的SAC曲线最低点的左边；在LAC曲线的上升段，LAC曲线相切于所有相应的SAC曲线最低点的右边。只有在LAC曲线的最低点上，LAC曲线才相切于相应的SAC曲线（图中为SAC_4曲线）的最低点。

3. 长期边际成本

长期边际成本LMC表示厂商在长期内增加一单位产量所引起的最低总的增量。长期边际成本函数可以写为：

$$L\,MC(Q) = \frac{\Delta LTC(Q)}{\Delta Q} \tag{6-8}$$

或者

$$L\,MC(Q) = \lim_{\Delta Q \to 0} \frac{\Delta LTC(Q)}{\Delta Q} = \frac{dLTC(Q)}{dQ} \tag{6-9}$$

显然，每一产量水平上的LMC值都是相应的LTC曲线的斜率。

长期边际成本是长期中增加每一单位产品所增加的成本。长期边际成本也是随产量的增加先减少而后增加的，因此，长期边际成本曲线也是一条先下降而后上升的U形曲线，但它比短期边际成本曲线要平坦很多。

（二）长期成本的关系

长期边际成本与长期平均成本的关系和短期边际成本与短期平均成本的

关系一样，即在长期平均成本下降时，长期边际成本小于长期平均成本；在长期平均成本上升时，长期边际成本大于长期平均成本；在长期平均成本的最低点，长期边际成本等于长期平均成本。这一点可用图 6-7 来说明。

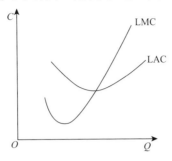

图 6-7　LMC 曲线

在图 6-7 中，LMC 为长期边际成本曲线，与长期平均成本曲线 LAC 相交于 LAC 的最低点。在最低点，LMC=LAC，即长期边际成本等于长期平均成本；在这一点的左侧，LAC 曲线在 LMC 曲线之上，LAC 一直递减，LAC > LMC，即长期边际成本小于长期平均成本；在这一点的右侧，LAC 曲线在 LMC 曲线之下，LAC 一直递增，LAC < LMC，也就是长期边际成本大于平均成本。根据成本分析，可以推断出在长期中，按照利润最大化的原则，如果 LMC > LAC，对厂商经营有利，可以继续进行经营；否则对厂商不利，厂商就要考虑转变经营方向，或对原有经营方案进行调整。

第三节　收益与利润的最大化

一、收益

厂商的收益就是厂商的销售收入。厂商的收益可以分为总收益、平均收益和边际收益，它们的英文简写分别为 TR、AR 和 MR。

总收益指厂商按一定价格出售一定量产品时所获得的全部收入。以 P 表示既定的市场价格，以 Q 表示销售总量，总收益的定义公式为：

$$\mathrm{TR}(Q) = P \cdot Q \qquad\qquad （6\text{-}10）$$

平均收益指厂商在平均每一单位产品销售上所获得的收入。平均收益的定义公式为：

$$AR(Q) = \frac{TR(Q)}{Q} \quad\quad （6\text{-}11）$$

边际收益指厂商增加一单位产品销售所获得的总收入的增量。边际收益的定义公式为：

$$MR(Q) = \frac{\Delta TR(Q)}{\Delta Q} \quad\quad （6\text{-}12）$$

或者

$$MR(Q) = \lim_{\Delta Q \to 0} \frac{\Delta TR(Q)}{\Delta Q} = \frac{dTR(Q)}{dQ} \quad\quad （6\text{-}13）$$

二、利润

利润是总收益与总成本之间的差额。用公式可表示为：

$$\pi(Q) = TR(Q) - TC(Q) \quad\quad （6\text{-}14）$$

利润 π、收益 TR、成本 TC 都与厂商的产量或销售量有关，都是产量的函数，随着产量的变化而变动。

厂商从事经济活动的目的是取得最大利润。厂商要想获得利润最大化，必须使得 $\pi(Q)' = 0$，因此有：

$$\pi(Q)' = \frac{dTR}{dQ} - \frac{dTC}{dQ} = 0 \quad\quad （6\text{-}15）$$

又有

$$MR = \frac{dTR}{dQ}, MC = \frac{dTC}{dQ}$$

所以，当 $\pi(Q)' = 0$，有 MR=MC，即边际收益等于边际成本，厂商利润最大化的原则是边际成本等于边际收益。

利润最大化原则又称最大利润规律或 MR=MC 法则，它是指企业只有根据边际收益 MR 等于边际成本 MC 原则来决定产量才能获得最大利润。利润最大化原则的内容是：MR ＞ MC，则增加产量；MR ＜ MC，则减少产量；MR=MC，则产量处于最佳水平。利润最大化原则有两方面的应用价值。①它是厂商最优产量抉择的依据。MR ＞ MC，则增加产量；MR ＜ MC，则减少产量；MR=MC，则产量处于最佳水平。②它是获得最大利润的均衡条件。MR＞MC时，表明厂商每多生产一单位产品所增加的收益大于所增加的成本。这时，企业通过增加产量可以增加利润；MR＜MC时，表明厂商每多生产一单位产品所增加的收益小于所增加的成本。这时，企业通过减少产量可以增加利润；只有当产量满足MR=MC时，厂商才不会调整产量，此时厂商实现了利润最大化，总利润才最大。

这个规律具有普遍意义。尤其是在完全竞争下经营的厂商，其产品价格为市场所确定，厂商只是既定价格的接受者，它要解决的只是按市场价格，提供多少数量的产品。生活中做每一件事情，只要比较MR与MC，就能够抉择是否应该继续下去。

第四节　企业成本管理优化研究

本节以A企业为例，简要介绍企业基本情况后，提出成本管理问题优化方案，为该企业有效降低运营成本、提高经济效益提供帮助，同时也可以作为其他相关企业成本管理的借鉴与参考。

一、A企业基本情况

A企业作为一家致力于现代自动控制技术领域及先进装备制造业的高新技术企业，成立于2004年，是一家集设计研发、生产装备、市场经营于一体的综合性企业，主要产品包括轮胎成型机、高中低压电气柜及系统集成、智慧城市工程业务等。

A企业作为一家高科技制造企业，一直坚守着革新技术和高效管理的理念，不断探索国内外先进企业的生产经验，努力提高产品质量，特别是不断探求企业成本管理的优秀理论，并不断的付诸实践。A企业制定了企业内部的成本管理条例，并完善了相关的规章制度，加强了对各项成本费用的管控，特别是对加班费、差旅费等弹性较大的成本支出做出了明确的界定。A企业将成本与利润指标直接下达给各部门，并按照指标的要求对各部门进行考核，对于超额完成任务或是大量节约成本的部门予以嘉奖，激发每个部门和每名员工积极工作、节约成本的热情。A企业强化了财务部门的管理力度，在财务部门单独成立了成本管理工作组，并且授予该工作组直接受企业管理层领导的权利，可以直接到企业内部各部门了解相关情况、调取相关数据,更加深入地对企业成本进行控制。A 企业经过几年的不断探索与研究,已经初步形成了一套符合自身条件和当前环境的成本管理,并在某些方面取得了一定的成绩,为企业创造了的经济效益。

(一)A 企业成本结构

A 企业的成本包括以下几个方面。

1. 采购成本

A 企业的生产经营过程中原材料的需求量非常大,基本可以达到总成本的 50%。采购在制造业中占了总成本的很大比重,一般都在 30% 以上。当 A 企业物资库存下降到一定数量时,就会下单订购补充材料使库存增加,经过一定时间的生产销售,又会造成库存量的减少,等到库存量接近零时,就需要再次采购,这样反复的增加与消耗,就会使 A 企业的采购与库存保持一定关系。

2. 固定资产成本

近年来,A 企业的生产经营范围不断扩大,原来租用的老旧厂房已经不能满足其日常生产的需求,加之在起步阶段,为了节省开支、降低成本,A 企业购置的设备大多为大型企业淘汰下来的陈旧设备。随着企业的生产经营不断走向正轨,企业上马了许多新项目,投资建设了新的厂房,并对现有的设备进行了逐步更新,每年此类投入的成本支出逐渐提高,成为 A 企业影响经济利益的重要部分。

3. 人力资源成本

人力资源成本是指企业在招募和录取员工的过程中发生的成本。人力资源是企业获得潜在利益和永续发展的利器,管理好企业的人力资源成本,提升企业的人才竞争力,是企业在实行精益化、科学化管理过程中最为重要的环节。随着 A 企业近年来不断扩大其生产规模,逐年引进新项目并投入生产,对人才的需求量也日益增大。A 企业的人力资源成本主要包括招聘、选择、录用和安置等各个环节所发生的费用,此外,还包括员工的培训、使用和离职等的成本。

4. 薪酬与福利成本

薪酬与福利一般是指经济类报酬，一般包括工资、奖金、津贴或补贴、福利和股权等。薪酬和福利的发放，一方面是对员工工作业绩的肯定，另一方面借助科学合理的薪酬福利发放体制可以促进员工不断提高技能、增加业绩。A 企业为了促进各部门和员工积极工作，每年都根据国内类似企业的大环境调整薪酬和福利，因此，薪酬与福利的费用在总成本中的占比也在逐年的提高。但是 A 企业一直实行的是企业年薪制，每年发放的薪酬和福利基本是固定的，企业可调整的部分较小，一直以来，A 企业都将薪酬与福利的发放视为固定成本来管理，每年按照预算列支，全年足额全部发放。

5. 经营管理成本

经营管理成本是指企业在管理企业和生产产品过程中所发生的管理和附加费用。包括办公费、招待费、差旅费、水电费、营业税、附加税、增值税等直接支出成本。

6. 物流成本

物流成本是企业在转移原材料、设备和产品等运动过程中消耗的人力、物力、财力的成本。A 企业在物流运输过程中需要企业内部相关部门，如采购部门、生产部门以及仓库管理部门的相互配合，因为内部原材料、设备和半成品的转运主要依靠企业员工的通力合作，成本较低不需要耗费额外的费用，A 企业的物流成本主要体现在成品销售过程中的物资消耗和人工费用。

7. 研发成本

一个产品完整的生命周期包括了产品的成长期、产品的成熟期和产品的衰退期 3 个主要阶段，在这 3 个阶段中，涉及成本管理的内容主要是研发成本、生产成本和服务成本。作为产品诞生最重要的环节，产品的成功研发对于企业的不断延续、产品的更新换代来说至关重要。A 企业每年都会拿出很大一部分资金来推动新产品的研究与开发，不仅仅是 A 企业，在对同行业进行了大量调查发现，绝大多数高新技术制造企业对于产品的研发都极为重视，不断扩大研发成本的占比已经成为整个行业的共识。

（二）A 企业成本特点

1. 不可控成本占比较大

不可控成本是指成本的对象对于成本的变化是不可控制的。不可控成本主要包括厂房、设备、员工的薪酬与福利等，A 企业中不可控成本已经接近企业多种经营性成本的 40%。A 企业属于技术密集型和资金密集型的高新技术制造企业，为了维持其自身的正常运转，必须长期投入大量的资金。当然，不可控成本只是相对于可控成本而言是不可控制的，但是，如果将时间和空间的条件进行相应的转换，那么，不可控成本往往也可以转变为可控成本，便于企业及时调整成本占比。

2. 成本核算难度较大

相比之其他的制造企业，自动化装备制造企业的成本控制和管理更加的繁杂，因为其精细化水平和高新技术水平较高，间接费用和不可避免费用占总成本的比重相当大，这就使得 A 企业精确的收集整理成本信息变得非常的困难，也不利于财务部门准确分配成本项目、核算成本信息。

3. 技术革新难于控制

A 企业是一家高新技术企业，主要是依靠现代高新技术手段研发轮胎成型机等高科技设备。这一行业的异军突起带来了层出不穷的新兴工业产品，伴随着市场对于新产品需求的不断增加，A 企业也在不断地转型升级，用更新的科学技术代替行业原有的常规技术，同时，也要求企业引进更多更尖端的设备和仪器，来保证新产品的顺利诞生。这就使得 A 企业在成本管理中越来越难于对成本进行有效的分析和预测。

4. 区域成本差异明显

A 企业的原材料采购主要从广东等地，距离较远，物流成本较高，不具备区域优势，而销售的范围主要集中在北方地区，不利于原材料和产品的集中采购与销售。但是，如果从北方地区直接采购原材料又受到价格的影响，大幅度的增加采购成本。同时，受到自然、地理等因素的影响，A 企业各方面的成本也会相应地增加。

二、A 企业成本管理优化方案设计

（一）A 企业成本管理优化理念

1. 树立系统的成本管理理念

A 企业在市场经济的大环境下，面临着市场的严峻考验，必须革新陈旧的成本管理理念，将其视作一项系统而庞大的工程，注重整体的分析、全局的考量。根据企业多年来自身的成本管理经验，加之对诸多成本管理方法的研究，构建出既适应经济环境，又符合自身需求的成本管理模式。市场经济的不断发展使得商品日趋多元化，商品的物质属性也逐渐向非物质属性转化，与之相对应的，成本管理的内容也在不断地丰富和完善，这就要求企业用系统的眼光看待成本管理，将环境成本、信息化成本、人力资源成本等原来"看不见摸不着"的相关费用列入成本管理中，来适应非物质产品成本与物质产品成本的相互融合。企业为了进一步打开市场，提升核心竞争力，以往以单纯的后趋式的财务成本管理提供的核算数据已经不能够满足企业分析市场进而占领市场的迫切需求，因此，产品的设计研发、技术的不断革新、市场的客观分析、售后的服务维护等诸多方面的成本内容都必须要以严苛的态度进行系统的管理，才能使企业不败于激烈的市场竞争中。

2. 树立全面的成本管理理念

首先，全面成本管理是全员参与的成本管理。全员成本管理既包括成本管理专员，又包括各部门的广大职工；既包括企业的管理层领导，又包括下层的执行员工，即全体人员都参与的成本管理。因为成本发生的直接原因和根本原因与企业的每一个人息息相关，生产过程中的物资只是被动的消耗，只有全员提高成本管理理念，积极投身到企业成本管理中来，才能使企业长期稳定的发展。其次，全面成本管理还包括全过程成本管理。在产品的整个生命周期中，包括产品的设计、产品的生产、产品的销售等，企业都必须加强成本的管理与控制。要从源头上抓好成本管理就得在产品的设计阶段全面考量设计过程中产生的成本，因为设计好的产品造成的成本浪费是源头性的，生产过程中无论如何节约成本都不能从根本上解决产品设计中成本的浪费。要对产品生产过程中产生的所有费用进行严格的审查，必须按照设计之初的数据精确的采购与消耗资源，并且对产生的消耗进行科学的分析，将可能存在的成本浪费消灭在萌芽阶段。要对销售出去的产品做好售后服务工作，加强成本的事后管理。另外，全面成本管理还应实行全方位成本管理。全方位成本管理包括科技、人才、市场等多方面的整合与合理利用。企业的管理者要充分认识到科技对于现代企业的发展具有举足轻重的意义，企业中的成本管理人员要不断学习先进的科学技术，并将之运用到企业成本管理中，节约成本提高效率。当今社会是人才的社会，企业做大做强的根本是抢占人才的优势，只有引进和培养高素质人才才能在市场竞争的浪潮中扬帆远航。要按照市场的要求重新审视企业自身的成本管理，捕捉机遇、瞄准商机，将成本管理与控制投身到市场竞争中来适应瞬息万变的市场潮流，让竞争来检验企业的优劣。

3. 树立战略的成本管理理念

大量生产的产品在今天的日常生活中已经供大于求，几近饱和的市场环境使企业自身的生存越发艰难，消费者对商品的品质和售后的服务提出了越来越高的要求，加之现代高新技术的迅猛发展，企业要想具备长期的竞争力，就必须拿起战略的武器长远地看待企业的发展。面对经济全球化的激烈竞争局面，A 企业必须制定适应市场变化的竞争战略，并根据消费者近乎苛刻的需求和竞争企业难以预测的成长随时随地做出相适应的调整与变化。企业的战略成本管理理念是经营战略与成本管理相互融合的管理理念，使企业成本管理的范围更加的宽泛，是具有前瞻性和引领性的成本管理最新模式，它能够指导企业从战略角度重新定位成本管理，是一把引导企业降低成本打开市场大门的金钥匙。

4. 引入先进的成本管理方法

进入 21 世纪，成本管理的理论模式越来越成熟，以西方成本会计为基础的现代成本管理方法层出不穷，这使得成本管理这一历史悠久的学说不断焕发出青春的光彩。特别要强调的是，随着电子计算技术的不断发展、运筹学的逐渐成熟、系统工程的广泛应用、会计理论不断深化普及，诸如目标成本法、作业成本法、责任成本法等一大批先进的成本管理方法破茧而出，为企业在实践成本管理的道路上增添了强大的动力。A 企业引进先进的成本管理方法不但能够有效地降低运营成本，还能够从中找到科学管理的金钥匙，是企业决胜于市场竞争的最为重要的筹码。

（二）A企业成本管理优化原则

A企业确定好成本管理指导思路之后，就要统一思想来制定成本管理方案，A企业的成本管理方案可以按照以下几个原则来制定。

1. 目标管理原则

目标成本原则就是指按照目标的要求达到某种程度的成本水平。要想使用目标成本控制方法来降低成本就必须以目标成本为准绳，坚持用目标管理原则对企业生产经营中消耗的费用进行限制，不但使企业获得最佳的经济利润，还使企业付出了最为低廉的费用。企业在全局的层面采取目标成本法的同时，也要将成本控制的目标分配给各个部门，层层分解、层层落实，明确企业中各部门的责任和应该承担的任务，与企业任务制相互衔接，赋予部门独立开展工作的权利，并将成本控制的结果作为考核的依据。

2. 最低成本原则

最低成本原则就是指根据目标成本原则制定的成本标准，通过分析可能存在的各种降低成本的因素，制定出成本最小的目标。最低的成本也就是最节约的成本，就是要在提高企业经济效益的前提下，尽可能地节约人力、物力、财力，遵循经济运行的客观规律，制定出最节约的成本管理方案。坚持用最低成本原则来进行成本控制，要促进企业增效又要抑制企业浪费，并不是消极别动的限制成本的发生，而是以积极主动的态度控制成本的浪费。按照最低成本原则可以选择两种行之有效的方法来控制成本，一种方法是应激性控制，强调事中控制，是对成本发生过程中出现的各种偏离目标成本的现象进行及时的纠正；另一种方法是保护性控制，强调事后反馈，按照制定的目标成本严格执行各项制度，对于过程中存在的问题会在事后分析和调查。在最低成本原则实际应用中，两种方法通常都被结合到一起应用，但为了最大限度地降低成本，更应将成本控制的重心前移到事前控制，精打细算、防患未然，将成本浪费消灭在事前，充分发挥最低成本原则的作用。

3. 全面管理原则

全面管理原则就是指企业内部所有部门和全体员工都参与到成本管理的过程中。要想达到最低成本原则实现降低成本提高效益的目的，就必须实行全面成本管理，加强各部门的成本管理，提高全体员工的成本意识，调动各部门的积极性，激发员工参与企业成本管理的主动性，符合现代成本管理理念中全员化要求和全面化要求。

4. 责任管理原则

责任管理原则就是指企业内部所有的部门及员工认可并贯彻责权利相互结合的企业管理理念。企业要想使成本管理在控制成本的过程中发挥强有力的作用，就要深入的践行责权利相结合，使企业中的所有员工都把控制企业的成本消耗作为自己应尽的责任，同时也要让大家明白控制企业经营成本、降低企业过程消耗是企业中每名员工的权利，不受到职级的限制，更不受到部门的影响。此外，企业在制定成本目标时，必须要将成本责任分级、分工、分人的层层落实，明确清晰的责任界限，让员工清楚地知道本职工作的基本内容是什么，才能调动大家的积极性和主动性，应用自己的权利控制企业的成本。企业还要定期对全体员工的责任意识加以评价，并将福利待遇与责任管理的控制效果相联系，奖罚分明。责任管理原则从企业全体员工出发，符合了全面管理成本的要求。

5. 科学管理原则

科学管理原则是指用现代管理科学的方法和理论结合高新科学技术手段来控制企业的目标成本。企业在成本管理的过程中，要根据自身成本管理的特点，结合现代系统分析方法等多种先进理论方法对成本进行系统性、全面性、关联性的分析。通过运用科学的方法和最新的管理理论方法使企业成本管理做到成本最低、效益最高。

6. 差别管理原则

差别管理原则是指在科学的开展全面成本管理的过程中，对企业生产经营过程中非常重要的、极为特殊的、不合常规的成本差异例外管理，进行差异性控制。企业常规的成本管理一般是将实际发生的成本同预计的标准成本相对比，并全面分析差异产生的原因，正本清源解决问题，从而制定出具有实际操作意义的成本管理方法。但是，企业日常管理过程中方方面面的影响因素都会导致成本差异的产生，企业中的成本管理人员就不得不把过多的精力用在调整成本管理方案上，以便规避差别的产生。为了提高工作效率，把企业内部哪些不符合常规的例外影响因素单独归集起来，坚持差别管理的原则进行成本控制，既不会影响企业成本管理整体的平稳有序运行，又能解决企业中诸多影响因素给成本管理带来的各种问题。差别管理原则为企业全面化成本管理提供了保障。

（三）A 企业成本管理优化内容

A 企业树立统一的成本管理思想、确定全面的成本管理原则之后，就要对其成本管理的内容进行深入的界定。A 企业采取全过程管理的方法对企业内部的成本控制进行管理，主要包括事前管理、事中管理和事后管理 3 方面的内容：

1. 事前管理

事前管理是指在成本还没有被最终确定之前，根据 A 企业中影响和导致成本产生的各种因素，为管理者做出合理的决策提供分析和预测的数据。以事前管理作为成本管理的内容，可以使 A 企业的经营管理者及时有效地制订出管理控制的方案，对企业内部所有的成本变动因素了如指掌，从而做出最正确的决策，降低企业的各项成本。

2. 事中管理

事中管理是指 A 企业在成本已经形成之后，对于不断发现的各类问题，采取有效的措施及时地调整成本，是企业成本的日常管理过程。以事中管理作为成本管理的内容，可以使 A 企业对企业实际发生的各类费用进行现场的调整和控制，使得 A 企业能够实现既定的生产目标，完成管理任务。

3. 事后管理

事后管理是指成本管理在最后的阶段对实际发生的成本与标准成本进行比较，分析产生差异的原因，对于确实存在的问题进行及时的处理，确保今后在成本管理过程中不再出现此类问题。

成本管理 3 个部分内容看似分离，实际上，在 A 企业的日常管理过程中往往同时进行，相互补充、相互作用、不断循环达到降低成本的目的。

（四）A 企业成本管理优化方案

A 企业在今后的成本管理过程中，必须要建立起行之有效的成本管理模式，坚持全过程管理的大原则，系统全面地对经营生产过程中产生的各类成本进行预测、核算、控制和分析。成本管理中涉及的各环节各步骤要作为一个有机的整体互相支撑、互相补充、互相依赖。A 企业不能单纯地只重视事后管理中对于成本的核算，要破除原先粗野的管理模式，科学定量地分析，动态地监管成本形成的全过程，在事前管理、事中管理和事后管理的各个阶段对成本进行管理与控制。A 企业要逐步提高对事前管理过程中成本的预测和计划工作，不断加强事中管理过程中成本的决策和控制工作，也不能忽视事后管理过程中成本的核算和分析工作，确保在成本管理的各个环节都有充分的保障力度。

1. 全面推行目标成本管理

现阶段，目标成本规划已成为企业应用最为普遍的一种成本管理方法，这种方法可以指导企业加强对成本源的管理与控制，具有浅显易懂的理论性和极强的可操作性，逐层分解市场的需求，来满足企业实现成本目标控制的目的。A 企业在目标成本规划的实际操作中，不但可以运用于新产品的生产，还可以应用在产品的改进或者更新换代决策中。由于目标成本法是一个全面的成本规划、管理的过程，所有的成本以及可能受产品规划决策影响的资产都应予以考虑，包括生产及后续阶段更多的间接管理费用。

（1）确定目标成本

进现阶段，目标成本规划已成为企业应用最为普遍的一种成本管理方法，这种方法可以指导企业加强对成本源的管理与控制，具有浅显易懂的理论性和极强的可操作性，逐层分解市场的需求，来满足企业实现成本目标控制的目的。A 企业在目标成本规划的实际操作中，不但可以运用于新产品的生产，还可以应用在产品的改进或者更新换代决策中。由于目标成本法是一个全面的成本规划、管理的过程，所有的成本以及可能受产品规划决策影响的资产都应予以考虑，包括生产及后续阶段更多的简介管理费用。

目标价格确定后，便应该计算目标利润，通常是销售的绝对或相对回报率，A 企业必须要保证产品有足够的盈利能力产生理想的回报和现金，销售的目标回报、营业收入、投资回报率、权益收益率以及现金都在目标利润的计算中。

根据目标成本的计算公式：

目标成本 = 目标售价 - 目标利润

（2）分解目标成本

A 企业的目标成本确定后，就可以按照产品的主要组成部分或者不同功能部分进行分解。分解之前必须预先确定成本要素的详细程度，按照全员认可并趋于平衡后的目标成本，将其逐一落实到企业中的各部门，并明确相应的责任，指导部门开展工作，按照企业制定的总体目标共同奋斗。

（3）编制成本预算

成本预算是一种未来的或者预计的成本，是指企业按照预期的计划作出生产产品所消耗费用的总体安排。A企业在分解目标成本之后，就应该详细的编制成本预算，并且根据成本预算对企业内部各部门消耗的实际费用进行考核与控制。A企业内部各部门根据企业的总体成本预算安排制订符合部门实际的各项计划，并以之为目标严格的落实和执行，为企业加强成本管理与控制提供有力的保障。

A企业在编制成本预算时，应注重其综合性和全面性，并按照成本总额确定模式编制财务预算。A企业成本预算编制情况见表6-2。

表6-2　A企业成本预算编制表

责任部门	时间	成本预算编制内容
所有部门	10月初	收集市场份额、新兴技术、材料费用、物流资源等成本预算编制信息
销售部门	10月中旬	根据市场环境、对手价格、优惠政策等因素制定销售计划
所有部门	11月初	根据销售计划编制本部门成本原酸
财务部门	11月中旬	汇总整理各部门编制的成本预算，制定企业总的成本预算，并提交企业管理部门审查、调整
财务部门	12月初	根据成本预算编制现金预算，准备充足的现金预防资金短缺
管理部门	12月末	审核批准成本预算，并将其下发给各部门
所有部门	次年年初	执行成本预算

2. 不断加强作业成本核算

作业成本法将资源的消耗按照其不同的因素分配到作业，再由作业分配到成本对象，最终核算出企业的投入和产出。从A企业的生产经历来看，作业成本法更符合A企业生产的实际需要。对比A企业以往采用的标准成本法不难看出，作业成本法能够有效地降低生产经营过程中的间接费用，对于降低A企业总体的生产成本有着明显的效果，可以为A企业带来了更多的经济效益。作业成本法与目标成本法相互结合更加的科学更加客观，使得A企业的目标定位更加的明确，资源的有效利用率也更高，可以使企业在长期的市场竞争中获得更大的优势。A 企业采用作业成本法与新的制造环境下的产品成本结构变化密切相关，运用作业成本法需要信息技术的支持，同时，还需要企业管理层的高度重视和全体员工的积极参与。A 企业可以按照如下方法计算作业成本。

A 企业要明确作业、作业中心以及作业成本库。作业是企业在产品生产过程中消耗资源的活动，A 企业实际生产中的作业主要包括起动准备、原料采购、物料处理、设备启动、质量控制、产品包装、装运发货等。作业中心是指相互间具有关联的，能够实现企业目标计划的作业的集合。A 企业可以在产品生产过程中按照作业的不同属性和类别设立几个相互独立的作业中心。作业成本库是指作业中心按照货币的形式聚集到一起的资金。A 企业应该把各项间接费用按照资源的动因分配到不同类别的作业成本库中。在 A 企业的实际生产经营中，因其生产产品的种类不断增加，涉及市场领域的范围不断扩大，产品生产工艺的复杂性不断提高，致使产品生产中的作业大量地增加，但是单独为新产生的作业重新设立单独的作业中心显然不可行，因此，A 企业应该将新产生的作业按照不同的类别分配到已经设立的作业中心中，将作业中心产生的成本归集到作业成本库中，并加以合并和分配。按照作业成本库确定的间接费用不但降低了财务部门的计算量，减少了生产部门的工作量，而且还大大地提高了间接费用成本计算的操作性，提高了效率、减低了成本。明确了作业、作业中心以及作业成本库之后，A 企业就需要按照成本动因将成本分配到产品。成本动因是成本的驱动因素，是生产产品的过程中引发成本消耗的原因。A 企业的成本动因主要包括材料价格、员工工资、运输费用等。确定成本动因后，A 企业就需要将各项间接费用根据产品消耗资源的比例进行确定，核算出产品的作业成本，进而得到产品最终的成本。

A 企业成本资料表见表 6-3。

表 6-3　A 企业成本资料表

项目	A 产品	B 产品	C 产品	D 产品	合计
产量 / 台	1000	1500	500	400	3400
材料费用 / 元	500 000	1 800 000	800 000	80 000	3 180 000
人工费用 / 元	560 000	1 500 000	750 000	180 000	2 990 000
年人工工时 / 小时	30 000	80 000	9000	8000	127 000

A 企业的制造费用为 3 794 000 元，按照传统的成本计算方法，以人工

工时为基础将制造费用分配到各产品见表 6-4。

表 6-4 A 企业制造费用分配表

项目	A 产品	B 产品	C 产品	D 产品	合计
年人工工时 / 小时	30 000	80 000	9000	8000	127 000
制造费用 / 元	897 000	2 389 000	269 000	239 000	3 794 000

A 企业按照传统的成本计算方法计算出产品的成本资料见表 6-5。

表 6-5 A 企业成本资料表

项目	A 产品	B 产品	C 产品	D 产品
产量 / 台	1000	1500	500	400
材料费用 / 元	500 000	1 800 000	800 000	80 000
人工费用 / 元	560 000	1 500 000	750 000	180 000
制造费用 / 元	897 000	2 389 000	269 000	239 000
材料人工合计 / 元	1 957 000	5 689 000	1 819 000	499 000
单位产品成本 / 元	1957	3792	3638	1247

经过分析，A 企业生产过程中发生的费用可以分为几个作业成本库，将间接费用归集到作业成本库中见表 6-6。

表 6-6 A 企业作业成本库归集表

制造费用项目	年制造费用 / 元
装配	1 212 700
原料采购	180 000
物料处理	620 000
启动准备	2900
质量控制	418 000
产品包装	256 000
工程处理	605 100
管理	499 300
合计	379 400

经过认定，管理人员制定出作业成本中心的成本动因明细见表6-7。

表6-7 作业成本中心成本动因明细表

制造费用项目	成本动因	年作业量				
		A产品	B产品	C产品	D产品	合计
装配	装配时间/小时	10 000	15 000	9000	8000	42 000
原料采购	订单数量/张	1200	3800	1000	12 000	18 000
物料处理	移动数量/次	1200	1800	2000	5000	10 000
启动准备	准备数量/次	2200	2100	1200	9000	14 500
质量控制	检验时间/小时	4000	5000	3000	8000	20 000
产品包装	包装数量/次	3000	1500	1500	4000	10 000
工程处理	处理时间/小时	10 000	12 000	8000	10 000	40 000
管理	管理时间/小时	30 000	45 000	25 000	5000	105 000

计算单位作业成本见表6-8。

表6-8 作业成本中心单位作业成本计算表

制造费用项目	成本动因	年制造费用/元	年作业量	单位作业成本/元
装配	装配时间/小时	1 212 700	42 000	28.9
原料采购	订单数量/张	180 000	18 000	10
物料处理	移动数量/次	620 000	10 000	62
启动准备	准备数量/次	2900	14 500	0.2
质量控制	检验时间/小时	418 000	20 000	20.9
产品包装	包装数量/次	256 000	10 000	25.6
工程处理	处理时间/小时	605 100	40 000	15.1
管理	管理时间/小时	499 300	105 000	4.8

将制造费用分摊到各产品见表 6-9。

表 6-9-1　制造费用分配表

制造费用项目	单位作业成本/元	A 产品		B 产品	
		作业量	成本/元	作业量	成本/元
装配	28.9	10 000	289 000	15 000	433 500
原料采购	10	1200	12 000	3800	38 000
物料处理	62	1200	74 400	1800	111 600
启动准备	0.2	2200	440	2100	420
质量控制	20.9	4000	83 600	5000	104 500
产品包装	25.6	3000	76 800	1500	38 400
工程处理	15.1	10 000	151 000	12 000	181 200
管理	4.8	30 000	144 000	45 000	216 000
合计	—	—	831 240	—	1 123 620

表 6-9-2　制造费用分配表

制造费用项目	单位作业成本/元	C 产品		D 产品	
		作业量	成本/元	作业量	成本/元
装配	28.9	9000	260 100	8000	231 300
原料采购	10	1000	10 000	12000	120 000
物料处理	62	2000	124 000	5000	310 000
启动准备	0.2	1200	240	9000	1800
质量控制	20.9	3000	62 700	8000	167 200
产品包装	25.6	1500	38 400	4000	102 400
工程处理	15.1	8000	120 800	10 000	151 000
管理	4.8	25 000	120 000	5000	24 000
合计	—	—	736 240	—	1 107 600

经过计算得到产品见表 6-10。

表 6-10　产品成本计算表

项目	A 产品	B 产品	C 产品	D 产品
材料费用 / 元	500 000	1 800 000	800 000	80 000
人工费用 / 元	560 000	1 500 000	750 000	180 000
装配 / 元	289 000	433 500	260 100	231 200
原料采购 / 元	12 000	38 000	10 000	120 000
物料处理 / 元	74 400	111 600	124 000	310 000
启动准备 / 元	440	420	240	1800
质量控制 / 元	83 600	104 500	62 700	167 200
产品包装 / 元	76 800	38 400	38 400	102 400
工程处理 / 元	151 000	181 200	120 800	151 000
管理 / 元	144 000	216 000	120 000	24 000
合计 / 元	1 891240	2 803 620	2 286 240	1 367 600
产量 / 台	1000	1500	500	400
单位产品成本 / 元	1891.24	1869.08	4572.48	3419

比较传统计算方法与作业成本法见表 6-11。

表 6-11　成本计算比较表

项目	A 产品	B 产品	C 产品	D 产品
传统成本计算 / 元	1957	3792	3638	1247
作业成本计算 / 元	1891.24	1869.08	4572.48	3419

由此表可以看出 A 企业运用作业成本法核算间接费用可以更加准确的为领导层决策提供依据。

3.逐步提升专项成本控制

薪酬与福利成本和固定资产成本一直占据 A 企业经营总成本的半数以上，管理效率和控制能力十分低下，一直将这两项成本视为不可控成本来管理，已经成为制约 A 企业降低总体成本的瓶颈问题。逐步加强对 A 企业薪酬与福利成本和固定资产成本的管理力度，增强其可控性和灵活性，对于提高 A 企业成本管理整体水平具有重要的作用，也是提高企业经济效益最为可行的办法之一。

薪酬与福利成本中的薪酬部分相对固定，由于 A 企业实行的是企业年薪制，每年的员工薪酬都是年初申请列入预算，年内全部足额发放，企业对其控制力度却是十分微弱。对于其中的福利部分，企业自身甚至部门自身都有较强的决策权，但事实情况是，福利费用的比例仅占薪酬费用比例的十分之一，全部扣除和全部发放对于员工的薪酬影响并不是很大。然而企业也并不应该以降低员工工资的方式来降低企业的成本。A 企业应该建立起按劳分配的内部管理机制，崇尚多劳多得、效率第一的理念，在提高业绩的前提下，提高员工的薪酬超出预算都不为过。要建立起系统科学的薪酬福利调配体系，逐步提高福利费用在薪酬费用中的比例，激发员工用高效低耗的劳动为企业和自身带来利益。A 企业薪酬分配见表 6-12。

表 6-12　A 企业员工薪酬表

构成	性质	说明
工资	固定	基本收入，用来保证个人和家庭的基本生活费用
奖金	非固定	作为工作业绩的奖励，可占总收入的 25%
长期奖励	非固定	时限可设定为 3～5 年，占总收入的 30%，以股票期权等形式支付
福利	固定	提供休假和各种保险待遇等
津贴	固定	提供良好的办公环境和生活条件等

固定资产成本是企业在前期的战略布局中，做出的高投入成本的决策，在建设项目未完工之前，固定资产成本永远都获得不了收益，如若因决策失误造成项目的夭折，更是对成本巨大的浪费。A 企业今后要充分考量项目投资的必要性，强化对企业战略布局的思考，制定中远期的战略规划，并加快在建项目的速度，尽早地投入使用，为企业创收。

4.强化拓宽信息管理渠道

现代企业已将数字化手段应用到了企业管理的全过程，信息化成本管理已经成为企业提高效率、获取信息最为重要的管理方法之一。信息化成本管理主要是通过企业内部的信息网络，将信息资源以最快的速度传递到企业内部各层级，便于各部门之间信息的传递，也便于管理者快速地做出决策。A企业应该在成本管理的过程中，运用信息化技术手段，建立起高度数字化、网络化的成本管理数据库，将繁杂的成本数据处理、分析的过程交给自动化系统，不断提高企业成本管理的科学化进程，精细化分析影响成本变化的原因，为企业优化产品成本提供可靠的数据支持，提高企业的核心竞争力，增加企业的利润。

三、A企业成本管理优化方案实施保障

（一）确保领导政策支持

一个企业如果失去管理层对先进的管理理论、前沿的生产技术、优秀的科技人才等资源的充分认识，就不会指导企业向着更远的目标迈进。可见，管理层对于一个企业的生存发展起着至关重要的作用。A企业在制定好新的成本管理方案之后，需要管理层的坚决支持，才能够在全企业顺利的推行。一方面，如果管理者在成本管理模式推行的过程中不作为，只是将实施的任务交由财务部门来执行，虽然管理的初期会有或多或少的改变，但是用不了多久，员工对于这些改变就会感到厌烦，由于没有管理层的束缚，财务部门很快就会因执行力不足失去了继续推行成本管理模式的能力。另一方面，如果管理者只是将新建立的成本管理模式与财务部门研究，而不是向下推行，新模式的束之高阁只会成为上层建筑而没有经济基础，很难使全体员工统一思想，进而提升业绩。A企业的管理者推行新的成本管理模式的过程实际上是一个上行下效树立榜样的过程，只有从企业的最高层启动，逐步向下级传递思想，才能够将全面成本管理的理念在全企业铺开，为企业的成本管理发挥实际的作用。

（二）加强全员责任意识

A企业新的成本管理模式实现了权责利的相互结合，层层分解、层层细化，强化了全员的责任意识。A企业将预算分解到成本预算编制的过程中，

这就使企业的生产流程更加符合指标的制定。此外，将作业、作业中心和作业成本库的内容加入企业的成本核算中，可以将部门和员工的职责准确的分解到工作中。在 A 企业的生产经营中，可以通过成本的比对和评价合理地分配责任，有效地对部门和员工进行奖励和惩罚，改变了以往的考核模式，使得企业更加及时准确地控制成本。全面实施新的成本管理模式，将成本管理模式应用到企业生产的全过程，能够使企业全体员工牢固树立主人翁意识，自觉地投入到生产劳动中来，切实地做好成本控制劳动，明确了生产成本中责与利的关系，充分调动全体员工的积极性，减少成本的消耗与浪费，最大程度地控制成本。A 企业全面推行新的成本管理模式，促使每名员工在消耗成本的同时，又树立了成本管理的责任意识，将成本管理与考核在全员参与的基础上相互结合，形成了一套卓有成效的现代成本管理模式，对于 A 企业降低成本具有重要的指导意义。

（三）强化企业文化建设

企业文化是企业在大的社会背景下，在经营生产实践中所积累和凝聚的精神内涵。企业的文化建设对于企业的内部管理、生产经营、销售业绩等方面有着重要的指导意义。A 企业应根据市场环境的客观实际和自身行业的独特共性，大力建设企业文化，提高成本管理水平，增强核心竞争力。A 企业为了给成本管理的有效实施提供良好的保障措施，要不断加强企业的物质文化建设、制度文化建设和精神文化建设。首先，物质文化是企业文化建设的硬件设施。A 企业要通过大量的经济投入，改善员工的工作环境，营造良好的工作氛围，树立企业的外在形象，以保障企业文化建设有着良好的物质基础。其次，制度文化是企业文化建设的推动措施。企业的规章制度是使企业员工舍去个性保留共性的前提，也是维持正常工作关系、加强联系密切合作的保障，一个经营良好不断壮大的企业，必然有一套独特的企业文化制度。再次，精神文化是企业文化建设的精神食粮。企业在长期的经营管理过程中会形成特有的价值观和意识形态，良好的企业精神文化应该号召员工爱岗敬业，热爱工作、热爱生活，有责任心、事业心，同时，企业要做到以人为本，注重企业效益的同时，更要关注员工各方面的成长。企业文化是企业经营发展的"根"，有了健康的根，企业才能够"开花""结果"，创造出更高的业绩。

第七章　现当代企业管理中的"经济学"——决策

第一节　企业决策基本概述

一、企业决策的基本概念

企业作为一个经济组织，其目标经常被假定为经济效益和社会效益最大化。企业决策意味着企业作出决定，理想的企业决策意味着正确的决定。企业决策的具体目标经常是通过一定的方式来干预企业资源，并达到最佳的资源配置。随着经济全球化和后工业化的不断推进，国内外市场环境发生了巨大的变化，不确定性越来越成为企业决策的时代背景。在高度复杂和高度不确定的竞争环境中，企业随时可能遇到各种类型的问题，都需要想办法进行解决。在这个过程中，解决问题的方法通常是存在多种途径的，这就需要企业在多个方案中进行最优选择，根据最优选择进行相关的决定，并在此基础上付诸行动。

美国著名的管理学家、诺贝尔经济学奖获得者赫伯特·西蒙（Herbent Simon）曾经说过，"管理是由一系列决策所组成的，管理就是决策"[①]。企业决策是领导的核心工作，领导的各项职能都是围绕决策而展开。现代管理学一般把管理的主要职能概括为 3 项：计划职能、组织职能和控制职能，决策贯穿始终。可以说，对于任何一家企业来说，企业决策都是其全部经济活动的先导，发挥着引导的价值。比如，企业将生产什么样的产品，这种产品的生产标准是什么，如何为这个产品进行定价以及采取何种方式进行销售，采

---

①　林志扬 .21 世纪工商管理系列教材管理学原理第 5 版 [M]. 厦门：厦门大学出版社，2018：246.

用什么样的销售人员等与经济活动相关的问题都离不开企业决策。

企业决策是企业管理的生命源泉，科学的企业决策能够为企业带来活力，失误的企业决策将会使得企业陷入困境。因此，企业决策事关企业的发展。那么，什么是企业决策？不同的视角会产生不同的界定，概括地说，企业决策就是企业为了达到某种管理目标，在充分预测各种不可控因素以及综合考虑各项资源的基础上，形成备选方案、分析备选方案、挑选特定方案、实施所选方案以及评估所选方案。科学决策指的是，在前期充分调研的基础上，以最少的资源投入取得最大的企业效益，要求决策群体从实际出发，制订科学的决策方案。

二、企业决策的重要价值

随着全球化和后工业化的不断推进，企业管理变得日益复杂．更具不确定性。在全球化和经济环境不断流变的当下，国内外的市场竞争压力都在不断增强，需要企业决策者不断适应这个新的竞争环境。当前，一个企业如果想要在激烈的市场竞争中保持核心竞争力，在每一个时间阶段把握时机、做出科学合理的企业决策十分重要[①]。在任何一个企业中，每年、每月、每日都会需要企业决策者做出各种大小不同的、性质多样的、影响程度不同的决策。企业决策分门别类，有的比较简单，有的则十分复杂；有的可以公开，有的则必须保密；有的影响甚微，有的则影响甚广；有的风险较小，有的则充满风险。在一个运行的企业中，企业决策无处不在，是一个必须重视的中心工作。除了西蒙美国管理学家彼得·德鲁克（Peter F. Drucker）也曾说过："虽然决策是管理者的工作之一，但可以说，决策是一项关键的管理任务。"[②] 因此可以说，正确的企业决策意味着企业成功的重要前提。企业决策是企业管理的核心，关系到整个企业的兴衰。

在企业中，企业管理的所有环节实际上是由各种各样的企业决策构成的。不论是涉及企业战略发展的高层决策，还是涉及企业战术研究的中层决策，还是涉及具体企业运作的基层决策，都蕴含在企业的计划，组织．领导和控制等环节。因此，企业决策无处不在，时刻发挥着自身的独特影响。在进行计划的过程中，无论是市场营销计划、企业生产计划、人事调整计划，还是投资战略计划等，企业管理者都需要设定明确的工作目标，并根据这个

---

① 龚志才.大数据背景下企业决策管理探析 [J].现代商业，2021（06）：163-165.
② 孙绪芹.企业管理艺术 [M].北京：光明日报出版社，2017：30.

工作目标来制订具体的实施方案（包括时间进度计划），并在资源限制的情况下使用最恰当的方法和措施，这其中每一个环节都需要企业决策。正确的企业决策需要制订正确的决策方案并以正确的方法加以实施，具有多层次的重要价值。

（一）有助于提高企业的管理水平

正确的企业决策对于提高企业的管理水平具有巨大的帮助。正如西蒙所说的"管理是由一系列决策所组成的，管理就是决策"，企业管理的过程就是企业决策的过程。正是由于企业管理的过程就是企业决策的过程，所以企业决策水平和企业管理水平可以相互促进。因而，企业决策水平的提高直接或间接地可以推动企业管理水平的提高。

企业在不同的时间段都需要做出各种各样的影响企业发展的决策，有些是短期的决策，有些是长期的决策。霍姆兹（Homez）曾说过："我们处于什么方向不要紧，要紧的是我们正向什么方向移动。"[①] 没有正确的企业决策，企业就会失去正确的前进方向，误入歧途的企业将离自身工作目标渐行渐远，造成无可避免地资源浪费。有了好的企业决策，企业管理者将有更好的工作环境发挥自身的管理能力。

（二）有助于提高企业的经济效益

正确的企业决策对于提高企业的经济效益具有重要的影响。企业经济效益指的是企业生产总值同生产成本之间的比例关系，是企业发展的重要衡量指标。企业决策的正确与否，对于一个竞争性的工商企业而言非同小可。如果决策错误，执行得越好，损失就越惨重。正确的企业决策能够为整个企业指明前进的道路，能够最大限度地调动企业员工的积极性，使得整个企业的精神面貌和工作绩效都将产生向好的巨大变化。

毫无疑问，正确的企业决策可以提高企业的经济效益。需要说明的是，企业决策不仅是一个追求自身经济效益的过程，也是一个追求社会效益的过程；不仅是一个追求当前目标的过程，也是一个追求长远目标的过程。在评估企业决策价值的时候，不能仅仅以企业的绩效来衡量企业决策的成败，应该将社会效益纳入考虑范畴。

---

① 丁兆宇. 本杰明·富兰克林财富成功思想全书 [M]. 北京：新世界出版社，2009：104.

（三）有助于提高企业的内部稳定

正确的企业决策对于提高企业的内部稳定具有非凡的意义。现代生产力的高度发展，生产规模不断扩大，企业活动变得日趋复杂，团结协作在应对复杂活动时具有不可替代的优越性。虽然现代社会日益复杂导致决策日益困难，偶尔的决策失误变得可以接受。但是如果一个企业的决策频繁失误，企业员工就难免会质疑企业的整体能力。在企业决策频繁失误的情况下，企业可能出现离心的迹象，从团结协作走向团队涣散。如果情况严重，甚至可能会出现企业员工频繁离职的情况，这样的人才流失直接阻碍企业良性发展。

英国生物学家达尔文（Darwin）在《人类的由来》中提到，"自私自利和老是争吵的人是团结不起来的，而没有团结便一事无成"①。正确的企业决策则会带来截然不同的影响，让企业员工凝聚在一起，为企业决策下的工作目标团结协作，共同完成企业的共同计划。古罗马的普卜利利乌斯·绪儒斯在《警句》中指出"胜利属于精诚团结的一方"，因此可以说，企业能够及时根据实际情况做出合理的决策，能否保持企业内部的团结，是决定企业成败的关键因素。

三、企业决策的不同类型

企业决策作为企业管理的核心内容，根据不同的划分标准可以进行不同类型的划分。比如，企业决策可以根据管理层次、管理过程、管理领域、决策方法、决策环境、决策目标等内容进行划分。

（一）根据管理层次进行划分

对于每一个企业来说，企业决策都处于企业发展的重要地位。当企业决策根据管理层次进行划分，可以根据企业管理层次的高低依次划分为高层决策、中层决策和基层决策。这3个层次的决策各有特色，对于企业的生产经营活动影响深远。

1. 高层决策

高层决策指的是企业高层管理者所做出的决策，有时候也会被称为战略决策。这一类型的决策目的是适应变化的商业环境而作出的关于企业长远发

---

① ［英］达尔文．人类的由来［M］．潘光旦，胡寿文译．北京：商务印书馆，1983：7.

展的重要决策，对于企业的发展起到关键的作用。高层决策的影响范围最为广泛，影响周期最为长远。什么是高层决策？除了应当考虑决策主体之外，也应当根据企业决策的内容进行判断，如企业的经营方向和经营目标、企业的产品研发计划、企业的市场开拓等属于高层决策的范畴。

2. 中层决策

中层决策是企业中层管理者所做出的决策。和高层决策不同，中层决策的决策内容更多的是企业实施组织战略决策的实现路径。中层决策的关注内容较为具体，影响时间也没有高层决策那样持久。什么是中层决策？中层决策具有承上启下的重要价值，除了应当考虑决策主体之外，也应当根据企业决策的内容进行判断，如企业部门的结构组合、人事调整、生产计划以及销售计划等属于中层决策的范畴。

3. 基层决策

基层决策是企业基层管理者所做出的决策。和高层决策、中层决策不同的是，企业的基层决策更为具体，具有鲜明的特点：第一，企业基层决策关注的内容十分具体，通常是为了帮助企业中层决策的有效落实。第二，企业基层决策的影响范围十分有限、影响时间比较短暂。第三，企业基层决策带有常规性的特点，很多基层决策基于企业成文规章或不成文的惯例，有些基层决策也会演变为企业成文规章或不成文的惯例。什么是基层决策？除了应当考虑决策主体之外，也应当根据企业决策的内容进行判断，如企业部门的具体作业情况、某次特定的培训方案等属于基层决策的范畴。

（二）根据管理过程进行划分

管理过程向来受到管理学理论界和实务界的重视，是企业决策的重要组成部分。企业决策根据管理过程进行划分，一般可以分为领导决策、计划决策、组织决策和控制决策等。

1. 领导决策

领导决策指的是企业领导在履行领导职能过程中所需制定的具有影响力的决策。领导决策一般指的是，企业领导旨在基于自身经验理性和价值理性的基础上，根据企业的实际情况采取最符合企业总体利益的决策，用最合适的企业领导方法，沟通方法、激励方法等具体措施提高企业员工的工作积极性和提升整个企业的工作绩效的决策方式。

2. 计划决策

计划决策指的是企业领导在履行计划职能过程中所制定的各类计划类决策。计划决策的目标十分明确，一般是通过建立战略决策计划、战术决策计划、销售决策计划、人事决策计划、投资决策计划等计划类决策，有效帮助企业能够在最合适的时间进度的指导下完成各类工作，进而实现企业目标。

3. 组织决策

组织决策指的是企业领导在履行组织职能过程中所制定的关于组织优化的决策。组织决策的内容包括：组织的职务设计、组织的结构调整、组织的层级分配，组织的授权模式等，涉及组织运行的方方面面。组织决策的目标既是为了激发企业生产力，也为了推倒那些正在损害公司的组织界限。

4. 控制决策

控制决策指的是企业领导在履行控制职能过程中所制定的关于控制的决策。在高度复杂和高度不确定性的流变环境下，控制决策变得日益重要。控制决策指的是控制目标方案的合理性、控制目标方案的运行情况、控制目标方案的反馈信息以及进行调整等。

（三）根据管理领域进行划分

每一个企业都有不同的管理领域，这些管理领域既有差异性又有共同点，常见的管理领域包括企业财务领域、企业生产领域、企业市场领域和企业人事领域等。

1. 企业财务领域决策

企业财务指的是一个企业在生产经营过程中客观存在的资金活动及其所体现的经济利益关系，包括财务活动和财务关系。企业财务的主要指标有变现能力比率、流动比率、速动比率、变现能力分析总提示等。企业财务领域决策指的是制定和实施企业财务管理相关的决策。

2. 企业生产领域决策

企业生产领域决策指的是制定和实施与生产管理活动相关的决策，关于企业在这个决策计划时间内为社会提供某种产品或劳务能力的强弱。企业生产领域决策涵盖的范围十分广泛，从企业生产领域的选址和布局、生产领域产品的设计、生产领域产品的选择到最后的产品投放。

3. 企业市场领域决策

企业市场领域决策指的是制定和实施与市场营销管理相关的决策。在这个决策过程中，企业以对应客户的需要为决策的基本出发点，根据经验理性和技术理性获得顾客需求的数据，根据获得的数据进行市场营销，为顾客提供满意的产品并实现企业的营销目标。

4. 企业人事领域决策

企业人事领域决策指的是制定和实施与人力资源管理相关的决策。人事决策直接关系到企业优秀人才的去留问题，需要得到充分的重视。企业人事决策的范围十分广泛，涵盖从企业人力资源规划的制定与完善、人才的公开招聘到人才的绩效评估等整个流程。

（四）根据决策方法进行划分

根据决策方法区分企业决策的时候，通常可以分为定量决策和定性决策两类。定量决策偏重于科学的计量方法，基于科学的理论和方法进行定量的指标体系，进行定量评价，最后根据定量技术做出决策。定性决策偏重于经验的积累，基于企业决策者或者相关专家学者的经验及其内在偏好，体现得更多的是经验导向的决策艺术。

（五）根据决策环境进行划分

根据决策环境区分企业决策的时候，通常可以分为确定型决策和风险型决策两类。

1. 确定型决策

确定型决策指的是决策所处的环境是明确的，所有的环境变量未来的取值都是清晰可见的。每一个方案都会产生一个确定的结果，这个结果是符合企业原先的预期。确定型决策对于企业决策者的理性提出了严格的要求，需要企业决策者事先做好所有准备并了解未来的任何变化。

2.风险型决策

风险型决策指的是决策所处的环境是变化的，部分环境变量未来的取值是需要商榷的。正如当前的竞争环境高度复杂，高度不确定那样，风险性决策说明每一个决策都带有一定的风险，决策者需要做的是尽可能多地了解现实环境并积极调整。

（六）根据决策目标进行划分

根据决策目标区分企业决策的时候，通常可以分为单目标决策和多目标决策两类。

1.单目标决策

单目标决策在企业决策的现实应用中较少，指的是只有一个决策目标的决策，追求的是单目标的最优化。由于单目标决策的目的只是满足某个指标要求，与当前的多元环境背景有所冲突。在经济、社会、生态、文化等变量的综合影响下，单目标决策容易出现严重的偏差，甚至会导致错误的决策。

2.多目标决策

多目标决策在企业决策的现实应用中特别常见，绝大多数企业管理者在进行决策的时候都是基于两个及两个以上的目标进行考虑的，追求多目标的最优化。

四、企业决策的科学性与艺术性

企业管理具有科学性和艺术性的双重属性，科学和艺术之间往往存在互相补充的功能。同样，企业决策作为企业管理的重要组成部分，也具有科学性和艺术性的内在双重属性。特别是对于一些复杂的决策问题，只有将科学性和艺术性相结合才能获得最佳的决策方案。为什么必须将两者相结合？这和企业决策的相关因素紧密相关。企业决策的客观对象、决策目标、决策限制环境、决策方式、决策方案选择等都部分具有柔性的特点。

（一）以决策方式为分析视角

以决策的方式为例，企业决策的科学性与艺术性存在着差异。从企业决策的科学性来说，企业决策会按照严格的决策分析步骤，建立精准严密的数学模型,通过拟建的数学模型进行优化、拟合、预测和决策分析,应用当前最先进的信息技术进行决策。与此不同的是,如果从企业决策的艺术性来说,企业决策则会按照不同的思路进行。企业决策的艺术性基于企业决策者的经验理性进行模糊分析,凭借经验、理念,灵感、直觉、思维等非定量的媒介进行定性的决策判断。

(二)以决策限制环境为分析视角

以决策的限制环境为例,企业决策的科学性与艺术性存在着差异。从企业决策的科学性来说,企业决策会严格按照数学的逻辑进行。企业决策者根据约束函数和约束界限,建立科学的约束模型并在约束条件下寻求最佳的结果。与此不同的是,如果从企业决策的艺术性来说,企业决策者则会跳出环境限制的枷锁,在实事求是的基础上打破传统的固有思维,力求打破条条框框的环境限制以追求高质量的企业决策。

(三)以决策方案选择为分析视角

决策方案的选择是决策过程的重要步骤,以决策方案的选择为例,企业决策的科学性与艺术性存在着差异。从企业决策的科学性来说,企业决策会运用相关的专业知识进行信息的收集、整理、加工和分析,建立决策的数学模型,根据某种规则选择最符合数学模型的对应方案。与此不同的是,如果从企业决策的艺术性来说,企业决策者会将经验理性贯穿于企业决策的始末,通过联想思维、发散思维、逆向思维等思维的创新来进行方案的优化选择。

第二节　管理学的决策方法

一、定性决策方法

(一)头脑风暴法

头脑风暴法的原意是神经病患者的胡思乱想,这里借来形容参加会议的人思想奔放,能创造性地思考问题。美国人奥斯本于 1939 年首次提出该方法。这种方法的运用分以下 4 个阶段。

第一阶段是将对某一问题感兴趣的 10 ～ 25 人集合在一起,让大家在完全不受约束的环境中发表自己的意见，不能反驳他人的意见，也不能对别人意见做任何评价。要创造自由发表意见而不受约束的气氛，鼓励大家对已提出的方案进行补充及完善。提的建议和设想多多益善，不要考虑自己的设想是不是有质量，想到什么说什么，越新奇越好。

第二阶段是对已提出的每一种设想进行质疑，并在质疑中产生新设想，同时着重研究有碍于实现设想的障碍。在这个基础上对每条设想进行初步筛选。

第三阶段是对已经过筛选的每一种设想编制一个评价意见一览表，同时编一个可行性设想一览表，进行进一步的比较、研究、讨论和筛选。

第四阶段是对质疑过程中的意见进行总结，以便形成一组对解决所提出问题的最终设想。

（二）名义小组法

在集体决策中，如对问题性质不完全了解且意见分歧时，可要求每个人独立思考，不通气、不讨论，把自己的意见写下来并按次序陈述，然后由小组成员对提出的全部备选方案投票。

（三）德尔菲法

这种方法需要专家参与。首先把问题分别告诉专家们，请他们单独填写意见征询表；管理者收集并综合这些意见后再反馈给专家，请他们再次分析并发表意见。这样反复多次后最终形成专家组意见。

（四）经营单位组合分析法

该法由美国波士顿咨询公司建立，它把企业分成不同的经营单位，计算各单位的市场占有率和业务增长率。根据其占有企业资产比例衡量其相对规模，绘制经营单位组合图，根据每个单位在图中的位置确定其方向，如图 7-1 所示。

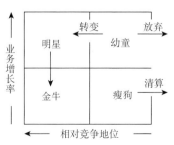

图 7-1 经营单位组合分析法

图 7-1 中金牛表示较高的市场占有率，为企业带来较多利润，较低的业务增长率，需要较少投资；明星表示市场占有率和业务增长率都较高，因而所需的投资和所产生的利润都很高；幼童表示或投入资金，以提高市场份额，使其转变为明星，或及时放弃；瘦狗表示收缩或放弃。

（五）政策指导矩阵

该法由荷兰皇家壳牌石油公司创立，它从市场前景和相对竞争力两个角度分析各经营单位的现状和特征，并把它们标示在矩阵上，据此指导企业的活动方向。

从图 7-2 中可知，处于该矩阵左上角的经营单位，市场前景也好，竞争能力又强，应优先发展，确保它们有足够的资源；处于该矩阵右下角的经营单位，市场前景不好，竞争能力又弱，应予压缩或放弃，不要让它们拖了企业的后腿。其他经营单位则应具体分析，区别对待。

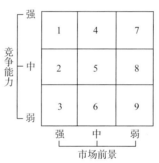

图 7-2 政策指导矩阵

二、定量决策方法

管理学里的定量分析方法主要分 3 种：确定型决策、风险型决策和非确定型决策。

（一）确定型决策

应用确定型决策方法应具备以下 4 个条件。

1. 存在决策者期望达到的一个确定型目标。

2. 只存在一个确定的自然状态。

3. 存在可供决策者选择的两个或两个以上的经营方案。

4. 不同经营方案在确定状态下的损益值可计算出来。

盈亏平衡分析法又称量本利法,是确定型决策常用的方法。我们用下面这个例子来说明什么是盈亏平衡分析法。某企业生产某产品的总固定成本为6万元,单位变动成本为每件1.8元,产品价格为每件3元。假设某方案带来的产量为10万件,问该方案是否可取?

我们以产量为横轴、收入/成本为纵轴建立坐标系,画出盈亏平衡分析图,如图7-3。其中总收入曲线为 $R=3Q$,总成本曲线为 $C=6+1.8Q$,它们在 E 点相交,表明在 E 点之前总成本大于总收入,企业是亏本的;在 E 点之后(即阴影部分)总成本小于总收入,企业是盈利的。E 点因此被称为盈亏平衡点。保本产量(总收入曲线和总成本曲线交点对应的产量)为5万件;安全边际(方案带来的产量与保本产量之差)为5万件。由于安全边际大于零,所以该方案可取。

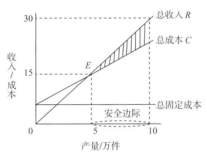

图 7-3 盈亏平衡分析法

盈亏平衡分析法在企业经营决策中简捷易用,在企业产品成本控制、利润预测、产量调整、新设备投资等方面得到了广泛的应用。

(二)风险型决策

风险型决策的未来情况不止一种,但知道每种情况发生的概率。

例如,某企业为了扩大某产品的生产想建个新厂。据市场预测,该产品销路好的概率为0.7,差的概率为0.3。如建大厂,需投资300万元,销路好时每年可获利100万元,差时要亏损20万元,服务期为10年;如建小厂,需投资140万元,销路好时每年可获利40万元,差时仍可获利30万元,服务期也是10年。或者先建小厂,3年后如果销路好再扩建,需追加投资200万元,服务期为7年,每年可获利95万元。问:哪个方案最好?

解:(1)画出决策树,如图7-4所示。

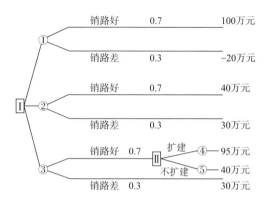

图 7-4 决策树

（2）计算期望收益：

方案 1：[0.7×100+0.3×（−20）]×10−300=340（万元）

方案 2：（0.7×40+0.3×30）×10−140=230（万元）

方案 3：[0.7×40×3+0.7×（95×7−200）+0.3×30×10]−140=359.5（万元）

计算结果表明，方案 3 的期望收益最大，所以选择方案 3。

（三）非确定型决策

在管理决策中，风险型决策还不是最难的，因为它不但知道未来有多少种后果，还知道各种后果的出现有多大概率。最难的是非确定型决策，它们有的是对方案实施可能产生的后果无法估计，有的是对各种自然状态在未来发生的概率无法做出判断。也就是说，非确定型决策的不确定因素要更大一些。

管理学对非确定型问题的处理办法有 3 种：一是依经验进行模糊决策，如判断哪个方案可能性大，哪个次之，哪个最小，就像诸葛亮唱空城计那样；二是通过一些科学方法来补充信息，将不确定型问题变为风险型来处理；三是在可以知道各种方案执行后产生什么后果的情况下，预先设定某种适用的决策准则，依次对各方案进行比较和选择。

由于不同的决策者的个性和风险偏好不同，其选用的决策准则不可能一样。有的决策者是个乐观者，认为未来总会出现最好的自然状态，因此他对方案的比较和选择就会倾向于选取那个在最好状态下能带来最大效果的方案。有的决策者是一个悲观者，认为未来会出现最差的自然状态，因而为避免风险起见，决策时只能以各方案的最小收益值进行比较，从中选取相对收益为大的方案。有的决策者既不是乐观者，也不是悲观者，取折中态度，认为最好和最差的自然状态都有可能出现，因此可以根据决策者本人的估计，给最好的自然状态一个乐观系数，给最差的自然状态定一个悲观系数（两系数之和等于 1），然后将它们分别乘以对应状态的收益值再加起来，求得各方案的期望收益值，经过比较选出期望值最大的方案。

下面通过一个例子来说明这 3 种不同的决策者是如何对同一个企业的 4 种不同方案进行选择的，如表 7-1 所示。

表 7-1　A 企业在对手 B 企业的 3 中不同反映策略下的收益状态及方案选择

A 企业的策略 B 企业的可能反应	B_1	B_2	B_3	乐观准则 X	悲观准则 Y	折中准则 $0.3X+0.7Y$
A_1	13	14	11	14	11	11.9
A_2	9	15	18	18	9	11.7
A_3	24	21	15	24	15	17.7
A_4	18	14	28	28	14	18.2
相对收益最大值 及选取的方案				28 A_4	15 A_3	18.2 A_4

由表 7-1 中可知，乐观者采取的是"大中取大"或"好中求好"决策法：先在每个方案的各行中取最大的一个收益者，再在各方案最大收益值这一列中取最大的一个收益值，它所在的方案就是要选的方案。悲观者采取的是"小中取大"或"坏中求好"决策法：先在每个方案收益值的各行中取最小的一个收益值，再在各方案最小收益值这一列中取最大的一个收益值，它所在方案就是要选的方案。折中者定的乐观系数为 0.3，悲观系数为 0.7，先将它们分别乘以各方案最大收益值和最小收益值再加起来，然后在这个和的列中取一个最大值，它所在的方案就是要选的方案。这 3 种决策者分别根据他们自己的决策准则来选择方案，乐观者选的是第 4 个方案，悲观者选的是第 3 个方案，折中者选的也是第 4 个方案。这几种选择说不上谁对谁错，只能说它们对各自的决策者来说都是正确的选择①。

---

① 陈文贵. 边际贡献在企业管理决策中的应用 [J]. 现代商业，2020（01）：140-141.

第三节　经济学的决策方法

一、确定型决策

经济学里对于确定型决策，常用微积分求极值的方法予以解决。例如，已知某企业短期总成本函数为 $STC(Q) = 1/3Q^3 - 4Q^2 + 240Q + 1000$，问：当 SMC 达到最小值时，产量为多少？当 AVC 达到最小值时，产量为多少？

由 $STC(Q) = 1/3Q^3 - 4Q^2 + 240Q + 1000$ 可得：

$SMC(Q) = dSTC(Q)/dQ = Q^2 - 8Q = 240$

对 $SMC(Q)$ 求导 $2Q - 8 = 0$，得 $Q = 4$。即当 SMC 达到最小值时产量为 4。

由 $STC(Q) = 1/3Q^3 - 4Q^2 + 240Q + 1000$

可得：

$AVC(Q) = STC(Q)/Q = 1/3Q^2 - 4Q = 240$，求导 $2/3Q - 4 = 0$，得 $Q = 6$。即当 AVC 达到最小值时产量为 6。

AVC 的最小产量 6 即为企业停止营业点。

二、非确定型决策

经济学对这类问题的处理主要借助博弈分析。博弈分析主要针对理性竞争对手。尽管竞争对手可以有 1 个、2 个甚至更多，但总可以归纳或演绎为最简单的两人竞赛而进行研究。根据利益冲突的程度，竞赛可以分为零和竞赛及非零和竞赛两类。在零和竞赛中，参与者彼此有完全的利害冲突，因而某一竞赛者所得到的数额刚好等于他的对手失去的数额，两者相加结果为零。例如，对企业之间的竞争市场占有率而言，如果甲多得 5% 的市场份额，则乙必然失去 5% 的市场份额，因为全部市场份额始终是 100%。在非零和竞赛中，竞赛者之间的利益冲突并不完全，甲的所得并不等于乙的所失。例如，企业彼此追求增加产品销量，结果可能销量都有不同程度的增加。

两个对手的零和竞赛的结果可以用益损矩阵来表示。例如，有两个企业竞争产品市场占有率，甲利用包括红、黄、绿 3 种颜色的包装方案，分别称为 A_1、A_2、A_3；乙利用包括电视、电台、报纸及杂志 4 种媒体的广告方案，分别称为 B_1、B_2、B_3、B_4。益损矩阵如图 7-5 所示。

$$
\begin{array}{c}
\quad\ B_1 \quad\ B_2 \quad\ B_3 \quad\ B_4 \\
\begin{array}{c} A_1 \\ A_2 \\ A_3 \end{array}
\left(\begin{array}{cccc}
0 & 40 & -32 & -25 \\
-23 & -40 & -41 & 45 \\
14 & -20 & -38 & 30
\end{array}\right)
\end{array}
$$

图 7-5　益损矩阵

图 7-5 中，横行表示甲的结果，纵列表示乙的结果。例如第二行和第三列的交点为 −41，表示甲采取A_2方案、乙采取B_3方案时，甲的市场占有率下降了 41%，乙的市场占有率上升了 41%。矩阵中数值的正负号是对于甲而言的，也就是说，决策者是站在甲的立场上来考虑问题的。

在竞赛者总是使用相同的方案进行竞赛，即采用纯战略时，按照以下过程进行决策：首先，找出益损矩阵每行最小值中的最大值。各行最小值分别为 −32、−45 和 −38，故 max{−32,−45,−38} = −32。其次，找出益损矩阵每列最大值中的最小值。各列最大值依次为 14、40、−32 和 45，故 min{14,40,−32,45} = −32。显而易见，两步的最终结果对应于益损矩阵中的同一个值（位置），称之为鞍点或均衡点。其对应的方案就是最优选择，即甲应采取A_1方案。上述过程表明，鞍点是行最小值中的最大值和列最大值中的最小值。注意到：益损矩阵中数值乘以（−1）才表示乙的决策结果。因此，鞍点实际上是甲和乙都按照悲观准则——小中取大法决策的结果。这种选择意味着无论竞争对手如何高明，竞赛者最差也能获得这样的结果。

当按照上述方法不能产生鞍点时，也就是采用纯战略无法获得最优解时，就应采取混合战略。混合战略是指竞赛时按固定的比例使用不同的方案。下面结合实例说明其求解方法。

设甲、乙企业产品市场占有率竞争的益损矩阵，如图 7-6 所示。

$$
\begin{array}{c}
\qquad\qquad B_1 \qquad\qquad\quad B_2 \\
\begin{array}{c} A_1 \\ \\ A_2 \end{array}
\left(\begin{array}{cc}
30 & -30 \\
\\
-10 & 50
\end{array}\right)
\end{array}
$$

图 7-6　益损矩阵

由于行最小值中的最大值为 max{−30,−10} = −10，列最大值中的最小值为 min{30,50} = 30，故不存在鞍点。

现在采用混合战略。对甲而言，假定它采取A_1方案的相对次数或概率为P，采取A_2方案的相对次数或概率为 1−P。甲的目标是不管乙采用哪种方案，其所获得的预期益损值都一样，即下式成立：

$$30P+(-10)\times(1-P)=-30P+50(1-P)$$

解这个方程，得 $P=0.5$。故甲的混合战略是使用A_1方案和A_2方案的次数各为 50%。

同理，可得出乙的混合战略的方案为：

$$30P+(-30)\times(1-P)=-10P+50(1-P)$$

得 $P=2/3$。即乙的混合战略是使用方案B_1的次数占 2/3，使用B_2的次数占 1/3。可以证明，求出的混合战略和鞍点相对多，就是企业的最优选择，如图 7-7 所示。

$$\begin{array}{cc}
& \begin{array}{ccc} B_1 & B_2 & 2/3B_1\ 1/3B_2 \end{array} \\
\begin{array}{c} A_1 \\ A_2 \\ 1/2A_1\ 1/2A_2 \end{array} & \left(\begin{array}{ccc} 30 & -30 & 10 \\ -10 & 10 & 10 \\ 10 & 10 & 10 \end{array}\right)
\end{array}$$

图 7-7　混合战略的益损矩阵

第四节　大数据与企业决策管理

一、什么是大数据

大数据（big data），是指数据量规模巨大，无法通过以往主流软件工具在短时间内搜集、筛选、分析并应用为帮助企业经营决策有价值的信息。大数据具有 Volume（大量）、Velocity（高速）、Variety（多样）和 Veracity（精确）4 个特点。

大数据背景下，企业可以借助大数据技术实施基于数据驱动的决策方式，通过收集与企业经营相关的综合数据，使用数字方法对其分析与建模，分析挖掘出隐藏在数据背后的关系，最大限度从中挖掘有价值的信息，进而预测事件可能发生的概率，为决策者提供较为合理的决策方案，以提高企业决策的预见性、针对性与科学化程度[1]。

二、基于大数据支持的企业决策管理系统的构建

在大数据背景下，海量而复杂的数据对企业决策管理系统原有的技术

---

① 龚志才.大数据背景下企业决策管理探析 [J]. 现代商业，2021（06）：163-165.

体系结构提出了挑战，同时也要求更强的数据分析处理能力及数据驱动业务的能力。为了更好地利用大数据技术并将之运用到企业决策管理中，需要构建新型的基于大数据支持的企业决策管理系统模型，对企业原有的业务流程进行优化重组，对各类数据等进行整合。构建基于大数据支持的企业决策管理系统，将之分为3个层面，即：数据的获取层、数据的处理层及数据的应用层。数据获取主要有4个来源：访问数据、交易数据、网络数据和购买数据；数据的处理层又称为决策协调控制系统，分为4个子系统，分别是：决策数据采集子系统、决策数据分析子系统、决策数据筛选子系统、决策数据服务子系统以及协调控制子系统，其功能依次是数据采集、分析、筛选、服务和协调控制；数据的应用层是基于大数据的企业经营策略，具体包括：生产策略、营销策略、财务策略、运营策略、客服策略、公关策略（见图 7-8）。

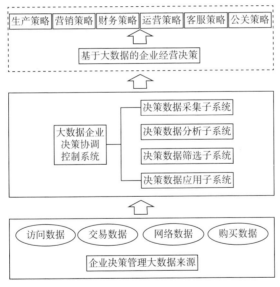

图 7-8　基于大数据支持的企业决策管理系统模型

从图 7-8 模型可知，企业利用大数据技术目的是为增强企业决策管理的科学性，实质是在新形势下人机结合的企业战略决策系统。通过企业内部决策系统采集、分析、筛选、服务、协调与控制等功能，判断企业及所在行业的发展趋势，跟踪市场及客户的非连续性变化，分析自身及竞争对手的能力和动向，充分利用大数据技术整合企业的决策资源，通过制定、实施科学的决策制度或决策方法，制定出较为科学的企业决策，保证企业各部门的协调运作，形成动态有序的合作机制，将企业的决策系统与企业外部的环境结合起来，有利于企业制定科学合理的经营决策，从而保持企业在市场上的竞争优势。

三、大数据背景下企业决策管理的应对策略

（一）顺应环境变化以构建企业级大数据集成系统

为解决由于影响变量的增多而增加的决策难度，使之能够在利用云计算模式和大数据技术时，高效分析信息并做出预判，以应对企业面临环境的快速变化，企业应重建基于在大数据支持的企业决策管理系统基础上的信息化企业，不同级别的企业应构建实施与之相适应的大数据集成系统，体现实用性、综合性与可拓展性功能特点。通过大数据集成系统，企业可以畅通渠道获取与企业相关的数据源，来了解用户行为和反馈，关注用户行为的跟踪采集，在产品设计和项目计划中对这些特性给予同等的重视，有利于产品更加贴近市场，更好地满足消费者的需求。

（二）利用数据挖掘技术分析处理与企业决策管理相关的信息

企业在获取大量的初始源数据之后，可以通过数据清理技术提出含噪音的数据、错误数据和冗余数据等，对数据进行初步鉴别与筛选，利用数据集成技术将企业多个数据源中的数据结合起来存放到一个一致的数据仓库。同时，可以采用线性或非线性的数学变换方法将多维数据压缩成较少维数的数据，消除它们在空间、属性、时间及精度等特征表现的差异，使之呈现的搜索结果对于企业决策来说具有更大的价值与实用性。

（三）建立企业内部决策系统且优化决策程序

大数据时代，企业管理者应建立现代化的信息交流沟通平台，与员工进行有针对性、有目的的良好沟通，甚至进行决策。企业在重大的策略调整和重要事件发生时，可以通过信息交流沟通平台，优化决策信息沟通的渠道和路径，使决策的程序简化而速度加快，鼓励决策参与者快速参与沟通、提出合理化建议并参与决策方案的制定，可以缩短上传下达的沟通时间。尽量减少信息链的长度，强化对信息链的优化整合力度，以达到企业运作流程的优化，减少内部沟通的偏离程度，从而减少管理决策制定的复杂程度。通过使用虚拟的网络平台来完善和提升企业决策管理，使之规范运作、管理科学、

高效发展更具有综合竞争能力 [①] 。

（四）拓宽企业决策主体以降低决策的风险

随着市场的不断演变，企业的新业务、新产品不断出现，企业决策的范围不断扩大，决策的对象也日趋纷繁复杂。特别是随着经济全球化、信息化的发展，决策环境更是瞬息万变。若仍像过去那样单纯依靠极个别决策群体或决策机构来进行决策的话，显然已经难以保证决策的科学性与预见性。在大数据时代，应重视情报信息机构、相关专业咨询机构和智囊团的作用，将它们纳入决策主体的范畴，共同组成多层次决策主体系统，这样才能使决策的风险得以降低，决策的专业化得到保证。

（五）改进传统决策方法并引用先进决策思想

企业在采集和处理大数据时，将不同的海量数据源进行结构化管理、筛选和转化，引用可视化技术对结果进行分析，使之能够为企业的商业智能获取与应用。应该摒弃"从数据到信息再到决策"的研究思路，而是走"从数据发现价值直接到决策"的捷径。只要对企业重大经营决策有用的数据分析法，通过大数据技术的变量定义、不确定与价值建模，都可以对企业决策管理进行风险量化分析，进而提高决策管理的科学性。

大数据为企业决策管理提供了崭新的环境和前沿的视角，给企业决策研究带来了深刻的影响并促使其不断地创新和变革，为适应企业在大数据时代获取核心竞争力的需求，企业决策管理将走传统决策方法与大数据技术相结合的发展道路。通过大数据技术增强企业在大数据环境下的数据分析与应用能力，才能提高企业决策管理的效率和能力。

[①]　李媛. 大数据对企业管理决策影响分析 [J]. 全国流通经济，2020（08）：44-45.

第八章　现当代企业管理创新路径选择

第一节　信息技术助力现当代企业管理创新

一、信息技术的定义与发展

（一）信息技术的定义

信息技术（Information Technology，IT）是指主要用于管理和处理信息所采用的技术和方法的总称。一般来说，信息技术是一个组织面对环境所提出的挑战时，为组织和管理提供解决方案的工具和方法的总称。

信息技术的应用包括计算机硬件和软件，（移动）通信和网络技术等，近几年，物联网和云计算作为信息技术新的高度和形态被提出、发展，所谓云计算，指的是一种基于互联网的计算方式，通过这种方式，共享的软硬件资源和信息可以按需求提供给计算机和其他设备。随着云时代的来临，大数据（Big data）也吸引了越来越多的关注。所谓"大数据"，指的是需要新处理模式才能具有更强的决策力、洞察发现力和流程优化能力的海量、高增长率和多样化的信息资产。2015年，李克强总理提出"互联网＋"的战略和行动计划，把现代信息技术的发展和应用推向新的高度，所谓"互联网＋"是指以互联网为主的一整套信息技术（包括移动互联网、云计算、大数据技术等）在经济、社会省会各部门的扩散、应用过程。

（二）信息技术的发展

自1946年第一台电子计算机诞生以来，信息技术作为人类管理和处理信息的工具已有半个多世纪了，从数据的视角来看，信息技术主要经历了4个发展阶段，即大型机时代，PC时代，互联网时代和DT时代。计算机应用系统主要经历了 4 种计算模式，即集中式计算模式、客户机 / 服务器（Client/Server，简称 C/S）计算模式、浏览器 / 服务器（Browser/Server，简称 B/S）计算模式和云计算模式，并伴随着计算机、网络和数据库技术的发展，它们共同决定了计算机应用系统的硬件、软件结构的特征。

1. 大型机时代

20 世纪 80 年代之前，企业的计算机架构以大型机和小型机为中心，这种架构是一台功能非常强大的服务器连接着多台哑终端。在这种架构下，操作层的工作人员通过哑终端上发出的各种指令必须再发送到功能强大的服务器上才能够被执行。同时，由于硬件结构的限制，企业只能将数据集中地放在主机上，这种计算模式被称为集中式计算模式，这种计算模式实现数据统一存储和集中处理，具有很高的安全性，但是由于操作人员所发出的所有指令必须在服务器上处理，对服务器的要求非常高，而且界面不友好，空闲时会浪费计算资源，无法激发用户的主动性，便影响了计算机系统应用范围的扩展。

2.PC 时代

20 世纪 80 年代，以个人计算机（PC）和局域网技术为代表的信息技术获得蓬勃发展并趋于成熟。这个阶段，用户可以在计算机网络上共享 PC 资源，计算机之间通过网络可以协同完成某些业务工作。虽然 PC 机的资源有限，但是在局域网技术的支持下，还可以在网络上方便地共享其他 PC 资源，在这种情景下，逐渐形成了客户 / 服务器计算模式。在这种计算模式中，最主要的服务是数据库的服务，数据库服务器接收客户机通过客户端的应用程序发送来的用户的数据处理请求并分析用户请求，进而展开对数据库的有效访问与控制，最终将处理结果反馈给客户端。在该计算模式中，一部分的业务处理逻辑能够在客户端上独立执行，使得客户端对服务器的依赖程度大大降低，对服务器的要求也逐渐降低。同时，该体系架构费用相对低、配置灵活方便，因此，扩展了计算机应用系统的范围。但是由于数据相对分散，不便于集中管理，该架构的缺点是安全性相对较低。

3. 互联网时代

20 世纪 90 年代以来，随着互联网的兴起，客户 / 服务器计算模式慢慢演变成为浏览器 / 服务器计算模式，这种计算模式的出现改变了计算机应用系统的面貌，管理信息系统的功能在很大大程度上得到扩展，主要服务于企业内部，其客户端也方便地连接着企业的供应商和客户的计算机，使得供应商和客户能够在企业限定的功能范围内查询企业相关信息，从而有利于他们与企业的各种往来业务数据交换和工作处理。但是这种计算模式的缺点是计算效率相对较低、计算机应用系统的安全性也没能得到有效的解决。最重要的是，这个阶段，计算机应用系统中的数据流动起来，并开始共享开放。

4.DT 时代

近十年来，云计算技术获得快速发展并应用广泛。云计算分为狭义云计算和广义云计算，其中，狭义云计算是指 IT 基础设施的交付和使用模式，指通过网络以按需、易扩展的方式获得所需的资源（硬件、平台、软件）。它的特点是能提供海量无限的资源，对使用者而言，他能够通过"云"随时获取所需要的资源，并任意扩展，按使用付费。这种特性经常被称为像电、水一样的公用基础设施。广义云计算是指服务的交付和使用模式，指通过网络以按需、易扩展的方式获得所需的服务。广义云计算服务的范围非常广泛，它可以是 IT 和软件、互联网相关的，也可以是任意其他的服务。无论狭义云计算，还是广义云计算，都是在公共云平台下，任何企业都可以按需所得，按使用收费。从本质上来看，云计算就是利用互联网上的数据的能力，在云时代，数据激发新的生产力，云计算成为像电力一样的公用基础设施。随着云计算的普及，一些大数据技术的成本大大降低，大数据技术开始在人们的生产、生活中发挥着重要的作用。

二、信息技术在企业管理中的应用

（一）"网络"视角在企业管理中的应用

随着计算机网络的兴起，计算机网络技术广泛应用，并将地球上分散的、独立的计算机相互连接以实现资源共享和信息传递，使得因特网（Internet）在免费、开放、共享的基础上迅速成长，导致"网络"视角的普遍应用。计算机网络推动电子商务的快速发展，所谓电子商务，是利用 Internet 提供的信息网络在网上进行的商务活动、交易活动、金融活动和相关的综合服务活动的一种新型的商业运营模式。电子商务是传统商业活动各环节的电子化、网络化，从组织的角度来看，电子商务意味企业之间连接，企业与消费者之间连接以及他们之间的交易活动的在线化、数据化的趋势。

20 世纪 70 年代之后，把单个组织描述为一种"网络"的视角就已经出现。企业之间的协作也是如此，网络释放了大量中间组织的存在，比如网络化的产业组织、特许经营等。从"供应链"到"价值网"等概念的更替，也说明"网络"的视角在组织领域的应用已有多年。到了今天，随着消费者之间、消费者与企业之间、企业之间越来越广泛和深入的联网，"网络"视角在组织领域中的应用已经无所不在了。从网络的视角来看企业，它面临正在形成的三张"网"，即企业的内部网（Intranet），供应链的内部网（Extranet）和社会化的大联网（Internet）。

1. 企业的内部网（Intranet）

Intranet 是企业专门网络，它建立在因特网 Internet 的基础上，是企业组织内部的一种计算机网。Intranet 主要应用于企业部门之间的业务互联和组织成员之间的协调沟通，它的功能是实现企业组织内部资源集成、信息共享，从而提高企业组织内部的工作效率和提高群体内部的沟通协调。

2. 供应链的内部网（Extranet）

简称供应链网。供应链网是由与核心企业相连的成员组织构成的，这些组织直接或间接与他们的供应商、上下游厂商或相关企业及客户相连，从起始端到消费端。这是"网络"视角在企业组织之间协作过程中的一种应用，它可以理解为企业与企业之间的形成的信息网络，是除了企业 Intranet 之外的企业的外联网，它的主要功能是用来促进企业与其合作伙伴之间的交互作用。Extranet 扩展 Intranet 的各项功能，并推动了电子商务的发展。

3. 社会化的大联网（Intranet）

简称互联网。互联网是目前世界上最大的信息网络。早期，企业利用互联网可以与企业外部建立紧密联系，还可以通过互联网平台查询、采集利用企业外部的相关信息，甚至还可进行基于互联网的电子商务活动，开展网上交易，随着互联网和电子商务的发展，企业与外部关系之间、企业与消费者之间零距离。随着 Intranet 的快速发展，如今，企业利用 Intranet 可以进行大规模、社会化协作，促进组织柔性化、模块化，为企业提供了广阔的发展空间。总的来看，随着计算机网络的不断发展，"网络"视角在组织领域中的应用不断地深化，改变着现代企业组织设计与组织结构。

（二）"数据"视角在企业管理中的应用

近 10 年来，以移动互联网、社交网络、云计算和大数据为代表的互联网技术在人类生产、生活中广泛应用，数据的产生、存储和处理的方式方法都发生了深刻的改变，随着云计算的普及，我们迎来大数据（Big Data）时代，大数据有 4V 特点，即 Volume（大量）、Velocity（高速）、Variety（多样）、Value（价值）。在大数据时代，企业越来越关注大数据技术对企业大数据将所有相关的结构化和非结构化数据、半结构化数据综合起来加以应用，并加速数据的流转促使企业数据处理速度和效率的提高，全面渗透到企业的决策、业务流程、供应链管理中。

1. "数据"视角在企业决策中的应用

通过大数据技术，可以帮助企业提高预测概率，从而提高决策成功率。在成本可以接受的条件下，通过迅速采集、及时发现和快速分析，从海量、多样化的数据中挖掘和发现其真正价值，进而将其转变为相对有效的可提供准确的决策依据的"洞察力"。

2. "数据"视角在企业流程中的应用

在 DT 时代，由于一些大数据技术的应用，"数据科学家"的概念出现，他们能在方方面面帮到制造业企业，弄清楚你产品的哪个地方行得通或是行不通。数据科学家主要帮助制造业企业确定某个定价的具体范围或某种产品是否会挤占来自其他定价或是产品的销量。据此，制造业企业可以优化它的定价策略和产品线。"数据科学家"还可以通过"数据"的预测能力帮助企业实现市场需求的精准预测，从而提前调整生产周期和销售周期，达到快速响应市场的能力。

3. "数据"视角在整个供应链中的应用

利用一些大数据技术可以对其供应链上的需求产生，产品设计到采购、制造、订单、物流以及协同的各个环节进行详细而实时的把控，使得企业能够更清晰地控制库存量的多少、订单完成率的情况，以及物料采购及产品配送的情况等；还能通过预先的相关数据分析结果来适当地调节供求；利用新的规划来优化、改造供应链战略和网络设计，推动基于大数据的供应链的发展。

三、信息技术驱动下企业管理创新

（一）管理理念的创新

1. 构建企业的共同愿景

发展企业核心价值观，融入企业理念，强调应付变革，适应环境，改造环境。

2. 造就学习型的组织和个人

因为未来的唯一持久的优势是有能力比竞争对手学得更快，这种学习型组织和个人是组织化（个人）的学习，涉及整个思维方式的提高，系统思维的建立，强调管理重心下移，增强学习力和创造力。

3. 树立现代管理意识

在管理战略上认识到信息社会中人力资本已作为资本形态登上社会经济历史舞台；在发展模式上以提高企业竞争力为核心，在非关键性业务方面实行外包；在管理技术上采用现代的管理技术，利用信息技术彻底改造企业业务流程，以顾客为导向、以流程为核心，通过对企业现行业务流程进行根本性的重新思考和彻底变革，实现企业整体效益的显著改进；在企业营销方面树立绿色营销、关系营销、合作竞争营销和主动营销的理念；在人力资本管理方面，形成注重长远利益，寻求组织与个人双赢的理念。

（二）组织结构的创新

1. 组织扁平化

企业组织结构由"金字塔"转向"扁平型"和"网络型"，企业与企业、企业与市场的边界变得越来越模糊。传统的企业组织结构是以分工精细、管理严密为特征的科层等级制，组织层次繁多，导致决策速度大大降低。为了加快信息流转速度，缩短生产周期，必须减少垂直层，扩大水平层，精简组织结构，使建立在分工基础上的金字塔组织结构逐步趋于扁平化，更为重要的是这种扁平化组织决策权分散化，其分配效率高于等级组织，它可以降低信息成本，可以实现信息交流的极大化，能够充分调动员工的自主性和积极性，提高研发、生产以及物流等过程的快速反应能力，提高决策的反应速度和成功概率。

2. 组织柔性化

根据工作任务通过信息和网络组成项目小组或工作团队，在组织功能上由原来的指挥、控制转变为协调、控制、服务和创新。其工作模式是跨专业、跨职能、跨部门的。它多半为临时的，其成员具有一定的流动性，这种流动性有利信息和技术的扩散，符合知识型员工的管理特点，有利于成员信息沟通，团队协作，从而保证工作任务的完成。

3. 企业虚拟化

虚拟企业通过与其他相关企业构建成一个具有业务关系的联合组织形式，它按照网络形式组成的工作流程，借助外部力量改善自身的功能，同时集中自己的资源，专攻附加值高的产品设计和营销，这种将各个相关企业的不同生产能力、功能特长、信息资源整合在一起，可以发挥整体优势，联合开发新产品，扩展市场空间。利用多个企业资源整合供应链。而这时信息技术为企业之间的自动化提供支持、为企业之间的通信与协调机制提供支持。

（三）营销模式的创新

1. 电子商务

电子商务是一种新形式的商务活动，发展电子商务的关键是技术与规制，而信息技术则是电子商务的主导技术。它不仅是交易手段的变化，更是经济结构和运作方式的变革。在电子商务中企业界限变得模糊，管理跨度得以延伸，网上的商业活动扩大了交易范围，降低了交易成本，提高了交易效率，开拓了新的领域。在电子商务下的价值链中，信息将通过聚合、组织、选择、合成和分配后产生新的价值。B to B 模式使得产品制造商与供应商之间由"讨价还价"的关系变成双赢的"伙伴"关系；有效的 B to C 的管理方式是 CRM 以及基于顾客网上数据库的一对一营销、会员制营销和频率营销，B to C 模式重构价值链下游，客户可以通过 Internet 网迅速将自己的需求偏好反馈给企业，使企业能更好地为客户提供个性化服务。

2. 供应链管理（SCM）

以客户服务驱动、实施与业务合作伙伴协同电子商务的供应链管理已成为一种先进的管理模式，IT系统集成了供应链管理。因为市场竞争的优势将不再是企业拥有多少物质资源，而是能够整合多少社会资源来增加自己的市场竞争力。从运行机制来看，"供应链"是根据顾客订单，通过对信息流、物流、资金流的一体化控制，从采购原材料、存储、产品生产，到制成中间产品以及最终产品，最后由销售网络把产品送达顾客的物品移动过程。它由企业信息管理系统（EIP）、企业资源规划系统（ERP）、电子供应链管理系统（ESCM）组成。供应链管理是横向一体化的典型代表，强调企业之间的合作与平等关系，核心企业为信息流和物流的协调中心，将非核心业务实行外包。

3. 客户关系管理（CRM）

这是一种旨在改善企业与客户关系的新型管理机制，它运用先进的信息技术手段，通过深入开发和管理客户资源，在客户咨询服务的界面上，保证企业与客户间的即时互动和客户服务的个性化，来建立和维持最佳客户关系，从而优化客户关系产生的总价值。其目标是缩短销售周期和销售成本，增加销售收入，寻找扩展业务所需的新的市场，提升客户的价值、满意度和忠诚度，其实质是对企业客户资产的增值管理；其核心是以客户为中心，进一步延伸了供应链管理；其功能是销售管理、市场销售管理和客户服务与支持；其特点是对长期价值的关注。

面对信息技术的迅猛发展，现代企业管理已经不能仅定格于如何实现组织的既定目标和责任，而需要进一步思考组织既定目标和责任究竟在多大程度上实现人类的可持续发展，需要进一步审视信息技术对管理创新在多大程度上对人类的身心健康、全面发展有好处。这或许是21世纪，信息技术与现代企业管理创新的拓展方向和需要更进一步研究的基本问题。

第二节　云计算技术助力现当代企业管理创新

一、云计算技术相关理论

（一）云计算技术概述

进入 21 世纪，一些相关性的信息技术一直在迅速演变，目前它们已经全部整合为一种新的技术模式，即提供世界上任何地方都需要的计算能力资源。当这些技术与互联网、浏览器、虚拟机和开源软件等技术融合后，又产生了一系列新的可提供计算资源的技术。"云计算（Cloud Computing）"这个概念就是这些联合技术的简称。云计算服务商目前正在做的工作，就是为那些希望外包一部分或全部计算能力的企业提供服务，这些企业包括传统的 IT 运营商、传统应用服务包的运营商和其他商务支持应用的企业。

云计算的准确定义一直在演进。不同机构根据自身的标准和利益提出不同的定义，但他们的共识也越来越多。而这些定义有以下 5 个共同的特征，如表 8-1 所示。

表 8-1　云计算的五大特征

按需自助服务	客户可以在时间确定、时间不确定或任意给定的时间内，都能分配到适量的资源。按需提供资源的价值最终由需求的多变性驱动
广泛的网络应用	用户不需要购买昂贵的硬件设施和软件应用，只需通过手机、电脑等任何网络设备即可访问和获取云端资源
资源池	云计算提供商将汇集在一起的资源根据用户的实际需求动态分配给各个消费者，用户一般不知道所获资源的具体位置
快速弹性	服务商根据用户业务需求的增减调整相应的 IT 资源，包括宽带、存储、应用程序等，随时满足用户规模变化的需要
可度量的服务	云计算系统通过对资源的使用情况进行监控和测量，根据用户使用云资源的实践和多少进行服务收费，服务都是完全透明的

（二）云计算技术的分类

1.按部署模型分

根据 NIST 的定义，云计算按照部署模式可以分为私有云、公有云、混合云与社区云 4 种，如图 8-1 所示。

图 8-1　云计算的 4 种部署模型

私有云由企业或者云计算服务提供商提供，是针对单个企业特别建造并提供服务的云系统，它的建造是为了最大化地使用企业的计算资源。

公有云通常由第三方掌控、操作，位于数据中心，可以由外部企业进行远程操作。用户不需要购买软硬件等基础设施，只需要签订租赁协议，就能使用这些资源，并为这些价格合理的云服务支付费用。

社区云是由要协作处理共同问题（这些问题可能是共同的研究任务、共同的安全要求等）的多个机构共建共享，社区云可能由这些共建共享的机构或第三方来管理。

混合云是由多个公有云和私有云组成，这些云是个人用户根据他们的特殊需求建造的[①]。例如，有些企业可能会通过联合谷歌来扩展他们的混合云，为其员工提供谷歌应用软件工具，以提高员工的协作能力和工作效率。

2.按组件层次分

云计算技术正在快速地向前发展，某些云计算组件的名字和运用的技术

---

① 许玲.基于云计算技术环境的中小企业管理创新研究 [J].信息与电脑（理论版），2022，34（7）：219-221.

细节每隔 6—12 个月就会有重大改变。尽管如此，我们还是可以认为云计算是由 3 种基本类别或是 3 个层次的组件组合而成的。这 3 个层次相互支持，层与层之间的关系保持在一种相对稳定的状态。这 3 个组件层分别为：硬件虚拟层、数据存储与数据库管理层以及应用和应用开发环境层。

云计算通过硬件虚拟化技术将物理计算资源抽象化，使分布各地的计算机或者服务器可以运行众多不同的应用系统，即使当前环境下只有很少的物理服务器。硬件虚拟化使企业能够优化物理电脑资源的使用，并改善系统的管理方式。在云计算领域，这个层就是基础设施即服务（IaaS）。

在虚拟化的硬件环境中，数据存储和数据库管理比以前更具效率和灵活性。那些异构的数据库可以运行在不同的虚拟服务器上面，这样企业就不用部署新的物理服务器来管理系统中不尽相同的数据库。因此，虚拟机的处理能力和这些数据库的存储能力可以随时根据实际的商业需求动态地改变。除此之外，这些不同的虚拟服务器可以根据需要而运行不同的操作系统。这一层也就是平台即服务（PaaS）。

在云计算环境里的硬件虚拟化、数据存储和数据库管理能力中，应用和应用开发环境发挥着杠杆作用。支持不同商业运营的应用系统可以运行在虚拟机上，虚拟机的数量会按照商业用户的需求变化，随时按比例增大或是减少。在这种环境下，一个特定的应用系统可以不断地拷贝并在需要时投入运作。在云计算领域，这层就是软件即服务（SaaS）。

比较这 3 种服务模型可以发现，提供给用户的灵活度从 SaaS 到 IaaS 依次提高，而为云服务提供商带来的工作难度从 SaaS 到 IaaS 依次减少。这是因为 SaaS 是基于 IaaS 或 PaaS 来构建的，提供 SaaS 服务的商家不仅要维护 IaaS 的硬件系统，还需要管理包括 PaaS 和 SaaS 在内的所有软件。这两种变化趋势如图 8-2 所示。

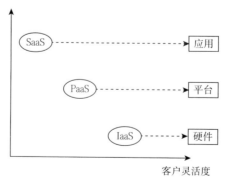

图 8-2　云计算 3 种服务模型的比较

（三）云计算技术的优势

1. 成本优势

一家企业如果自建云计算数据中心可能会增加其经营费用，但是高额的利润回报能够及时地填补这部分费用。而企业的业务量下降会使信息技术投入下降，但不会对企业赢利造成太大影响。进入 21 世纪，生产技术和用户偏好等商业市场环境的变化日益加快，产品的生命周期越来越短。这种情况下，不仅难以预测客户的新需求，就是原材料、物流的成本也根本无法预先估计。而在云计算环境下，企业可以依靠云计算的敏捷性将固定成本变为可变成本。

2. 灵活优势

在当代，快速发展的信息技术日益融入企业的生产与服务中，产品中的软件组件越来越多，这加快了产品的变化速度。一辆汽车的设计可能需要一两年的时间，而云服务提供商能够在数分钟内完成用户所需要的更新。企业的管理者从云计算中得到的不仅是成本的减少，还有业务敏捷性带来的好处。纵观整个 IT 产业链，最重要的角色是这个行业的终端用户，而更好的业务敏捷性可以快速适应不断变化的客户喜好、抓住短暂的市场机会。

3. 性能优势

云计算服务能够提供企业所需的各种 IT 基础设施、平台和软件服务。云的规模可以动态伸缩以满足应用和用户规模增长的需要。初创企业不再需要担心一次性大笔的 IT 投资，只需按需支付很少的钱就能搭建业务所需的平台，快速地实施自己的商业计划。而且如果企业想要实现规模的扩大，不再需要制定长期的 IT 规划，也不必进行昂贵的硬件采购和繁琐的软件安装与开发。这种计算资源的易得性和可扩展性是传统 IT 技术所不能提供的，这也是云计算最直观的优势体现。

4. 创新优势

云计算的广泛使用为云服务提供商、云服务使用者和其他云计算生态系统的参与者们提供了创新的驱动力。采用云计算后，企业的 IT 部门就能从日常繁琐的管理维护工作中解脱出来，更好地与业务部门合作，专注于企业的核心业务，利用创新技术给客户带来更优质的服务。而且，作为新一代 IT 革命的云计算同样会在未来创造更多的新业务和新产品，商业市场上将建立更多开发、销售和交付这些新产品和服务的新公司。

二、云计算应用给企业管理创新带来的机遇

随着世界范围内对云计算服务需求的不断增长，致使大量的云计算新企业诞生，这些企业为系统开发软件和提供设备，并以一种新的方式来满足行业的特殊需求。企业不必花大量资金来编写自己的 SaaS 软件，而只需维护和支持它们内部运营的数据中心，并致力于利用自己的资源来优化和提高面对客户的应用。另外，他们还可以利用网络搜索引擎像百度、谷歌和雅虎等来开发更有效的吸引顾客的方式。企业不用再经历过去密集劳动力的销售过程，就能黏住新的客户。

云计算正在改变商业生态系统，同时它也具有改变世界生态系统的潜力。由于云计算具有低成本、高效率等特点，给当前国内规模小、资金和人才缺乏的企业实现跨越式发展带来了很好的机遇。

（一）传统 IT 部门将迎来变革

企业云计算所需要的信息化设备由云计算服务商负责提供和管理，不仅设备不用企业自行购买与维护，企业的数据在云端还能得到数个备份，即使一处服务器受损，企业也不会丢失任何数据。而企业无须再配备专业的技术人员，IT 部门的员工只需帮助企业来评估选择合适的 SaaS 和云计算能力。系统管理员如果遇到问题可以实时向云计算服务商寻求帮助，由服务商提供技术支持，确保企业的正常运行。

（二）行业协作变得更加方便

现在企业所处环境不再是内部完成所有核心和辅助功能的自包容的组织形式，已经演变成由上游的供应商和下游的客户组成的一个产业链生态系统。企业想要保持和他们的供应商以及其他合作伙伴有效的合作，就需要依赖一种可靠、可预期的方式来交付业务服务。云中的业务流程管理实现了企业的行业协作，使业务流程中跨企业的数据和信息流动成为可能。

对新技术的重视程度决定了一家企业的发展前景，而企业向云计算过渡转型的速度主要取决于其经营状况。然而历史经验告诉我们，在推行新技术时，特别是在早期，来自各方面的巨大压力会让我们举步维艰，但实践显示

这些压力最终都会被化解，任何事物都不能阻挡时代前进的步伐。因此，只要企业及其员工对新技术拥有足够的耐心与信心，就一定可以挺过困难时期，让企业各方面在新技术的基础上运行得更好。因此，企业在现阶段都应紧紧抓住云计算这个机会，在云计算浪潮中检验自己的优势和不足。对于企业来说，如果等到云计算技术全面普及才开始有所行动，那就只有再等待下一次的技术革新了，而那时企业可能已经不复存在。

（三）云计算的敏捷性符合企业的特点

在当今的商业环境下，竞争对手无处不在，出乎意料的市场情况随时都可能会出现。企业通过敏捷的云计算技术能随时根据市场的变化调整自己的战略与业务。例如一辆新款汽车的设计可能需要一两年，而 SaaS 服务商能够在数分钟内完成应用的更新。在这种背景下，企业需要有竞争力的敏捷性和满足业务需求的 IT 能力，无论是在业务流程上还是在产品服务上。云计算服务是按需租用，企业可以根据自己的规模以及发展阶段随时增加或者减少服务的租用量。这种按需使用的模式正好符合企业灵活性大的特点。

三、云计算技术环境下企业管理的创新研究

（一）管理观念创新

观念是行为的指导者，观念创新是管理创新的先导和方向标，也是管理创新取得成功的基础和前提条件。管理观念是指管理者在管理活动过程中所持有的思想和判断力。由于经营和管理环境的复杂变化，陈旧落后的管理思想已难以满足当前企业管理需求，阻碍企业管理创新。企业要实施管理创新，必须首先进行管理观念上的创新。

1. 市场观念创新

正确的市场观念是企业进行市场开发的前提和保障。随着人们生活水平的提高，消费需求越来越呈现动态化、多样化和个性化，企业应准确把握市场需求的特征，依靠云计算服务的优势，抓住市场机遇，提供适销对路的产品。面对电子商务尤其是云计算共享平台上电子商务迅速发展的趋势，云计算系统数据库里会产生大量市场相关信息，企业要特别重视这一部分市场信息的价值，提高网络市场信息的收集、处理、分析和预测能力，依靠网络开发新的市场资源。

在云计算技术环境下，通过加强产品研发，企业具备将市场机遇转变为市场资源的能力。企业应客观评价自身在同行业、产业链以及整个社会经济中的地位，分析可利用的企业内外部资源和优势，在重新确立自身市场定位的基础上，优化原有的市场资源，并主动寻求市场机遇，开发空白市场需求，甚至可以正面与大企业展开市场资源上的竞争。总之，由于云计算的平台性和可扩展性，以及在支持企业创新活动方面的作用，企业应摒弃传统"拾遗补缺"的市场观念，改变原有的发展思路，重新确立市场定位，调整自身的发展战略，积极捕捉市场机遇，提高市场开发能力。

2. 经营理念创新

随着经济的快速发展和人民生活水平的迅速提高，市场需求越来越呈现动态化、个性化和多元化，企业以往单纯追求规模化生产方式的经营理念已不符合现代社会市场经济发展要求。外部商业环境的不断变化，对企业的创新能力提出更高要求，要求企业在发现市场机遇或产生新创意时，能迅速组织创新活动，及时提供满足市场需求的产品和服务。因此，市场竞争越来越表现为创新能力的竞争，企业的核心竞争力由以往的经营规模化转变为企业创新能力。企业要改变传统"只重生产"、单纯追求降低生产成本提高生产效率的经营理念。在不影响日常业务运营的前提下，企业要增强创新意识，逐步提高企业创新能力。

另一方面，在云计算技术环境下，企业可利用资源范围越来越大，规模与边界已不再是衡量企业市场竞争力的重要标准；利用开放共享的云计算资源池，企业在增强自身创新能力时，还可以与大企业进行交互。这两方面因素在一定程度上改变了企业一味追求规模效益的外部环境，使得创新成为企业的核心竞争力。在传统的企业创新模式下，创新所需的资源局限于企业内部（组织资源、知识和能力等），创新活动由精英阶层垄断控制，不能灵活应对和满足快速变化的新兴市场需求。云计算技术的出现改变了这一状况，使得创新成为普通大众可以广泛参与的公共活动，在很大程度上扩大了创新所需资源的可利用范围。由于云计算特有的服务模式，在研发设备方面，企业较以往有更多可利用的资源。云计算在将创意转化为产品的过程中具有无法比拟的优势。依靠云计算强大的计算能力和存储能力，企业能将创新前期的新想法或新观点，依靠各种研发设备和计算机软件，迅速落实到产品创新和研发环节中。

外部市场环境变化对企业产品和服务创新的要求，使得企业不得不重视创新；云计算技术的出现，使得企业具有相对独立进行创新活动的可能。在云计算技术环境下，企业要改变传统"重生产、轻研发"的管理理念，企业应在降低生产成本提高生产效率的同时，增强创新意识，制定企业创新发展战略，完善企业创新机制，从制度上保证和鼓励创新，加大对创新的各项投入，引入创新型人才，努力营造有利于创新的环境和氛围，以创新来推动企业进一步发展。

3. 传统竞争观转变为合作竞争观

传统竞争观只考虑企业自身利益，依靠自有资源进行市场竞争。它把供应商、顾客、同行竞争者、政府以及金融机构等都视为与其对立的直接竞争者，追求所有经济利益的独享，是一种排他性的竞争。面对经济全球化以及市场竞争环境的日趋复杂，单个企业不可能同时拥有所需的所有资源，其仅仅依靠自有资源已很难在竞争中长久立于不败之地，即使是大型企业也往往通过各种方式与其他企业进行合作。企业由于规模小，在传统市场竞争中处于劣势地位。在云计算技术环境下，由于各个企业能够克服时间、地理、终端等的限制，通过建立共享平台实现企业各个职能和层次上的沟通交流和相互协作。因此，企业应当利用云计算技术，转变传统竞争思路，树立合作竞争观念，通过整合优势资源，实现优势互补，最后达到双赢或多赢（若干个企业、消费者、金融机构、政府等）的目的。企业采用合作竞争方式，既能提高自身市场竞争能力，又能进一步扩大可利用资源范围。

（二）组织结构创新

1. 内部组织结构创新

由于传统单纯追求降低生产成本、提高生产效率的管理目标，科层组织以权力和等级制度为基础，控制方法自顶向下，分工明确，有利于发挥专业优势，是工业化时代普遍采用的企业组织结构形式。然而，面对当前多样化的顾客需求、激烈的市场竞争和动荡多变的经济形势，当市场机遇来临时，要求企业必须做出果断而迅速的反应，及时开发出满足市场需求的产品。显然，传统科层组织因层次重叠、反应迟缓、沟通困难、部门协调性差、压抑员工创新等固有的缺陷，已不适应新经济时代的要求。企业应利用云计算技术进行组织结构创新，使得企业在面对市场机遇时能迅速调集所需资源进行产品研发和创新。

云计算技术环境下，企业的组织变革应遵循以下几个方向。

（1）扁平化

由于云计算系统共享的资源池，所有的信息处理操作都是在统一公共的平台上进行。企业应当利用云计算技术的这一特性，进一步增大管理跨度，减少管理层次。组织结构的高耸型还是扁平型，还与组织结构中的权力结构特征相关。企业应当对企业各个岗位的责、权、利关系进行分析，适当将企业决策重心下移，以提高组织效率和应变能力。

（2）网络化

传统企业的各个部门之间基本上是割裂的，各部门之间沟通和交流较少，信息无法全面共享。在云计算技术环境下，由于统一共享的资源平台，企业应进一步减少纵向分工和管理层次，不断增强横向分工和协作，使企业组织结构变成一个相对平等和自主、富于创新精神的小型经营单元或个人组成的网络型组织。

（3）柔性化

在云计算技术环境下，企业实行以创新推动企业发展的经营模式，企业内部人人都可以创新。因而，当出现新创意或新思想时，需要组织调配所需资源支持研究开发，此时，就需要企业实行柔性化的组织。柔性化组织是指在组织结构上不设置固定和正式的组织，取而代之的是一些临时性的、以任务为导向的团队式的组织。如项目小组，它是为实现某一特定目标，由不同部门、不同专业人员组建的特殊形式的临时团队，而且各团队并不是固定的，它随项目的改变而调整。项目小组利用云计算技术可以减少资源进入和退出障碍，充分发挥合作优势，及时推出新产品以满足不断变化的市场需求。

2. 企业间组织结构创新——构建虚拟组织

云计算通过统一共用的资源池，在更大的程度上提供资源的共享，促进企业间的信息处理与协同工作。随着外界环境的日趋复杂以及云计算技术的日趋成熟，组织未来的结构将继续朝更加柔性的方向发展，并且能更加有效地对环境做出反应。云计算可以更加充分有效地将传统企业间信息系统融合。通过云计算共享的资源池，企业可以将相关的顾客、供应商、同行竞争者、政府、中介机构等都融合在统一平台中，各主体在一个公共的平台上相互协作，进一步加快了信息的传递速度，扩大了信息传递管道，使得各机构、各业务环节能够协同工作。因此，云计算技术环境下的虚拟结构，将提供更强大更有效的信息处理能力。

例如，在产品生产阶段，除了采取传统的依靠企业自己完成产品生产外，在云计算技术共享的平台环境下，企业可以更大地发挥自身应对外界环境变化的灵活性，迅速构建虚拟组织，在更短的时间内完成生产过程规划并进行产品生产。由于日趋激烈的市场竞争环境，企业应在重视核心功能（如产品创新）的基础上，积极构建这样一种虚拟组织结构：它不需具备全部产、供、销、人、财、物等各种基本功能，只需从事自己最具优势的业务，其他功能由市场中的其他主体来完成。这种组织结构可以存在于整个社会系统中，没有明确的界限，却能保持各主体之间的密切沟通。企业通过云计算系统构建虚拟组织，获得竞争优势，增强自身核心能力，甚至能够更直接地与大型企业进行市场竞争。

在虚拟组织的组织方式上，企业利用云计算技术将能更好地解决组织内企业如何选择、供应链如何连接、信息如何集成和分配、企业间活动如何协调等问题。在云计算技术环境下，企业构建虚拟组织可以通过业务外包方式，也可以采用动态联盟的方式。动态联盟不是实体的结合，而是资源的结合，如技术、资金、市场、管理等资源。通过参与动态联盟中的专业技能或专有知识的共享或转让，企业可以在生产制造、市场营销或其他领域获得新的或更好的运作手段。

（三）研发管理创新

1.利用云计算进行研发

云计算系统以虚拟化技术为核心，通过共享的资源池为用户提供动态的、可扩展的计算和存储服务。云计算技术在支持企业各项业务方面具有重大意义。云计算技术支持企业研发活动，尤其是在研发过程中的软件处理环节或研发信息化方面具有明显优势，使原有线性、封闭性和分割性的研发过程转变为非线性、开放性和全球化的研发过程，进而提高研发效率。在云计算技术环境下，研发人员以远程的方式登录云，进行研发活动。云计算可以按需提供强大的计算能力和存储能力，按需进行弹性、动态、水平扩展，优化研发环节所需的性能（3D、HPC、存储、网络），合理采用虚拟化技术，提高软硬件资源的使用效率。基于云计算特有的服务模式，将研发所需的IT资源（软件、平台和基础设施）集中到数据中心，就构成了"研发云"。因此，应用云计算服务，企业在研发过程中处理海量数据方面能获得相当于高性能计算机水平的计算和存储服务①。依靠云计算强大的计算能力和存储能力，企业能将研发前期的新想法或新观点，在计算机上迅速模拟出来，从而进行新产品或新工艺的开发。由于云计算按需提供服务，企业完全有能力负担这笔费用。

在云计算技术环境下，研发所需的软硬件门槛将在一定程度上有所降低，研发成本将会进一步下降，研发将不再是只有大企业才能从事的活动。企业应改变传统"只重生产、不重研发"的观念，根据企业实际经营状况，适当加大对研发的投入。在发现市场机遇或产生新创意时，企业应利用云计算技术，迅速组织研发活动，进行原有产品的升级换代或开发新产品。对于研发所采用的方式，企业可以选择自主研发、合作研发或研发外包。

2. 提倡用户参与至研发

传统研发过程中，企业研发主体具有"内强外弱"的特点。企业往往只在项目立项时对用户需求进行分析，项目成功立项后，随着研发过程的不断深入，在重视、强化和控制自我研究功能的同时，企业往往会忽视对实际市场需求的进一步研究与分析，没能真正从用户需求的角度考虑问题。一方面，企业研发主体局限于企业内部范围，企业与外界研发机构之间、企业与其他合作企业之间以及企业与用户之间的主体区分过于明显，企业专注于从企业内部搞创新，研发、销售以及服务都与外界相隔；另一方面，企业单向地与合作企业、用户进行沟通和交流，相对主观地判断用户需求，用户从未真正参与到产品研发和创新过程中，相关主体间协作水平低下。

云计算扩大了研发主体范围，使得研发主体间关系与职能发生显著变化，进一步促进了开放式创新的延伸。在云计算技术环境下，对于研发过程的任何一个阶段，用户都可以参与其中，进行体验并提出建议。企业要将用户纳入企业的研发过程中，使研发主体间的单向交流变为双向交流，重视用户体验满意度，完善意见反馈机制，加强企业与商业环境的紧密融合，减小研发成果的商业化风险，实现研发成果的最大化收益。此外，其他合作者也可以通过云计算共享平台参与到研发过程中来。

---

① 杨文豫，王娜.云计算模式下的 ERP 企业管理信息系统研究 [J].科技资讯，2022，20（4）：13-15.

第三节　EPR 助力现当代企业管理创新

一、企业资源计划（ERP）

（一）ERP 系统的定义

企业资源计划（Enterprise Resource Planning，ERP）系统是从 MRP（物料需求计划）发展而来的新一代集成化管理信息系统。它扩展了 MRP 的功能，其核心思想是供应链管理。ERP 系统是指建立在信息技术基础上，集信息技术与先进管理思想于一体，以系统化的管理思想为企业员工及决策层提供决策手段的管理平台，对于改善企业业务流程、提高企业核心竞争力具有显著作用。

（二）ERP 系统的功能模块

1.财务管理模块

财务管理模块主要是实现会计核算功能，以实现对财务数据分析、预测、管理和控制。ERP 选型应基于财务管理需求，侧重于财务计划中对进销存的控制、分析和预测。ERP 的财务管理模块包含财务计划、财务分析、财务决策等。

2.人力资源模块

以往的 ERP 系统基本是以生产制造及销售过程为中心，随着企业人力资源的发展，人力资源成为独立的模块被加入 ERP 系统中，和财务管理模块、生产动作模块组成了高效、高度集成的企业资源系统。ERP 系统人力资源模块包含人力资源规划的辅助决策体系、招聘管理、工资核算、工时管理、差旅核算等。

3.销售、营销与客户服务模块

销售、营销与客户服务模块主要对产品、地区、客户等信息进行管理、统计，并分析销售数量、金额、利润、绩效、客户服务等方面。销售、营销与客户服务模块的功能包含管理客户信息与销售订单信息、分析销售结果等。

4. 生产运作模块

生产运作模块是 ERP 系统的核心所在，可将企业的整个生产过程有机地结合起来，使企业有效地降低库存，提高效率。企业针对自身发展需要，完成 ERP 选型，连接进销存，使得生产流程连贯。ERP 系统生产动作模块包含主生产计划、物料需求计划、能力需求计划、车间控制、制造标准等。

5. 供应链与物流模块

供应链模块包括。

（1）采购管理模块

该模块可确定订货量、甄别供应商和保障产品的安全；可随时提供订购、验收信息，方便跟踪、催促外购或委外加工物料，保证货物及时到达。ERP 系统可建立供应商档案，可通过最新成本信息调整库存管理成本。ERP 系统采购管理模块具体有供应商信息查询、催货、采购与委外加工管理统计、价格分析等功能。

（2）库存控制模块

它是用来控制管理存储物资的，动态、真实的库存控制系统。库存控制模块能结合部门需求随时调整库存，并精确地反映库存现状。库存控制模块包含为所有的物料建立库存信息，管理检验入库、收发料等日常业务。

物流模块主要是对物流成本的把握，利用物流要素之间的效益关系，科学、合理地组织物流活动。通过有效的 ERP 选型，可控制物流活动费用支出，降低物流总成本，提高企业和社会经济效益。ERP 系统物流模块涉及物流成本构成、物流活动的具体过程等。

（三）ERP 系统的优点

①极大地减少库存量，从而降低库存成本；②加快订单处理速度、提高订单处理质量，从而降低订单处理成本；③通过自动化方式及时采集各种原始数据，提高数据处理速度和处理质量，从而降低财务记账成本和财务记录保存成本；④提高设备管理水平，充分利用企业现有设备，降低设备投资；⑤生产流程更加灵活，可以有效地应对生产过程中各种异常事件；⑥由于提高了生产计划的准确性，从而缩短了生产线上的停产时间；⑦更加有效地减少了生产批量和调度生产，提高生产效率；⑧降低生产过程中由于无法

及时协调而出现的差错率，提高管理水平；⑨ 由于成本和效率的改善，企业可以从容地确定有利的价格，从而提高企业的利润或者扩大企业的市场份额；⑩ 提高物料需求计划的准确性，大大减少缺货现象；⑪ 改善整个生产过程，大大缩短产品交付期；⑫ 允许更大程度的产品个性化定制，更灵活地满足客户需求；⑬ 客户满意度提高，从而可以增加产品销售量、增加销售利润并扩大市场份额，最终增加企业利润；⑭ 企业管理人员和业务人员有更多的时间投入业务研究和问题分析中，从而提高业务素质和管理水平；⑮ 由于可以更方便地借鉴行业最佳管理实践，企业管理的精细化、规范化和标准化可以做得更好；⑯ 根据需要及时调整业务操作和业务流程中的约束，企业员工的全局观念得到增强，员工工作能动性得到提高；⑰ 实现了信息共享，企业的决策有了及时、全方位的数据依据，可以提高决策的质量。

二、ERP系统运用发展状况

近年来，我国企业管理软件市场持续保持高速增长势头，而且从目前的ERP市场来看，已不再是什么样的ERP适合中国的企业，而是中国的企业需要怎样的ERP，企业的需求在不断地推动着我国的ERP产品的成熟。所以，在ERP系统设计过程中，应充分考虑到企业用户操作的方便性，ERP系统的好用是前提。打造中国企业自己的ERP品牌，为企业解决管理中的实际问题需要依靠的是ERP系统的实用功能，从而给企业带来效益。

总体来说，现如今我国的高端ERP市场的软件实施方面已经很成熟，但由于中低端市场的利润率低，各个ERP软件制造商投入资金不足，而且实施方面也比较混乱，所以我国中小企业ERP实施成功率依然很低，还没有真正从ERP的实施过程中受益。

三、ERP系统在企业管理中的应用

（一）人力资源管理中的运用

人力资源信息化管理是以软件系统为平台实现低成本、以先进的电子信息技术为手段，实现高效率和全员共同参与管理过程。同时实现人力资源战略地位开放的、全面的人力资源信息化管理新模式。它分为组织管理、人事管理、招聘管理、考勤管理、员工管理、薪资核算、工作管理、绩效考核等8大模块。对整个企业而言，基于ERP的人力资源管理系统颠覆了传统的人力资源管理，将人力资源管理置于企业管理系统之中，实现了人力资源管理从职责型到战略型的转变。

（二）企业财务核算中的运用

从 ERP 系统的应用原理以及其功能来说，企业通过引进 ERP 系统，可以起到辅助人工甚至部分地替代人工管理的作用。例如在将外部的顾客需求与内部的销售计划以及生产计划的制订协同运作的情况之下，ERP 系统可以从根本上起到以市场为导向的作用，以此实现企业对市场的灵活反应，使得企业的供产销和企业经营运作的资金流、物流、信息流能够有机地整合为一个系统，实现系统内良性循环。通过 ERP 系统运作，以此解决人工管理所不能实现的系统化功能。目前，尽管我国大多数企业开始重视或实施 SOP（销售与运营计划）、CRM（顾客关系管理），MPS/MRP（主生产计划 / 物料需求计划）等，可是能够内外协同、真正实现对整个运营过程的系统化控制的企业不多。

（三）在生产计划管理上的运用

1. 物料编码和物料清单（BOM）

物料编码又叫物料号（Item number Part number），是计算机管理物料的检索依据。

对所有物料进行编码是 ERP 系统运行的取全 rrMatrriale 料编码是唯一的标识物料代码。物料清单（Bill of Materials，简称 BOM）是描述企业产品组成的技术文件。在加工资本式行业，它表明了产品的组件、子件、零件、总装件、分装件、组件、部件、直到原材料之间的结构关系，以及所需的数量。物料清单是一种树型结构，称为产品结构树。ERP 的 BOM 是制造用的物料清单，因此 BOM 在 ERP 系统中起非常重要的作用。

2. 主生产计划（MPS）

MPS 是主生产计划（master production schedule）的简称，也是闭环计划系统的一个部分[①]。MPS 是描述企业生产什么、生产多少和什么时段完成的生产计划，是把企业生产计划大纲、企业战略等宏观计划转化为采购作

---

① 　林景良.云计算背景下 ERP 实施企业的管理变革 [J].广东农工商职业技术学院学报，2021，37（4）：34-37+43.

业和生产作业等微观作业计划的工具，成为企业物料需求计划最直接的来源，是粗略平衡企业生产能力、生产负荷的方法，是联系生产制造、市场销售的纽带，成为指导企业生产管理部门开展调度活动以及生产管理的权威性文件。它是生产部门的工具，同时主生产计划也是联系生产制造和市场销售的桥梁，以此能够使得生产与能力计划符合销售计划要求的顺序，并且能适应市场的需求；同时，在提供可供给量的信息时，主生产计划还可以向销售部门提供库存与生产信息，并且作为同客户商谈的依据，还起了沟通内外的作用。

3. 物料需求计划（MRP）

MRP 是一种物料管理和生产方式，是 ERP 系统很重要的组件，它建立在 MPS 的基础上，根据产品的工艺路线、BOM、提前期和批量政策等技术和管理的特征，生成毛坯、原材料和外购件的采购作业计划和零部件生产加工、装配的生产作业计划，从而达到有效控制与管理企业物料流动的微观计划。物料管理包括物料需求的计划管理、物料的库存管理、企业各个部门中物料数量之间的协调与控制还有物料的运输和采购管理等等。

四、加强发展企业 ERP 系统的建议

当今世界正进入一个全新的网络时代，如果想要适应全球化竞争管理模式，就要从自身开始改革，从现在开始改革，使其成为新型信息技术型的企业。为迎接知识经济时代的到来，围绕着如何在全新的网络时代对企业进行改革。ERP 系统实现了一种全新的管理模式，提供了企业电子商务解决方案。

（一）逐步实现数字化

随着信息技术的飞速发展，数字化知识经济时代的速度将会不断加快。ERP 技术若要继续发展，必须实现将企业业务、计划、组织、协调、监控、服务、流程、创新等各类管理活动、管理方法等得各类信息资源可以被数字化利用，而且逐渐利用渐渐成熟的计算机信息网络以及多媒体工具等现代数字化支持工具、现代数字化管理技术来使企业的管理模式不断变革更新。以来帮助现代企业解决愈来愈多的管理问题。

（二）模式网络化

随着企业业务范围不断扩大、计算机网络技术的飞速发展，以及日趋的网络化，现代化的企业管理系统正在逐渐完善。ERP 模式网络化则正通过现代化计算机网络，终端集成企业、用户、不断增加的供应商，还有涉及商贸活动的职能机构组织。它有效地转移和优化完成信息流、价值流以及物流。其中网络化经营往往包括：企业集团内部运营、现代化供需链管理、客户关系管理和网络化流通渠道管理。随着 Intemet 的发展向基于互联网的 B/S 计算模式的转变，目前 ERP 技术由服务器 / 客户模式。实现了技术体系和分离业务应用，使得 ERP 的网络化发展趋势越来越明显。

（三）管理智能化

在当前瞬息万变分秒必争的市场竞争中，倘若想在市场竞争中获胜，如今企业必须对所采集到的各种信息可以做出快速、敏捷的决策，在这近乎苛刻要求下，才使得 ERP 技术发展不断呈现出智能化的趋势。ERP 技术的智能化系统主要包括：其一，采用人工智能技术预测市场，以此进行生产管理和决策等；其二，通过采用数据库管理，发掘新数据以及在线处理分析数据等技术来提取和分析最后完成数据等。

（四）信息集成化

通过集成优化管理企业内部信息系统，实现现代化企业以数据管理方式进行管理，从而克服以前的企业管理系统的孤立和单一化模式的缺点。如今的企业经营和生产模式早已从"产品中心"的模式转型为"客户为中心"的运营模式。现代 ERP 技术在这样的大背景下，充分利用网络信息集成技术来全面集中优化办公自动化、客户关系管理、供应链管理等功能以及制造、后勤、设计等过程。从而实现产品协同商务的企业管理模式。

参考文献

[1] [古希腊]色诺芬.经济论雅典的收入[M].张伯健，陆大年译.北京：商务印书馆，2017.

[2] 张艳，王伟舟.经济学[M].北京：北京理工大学出版社，2018.

[3] [英]亚当·斯密.国民财富的性质和原因的研究上[M].谢祖钧，孟晋，盛之译.北京：商务印书馆，2011.

[4] 汪涛.科学经济学原理看见"看不见的手"[M].北京：东方出版社，2019.

[5] 何新易，王义龙，吕素昌，等.微观经济学[M].长沙：湖南师范大学出版社，2017.

[6] 吴晨映.萨伊定律的发展与供给决定理论再思考[J].中国集体经济,2011（4）：2.

[7] 徐智金，高静雯.经济数学教学中引入"边际"概念的尝试[J].陕西教育学院学报，1998（1）：67-70.

[8] 潘醒东.论新古典综合学派对凯恩斯经济学的发展[J].阜阳师范学院学报：社会科学版，2005（3）：2.

[9] 冯家悦.凯恩斯主义经济学研究[J].智富时代，2019（8）：1.

[10] 谢巍，涂悠悠，玛丽，等.简明经济学[J].小猕猴智力画刊,2020（12）：2-11.

[11] 罗教讲.经济学家观点的一致与分歧[J].经济学动态，2001（2）：68-73.

[12] 鱼建光.论瓦尔拉斯（Walras）的"一般均衡"与当代"非均衡"理论[J].经济纵横，1988（3）：56-61.

[13] 贺允.经济学实证分析方法与规范分析方法比较研究[J].商业文化：学术版，2011（4）：2.

[14] 李含琳.论矛盾经济现象与矛盾经济学的价值——矛盾经济学研究之一[J].社科纵横，2019（5）：48-53.

[15] 张林.谁是制度经济学的正统——论制度经济学中凡勃伦 – 艾尔斯传统 [J].
政治经济学评论，2002（1）：161–173.

[16] 王术娜，苏露阳，杨双.论企业管理模式与企业管理现代化 [J].河北企业，
2019（5）：19–20.

[17] 佚名.美国现代行为科学家——伦西斯·利克特 [J].现代班组，2011（7）：1.

[18] 刘敏慧.C 管理模式对我国企业管理创新的启示 [J].武汉商业服务学院学报，
2010（3）：3.

[19] 谭河清，高聚同，魏志高，等."点，面，体"科技创新管理模式的构建与
实施 [J].石油和化工节能，2014（6）.

[20] 聂子龙.工业时代的管理模式及演变 [J].兰州学刊，2002（1）：2.

[21] 崔德志，胡寒玲.基于 EVA 的企业管理模式 [J].科技进步与对策，2003，20
（10）：3.

[22] 李伟阳，肖红军.全面社会责任管理：全新企业管理模式与旧模式存在五大
区别 [J].WTO 经济导刊，2010（2）：2.

[23] 苑雅文.虚拟企业、虚拟经营与我国企业管理模式创新 [J].商业研究，2008
（3）：3.

[24] 程铖.中小企业温情化管理探析 [J].现代营销（下旬刊），2019（12）：162–
163.

[25] 张文英.浅析中小企业温情化管理 [J].中国管理信息化，2019，22（19）：
77–78.

[26] 郑海光.新形势下企业经济管理改革路径分析——评《现代企业管理》[J].商
业经济研究，2022（11）：2.

[27] 姚远.新能源企业经济运行管理创新探析 [J].中国集体经济，2022（16）：
55–57.

[28] 张萍萍.人力资源管理中的经济管理方法研究 [J].黑龙江人力资源和社会保
障，2022（14）：107–109.

[29] 朱心语.新环境背景下对企业经济管理规范化的思考与研究 [J].经济研究导
刊，2022（15）：10–12.

[30] 赵玫玫.海南建设自由贸易港背景下高科技企业知识型员工需求管理研究 [J].
海南广播电视大学学报，2021，22（2）：99–103.

[31] 刘彩霞.中小企业需求管理的竞争战略——品牌化 [J].区域治理，2019（51）：

211–214.

[32]　宋尔进 . 企业信息化需求管理研究 [J]. 红水河，2019，38（3）：83–86.

[33]　方芳 . 重工业企业成本管理存在的问题及对策 [J]. 质量与市场，2022（11）：
　　　82–84.

[34]　涂惠强 . 企业成本管理存在的问题及对策探析 [J]. 质量与市场，2022（11）：
　　　94–96.

[35]　魏文清 . 企业成本管理存在的问题及对策探析 [J]. 行政事业资产与财务，
　　　2022（10）：61–63.

[36]　邵军 . 精益视角下企业成本管理研究 [J]. 行政事业资产与财务，2022（10）：
　　　64–66.

[37]　张丽娟 . 民营企业精细化成本管理措施 [J]. 质量与市场，2022（10）：106–
　　　108.

[38]　李宏杰 . 房地产企业项目投资决策管理的优化 [J]. 山西财经大学学报，2021，
　　　43（S2）：50–52.

[39]　龚志才 . 大数据背景下企业决策管理探析 [J]. 现代商业，2021（6）：163–165.

[40]　李媛 . 大数据对企业管理决策影响分析 [J]. 全国流通经济，2020（8）：44–45.

[41]　陈文贵 . 边际贡献在企业管理决策中的应用 [J]. 现代商业，2020（1）：140–
　　　141.

[42]　王婷婷 . 刍议计算机信息技术与经济管理的优化整合 [J]. 产业创新研究，
　　　2022（10）：33–35.

[43]　王根明 . 信息技术在企业管理中的应用分析 [J]. 商业文化，2022（11）：28–
　　　29.

[44]　许玲 . 基于云计算技术环境的中小企业管理创新研究 [J]. 信息与电脑（理论
　　　版），2022，34（7）：219–221.

[45]　方艺波 . 云计算背景下中小企业管理创新的路径体会 [J]. 商业文化，2022
　　　（10）：133–134.

[46]　杨文豫，王娜 . 云计算模式下的 ERP 企业管理信息系统研究 [J]. 科技资讯，
　　　2022，20（4）：13–15.

[47]　贺鸣 . 数字时代企业管理教育现状与价值创新路径研究 [J]. 陕西教育（高教），
　　　2022（2）：47–48.

[48]　王勃 . 经济管理中的信息技术应用探究 [J]. 信息记录材料，2022，23（2）：

68–70.

[49] 吴小康.大数据时代下企业管理的研究 [J].活力，2022（2）：178–180.

[50] 邵明珠.云计算背景下的企业会计信息化建设的研究 [J].老字号品牌营销，2021（13）：128–130.

[51] 李青.信息化下企业预算管理与财务共享服务协同融合研究 [J].商业观察，2021（35）：64–66.

[52] 林景良.云计算背景下 ERP 实施企业的管理变革 [J].广东农工商职业技术学院学报，2021，37（4）：34–37+43.

[53] 吴兰英.论信息化技术在企业管理中的应用与探索 [J].中国信息化，2021(10)：94–95.

[54] 褚尔康，李伟杰."算法治理"的制度经济学范式分析与机制构建 [J].经济问题，2022（7）：13–18.

[55] 张美云，王慧.法治：马克思经济学和西方经济学的比较 [J].三门峡职业技术学院学报，2022，21（2）：103–110.

[56] 周源，夏晶.管理经济学视角下的企业人力资源管理分析 [J].中国集体经济，2022（16）：115–117.

[57] 於兴海.管理经济学在企业管理中的应用 [J].商展经济，2022（10）：142–144.

[58] 马庆龙.企业管理中管理经济学的应用分析 [J].中国集体经济，2022（6）：41–42.

[59] 张国良.S 管理模式——基于企业生命周期的中国民营企业管理创新模式探讨 [D].上海：复旦大学，2008.

[60] 郑桂平.XZ 企业生产管理流程优化研究 [D].长春：吉林大学，2017.

[61] 刘光宇.A 企业成本管理问题优化研究 [D].沈阳：沈阳大学，2016.

[62] 邱爱艳.云计算技术环境下中小企业管理创新研究 [D].石家庄：河北经贸大学，2013.

[63] 任爱瑾.ERP 在我国中小企业管理创新中的应用研究 [D].北京：北京交通大学，2006.